POR QUE OS ALUNOS NÃO GOSTAM DA ESCOLA?

| W733p | Willingham, Daniel T.
Por que os alunos não gostam da escola? Respostas da ciência cognitiva para tornar a sala de aula mais atrativa e efetiva / Daniel T. Willingham ; tradução: Marcos Vinícius Martim da Silva ; revisão técnica: Vitor Geraldi Haase. – 2. ed. – Porto Alegre : Penso, 2022.
xiv, 305 p. ; 23 cm.

ISBN 978-65-5976-014-5

1. Psicologia – Ciência cognitiva. 2. Educação. 3. Psicologia da educação. I. Título. |
|---|---|

CDU 159.95:37.015.3

Catalogação na publicação: Karin Lorien Menoncin – CRB 10/2147

Daniel T. Willingham

POR QUE OS ALUNOS NÃO GOSTAM DA ESCOLA?

2ª EDIÇÃO

Respostas da ciência cognitiva para tornar a sala de aula mais atrativa e efetiva

Tradução
Marcos Vinícius Martim da Silva

Revisão técnica
Vitor Geraldi Haase
Professor titular do Departamento de Psicologia da Universidade Federal de Minas Gerais.
Doutor em Psicologia Médica pela Ludwig-Maximilians-Universität zu München, Alemanha.

penso

Porto Alegre
2022

Obra originalmente publicada sob o título *Why don't students like school? A cognitive scientist answers questions about how the mind works and what it means for the classroom*, 2nd Edition
ISBN 9781119715665 / 1119715660

Copyright © 2021, John Wiley & Sons, Inc.
All Rights Reserved. This translation published under license with the original publisher John Wiley & Sons, Inc.

Gerente editorial
Letícia Bispo de Lima

Colaboraram nesta edição:

Coordenadora editorial
Cláudia Bittencourt

Editor
Lucas Reis Gonçalves

Capa
Paola Manica | Brand&Book

Leitura final
Paola Araújo de Oliveira

Editoração
Ledur Serviços Editoriais Ltda.

Reservados todos os direitos de publicação, em língua portuguesa, ao
GRUPO A EDUCAÇÃO S.A.
(Penso é um selo editorial do GRUPO A EDUCAÇÃO S.A.)
Rua Ernesto Alves, 150 – Bairro Floresta
90220-190 – Porto Alegre – RS
Fone: (51) 3027-7000

SAC 0800 703 3444 – www.grupoa.com.br

É proibida a duplicação ou reprodução deste volume, no todo ou em parte, sob quaisquer formas ou por quaisquer meios (eletrônico, mecânico, gravação, fotocópia, distribuição na Web e outros), sem permissão expressa da Editora.

IMPRESSO NO BRASIL
PRINTED IN BRAZIL

Para Trisha

Agradecimentos da 1ª edição

Esmond Harmsworth, meu agente literário, foi um norte a cada passo do caminho, desde a concepção inicial deste livro. Lesley Iura, Amy Reed e todos da equipe Jossey-Bass mostraram competência e profissionalismo durante os processos de produção e edição. Anne Carlyle Lindsay representou uma ajuda extraordinária em relação à arte gráfica do livro. Agradeço especialmente a dois revisores anônimos que foram muito além do simples dever, proporcionando extensos e proveitosos comentários a respeito dos originais. Por fim, agradeço aos muitos amigos e colegas por terem generosamente compartilhado seus pensamentos e suas ideias, que me instruíram muito sobre alunos e ensino; especialmente Judy Deloach, Jason Downer, Bridget Hamre, Lisa Hansel, Vikram Jaswal, Angel Lillard, Andy Mashburn, Susan Mintz, Bob Pianta, Trisha Thompson-Willingham e Ruth Wattenberg.

Agradecimentos da 2ª edição

Meus agradecimentos à equipe da Wiley pelo cuidado nos processos de edição e produção. Esmond Harmsworth, meu agente literário, foi um norte a cada passo do caminho, e agradeço a Greg Culley por trazer sua experiência para a parte gráfica. Este livro deve muito aos professores e pesquisadores que generosamente compartilharam seus conhecimentos desde a publicação da 1ª edição.

Autor

Daniel T. Willingham obteve seu bacharelado em Psicologia pela Duke University em 1983 e seu doutorado em Psicologia Cognitiva pela Harvard University em 1990. É professor de psicologia na University of Virginia, na qual leciona desde 1992. É autor de diversos livros, e suas produções sobre educação foram traduzidas para 17 idiomas. Em 2017, o então presidente Barack Obama nomeou-o para o Conselho Nacional de Ciências da Educação.

Seu *site* é http://www.danielwillingham.com.

Sumário

Introdução 1

1. Por que os alunos não gostam da escola? 3
2. Como ensinar aos alunos as habilidades de que precisam quando testes padronizados exigem somente fatos? 29
3. Por que os alunos se lembram de tudo aquilo a que assistem na TV e se esquecem de tudo o que eu digo? 63
4. Por que é tão difícil os alunos entenderem ideias abstratas? 101
5. Vale a pena fazer exercícios? 125
6. Qual é o segredo para fazer os alunos pensarem como verdadeiros cientistas, matemáticos ou historiadores? 149
7. Como ajustar o ensino aos diferentes tipos de aprendizagem? 173
8. Como eu posso auxiliar os aprendizes lentos? 197
9. Como saber se as novas tecnologias beneficiam a aprendizagem dos alunos? 223

10. O que dizer sobre a minha mente? 257

    Conclusão 279

    Glossário 285

    Notas 291

    Índice 299

Introdução

Indiscutivelmente, o maior mistério do universo é a massa celular de aproximadamente 1,5 kg, de consistência parecida com um mingau de aveia, que reside no crânio de cada um de nós. Inclusive, sugeriu-se até que o cérebro é demasiadamente complexo a ponto de nossa espécie ser inteligente o suficiente para explicar tudo, exceto o que nos faz tão inteligentes, isto é, o cérebro é engenhosamente projetado para a inteligência, mas é muito obtuso para compreender a si mesmo. Sabemos hoje, no entanto, que isso não é verdade. A mente está, enfim, revelando seus segredos ante as persistentes investigações científicas. Nos últimos 25 anos, aprendemos mais sobre como a mente funciona do que nos 2.500 anos anteriores.

Seria de se esperar que esse maior conhecimento a respeito da mente fornecesse importantes benefícios ao ensino — afinal, o ensino é baseado na transformação da mente dos alunos; certamente, então, compreender seu equipamento cognitivo deveria tornar o processo de ensino mais fácil ou mais efetivo. No entanto, alguns professores que conheço acreditam não terem visto muitas vantagens naquilo que os psicólogos chamam de "a revolução cognitiva". Todos lemos nos jornais matérias sobre importantes achados em pesquisas relacionadas à aprendizagem e à resolução de problemas; não fica claro, porém, como cada nova descoberta deveria mudar aquilo que um professor faz na segunda-feira pela manhã.

O abismo entre pesquisa e prática é compreensível. Quando cientistas cognitivos examinam a mente, eles intencionalmente isolam processos mentais (por exemplo, aprendizagem ou atenção) a fim de facilitar o estudo. Na sala de aula, entretanto, os processos mentais não ocorrem isoladamente — eles operam de modo simultâneo e costumam interagir de maneiras difíceis de prever. Pensando em um exemplo óbvio: estudos laboratoriais mostram que a repetição ajuda na aprendizagem, mas qualquer professor sabe que não é possível aplicar essa descoberta em uma sala de aula, por exemplo, fazendo os alunos repetirem problemas extensos de divisão para aprender sem prejudicar a motivação. Com repetição demais, a motivação se esvai, os alunos param de prestar atenção, e nenhuma aprendizagem se realiza. A aplicação em sala de aula não deveria copiar resultados de laboratório.

Por que os alunos não gostam da escola? começou como uma lista de nove princípios tão fundamentais para a operação mental que não se alteram ainda que mudem as circunstâncias. Esses princípios servem tanto para a sala de aula quanto para o laboratório*; portanto, podem ser aplicados com segurança às situações de sala de aula. Muitos desses princípios provavelmente não serão uma surpresa: conhecimento factual é importante, praticar é necessário, e assim por diante.

O que pode surpreender, talvez, sejam as implicações que surgem para o ensino. Você aprenderá por que é mais útil ver a espécie humana como inábil em raciocinar em vez de considerá-la cognitivamente dotada; descobrirá que os autores rotineiramente escrevem apenas uma pequena parte daquilo que pretendem dizer — o que, posso afirmar, impacta pouco na leitura, mas muito no conhecimento factual que os alunos precisam alcançar. Você observará por que consegue se lembrar de todo o enredo de *Star Wars* sem sequer vacilar e aprenderá como aproveitar essa habilidade na sua sala de aula; acompanhará a mente brilhante do Dr. Gregory House enquanto ele soluciona um caso e compreenderá por que não deve tentar fazer seus alunos pensarem como cientistas de verdade.

Você verá de que maneira pessoas como o político norte-americano Julián Castro e a atriz Scarlett Johansson vêm ajudando psicólogos a analisar a ideia de que crianças herdam sua inteligência dos pais — para constatar que isso afinal não é verdade (você também entenderá por que é importante transmitir esse fato aos seus alunos).

Por que os alunos não gostam da escola? inclui uma variedade de assuntos, buscando dois objetivos claros, que estão longe de serem simples: explicar como a mente de seus alunos funciona e esclarecer como usar esse conhecimento para ser um professor melhor.

NOTA

* Houve, na verdade, três outros critérios de inclusão: (1) incluir ou não o princípio causaria um grande impacto na aprendizagem do aluno; (2) deveria haver uma enorme quantidade de dados, em vez de poucos estudos, para sustentar o princípio e (3) o princípio precisaria sugerir aplicações em sala de aula que os professores ainda não conhecessem. A 1ª edição ofereceu nove princípios; nesta 2ª edição, acrescentei um capítulo sobre tecnologia e educação.

1
Por que os alunos não gostam da escola?

Pergunta: A maioria dos professores que conheço escolheu a profissão por amar a escola e as crianças. Eles desejam ajudar seus alunos a sentir a mesma paixão por aprender. É compreensível que os professores desanimem ao perceber que alguns de seus pupilos não gostam realmente da escola e que eles, como educadores, encontram dificuldade para inspirá-los. Por que é complicado tornar a escola agradável aos alunos?

Resposta: Ao contrário do que se acredita, o cérebro não é projetado para pensar, mas sim para evitar que você tenha que fazer isso. O cérebro, na realidade, não é muito bom em pensar — o processo é demorado e traiçoeiro. Ainda assim, as pessoas gostam quando o trabalho mental é bem-sucedido. Elas gostam de resolver problemas, mas não de trabalhar em problemas sem solução. Se as tarefas escolares sempre são difíceis demais (ou fáceis demais) para um aluno, não deve surpreender que ele não goste da escola. O princípio cognitivo que orienta este capítulo é:

> As pessoas são naturalmente curiosas, mas não são naturalmente boas pensadoras. A menos que as condições cognitivas sejam favoráveis, elas evitam pensar.

Esse princípio implica que os professores devem reconsiderar a maneira pela qual encorajam seus alunos a pensar, de modo a maximizar a probabilidade de fazê-los obter o prazer que vem do raciocínio bem-sucedido.

A MENTE NÃO FOI PLANEJADA PARA PENSAR

Qual é a essência de ser humano? O que nos diferencia das outras espécies? Muitas pessoas responderiam que é a nossa capacidade de pensar — pássaros voam, peixes nadam e seres humanos pensam. (Por *pensar*, refiro-me a solucionar problemas, raciocinar, ler algo complexo ou realizar qualquer trabalho mental que exija algum esforço.) Shakespeare enalteceu nossa capacidade cognitiva em *Hamlet*: "What a piece of work is man! How noble in reason!" (Que obra prima é o homem! Como é nobre em sua razão!). Cerca de 300 anos mais tarde, contudo, Henry Ford observou mais cinicamente que "pensar é a tarefa mais difícil que existe, razão provável pela qual poucas pessoas se ocupam em fazê-lo"[a] (Figura 1.1).

Ford e Shakespeare tinham razão. Humanos são bons em alguns tipos de pensamento, particularmente se comparados a outros animais, mas essas capacidades são raramente exercitadas. Um cientista cognitivo acrescentaria, ainda, outra observação: os seres humanos não pensam com muita frequência porque o cérebro não é feito para o pensar, e sim para evitá-lo.

O cérebro tem diversas aptidões, e pensar não é o que ele faz de melhor. Esse órgão complexo é corresponsável pelas habilidades de ver ou de movimentar o corpo, e essas funções são executadas com muito mais eficiência e confiabilidade do que o pensar. Não é por acaso que grande parte da área do cérebro seja voltada a essas atividades. Energia cerebral extra é necessária devido ao fato de que ver é, na realidade, mais difícil do que jogar xadrez ou solucionar problemas matemáticos.

Você pode apreciar a capacidade do seu sistema visual ao comparar as habilidades humanas com as dos computadores. Incontestavelmente, quando se trata de matemática, ciência ou outras tarefas tradicionais de "pensar", máquinas superam pessoas. Calculadoras que realizam operações simples mais rapidamente e de maneira mais precisa do que qualquer ser humano estiveram disponíveis por mais de 40 anos a preços acessíveis. Com R$ 40, é possível comprar um *software* de xadrez que pode derrotar mais de 99% da população mundial. Entretanto, seguimos no esforço para conseguir que um computador possa dirigir um caminhão tão bem quanto um ser humano. Isso porque computadores

FIGURA 1.1 Além de um próspero empresário, Kanye West é um dos mais bem-sucedidos e respeitados compositores e intérpretes. Mas ele admite: "Na verdade, eu não gosto de pensar. Acho que as pessoas pensam que eu gosto muito de pensar. Mas não. Eu não gosto nem um pouco de pensar".[1]
Fonte: © Getty Images/Brad Barket.

não enxergam, sobretudo em ambientes complexos e inconstantes como os que você encontra sempre que dirige. Inclusive, os veículos autônomos em desenvolvimento costumam ter radares, *lasers* e outros sensores para complementar as informações visuais.

Robôs são igualmente limitados em seus movimentos. Os seres humanos são excelentes em ajustar seus corpos às necessidades das tarefas, mesmo em ocasiões pouco comuns — por exemplo, quando você curva o torso e flexiona o braço para limpar a poeira atrás dos livros em uma prateleira. Robôs não são tão bons em desenvolver novas maneiras de se movimentar, por isso eles são mais úteis em trabalhos repetitivos, como pintura de peças automotivas ou deslocamento de paletes ou caixas em um centro de distribuição da Amazon — tarefas nas quais os objetos manuseados e os movimentos a serem realizados são previsíveis. Atividades que você considera banais — por exemplo, caminhar em uma costa rochosa de relevo acidentado — são muito mais difíceis do que jogar xadrez em alto nível (Figura 1.2).

FIGURA 1.2 Os robôs de Hollywood (à esquerda), assim como os seres humanos, podem se movimentar em ambientes complexos, mas isso é realidade apenas nos filmes. A maioria dos robôs da vida real (à direita) movimenta-se em ambientes previsíveis. Nossas capacidades de visão e de movimento são notáveis feitos cognitivos.

Fonte: Hollywood robots © Getty Images/Koichi Kamoshida; factory robots © Getty Images/Christopher Furlong.

Em comparação com as capacidades de ver e de se movimentar, pensar é vagaroso, cansativo e incerto. Para ter uma ideia da razão de tal afirmativa, tente resolver este problema:

> Em um quarto vazio, há uma vela, alguns fósforos e uma caixa de pregos. O objetivo é manter a vela acesa a cerca de 1,5 m do chão. Você tentou derreter um pouco da cera na parte inferior da vela para fixá-la à parede, mas não funcionou. Como manter a vela acesa a 1,5 m do chão sem precisar segurá-la?[2]

Geralmente, o tempo permitido para resolver esse problema é de 20 minutos, mas poucas pessoas o fazem. Uma vez que você saiba a resposta, perceberá que não há nenhum truque especial. Você tira todos os pregos da caixa e a prega na parede, usando-a como suporte para a vela.

Esse problema apresenta três propriedades do pensamento. Em primeiro lugar, o pensar é lento. Seu sistema visual captura instantaneamente uma cena complexa. Ao entrar no quintal de um amigo, você não pensa "Humm, há uma coisa verde por aqui. Provavelmente grama, mas poderia ser algum outro tipo de cobertura do solo — e o que é aquele objeto marrom e áspero fincado ali? Um cercado, quem sabe?". Você percebe todo o ambiente — o gramado, o cercado, os vasos de plantas, a varanda — de uma só vez. Seu sistema de pensamento não calcula instantaneamente a resposta de um problema da mesma maneira que seu sistema visual captura imediatamente um cenário visual. Em segundo lugar, pensar requer esforço; você não precisa se esforçar para ver, mas o pensamento requer concentração. É possível realizar outras atividades no tempo em que você está vendo; enquanto estiver trabalhando em um problema, no entanto, não é possível pensar sobre outra coisa. Por fim, o raciocínio pode ser traiçoeiro. Seu sistema visual raramente comete erros e, quando isso acontece, é porque você acha que viu algo similar ao que realmente está lá — você está próximo, se não exatamente correto. Seu raciocínio talvez não o leve a uma resposta aproximada e seu resultado para um problema pode passar longe do correto. Na realidade, seu sistema de pensamento pode até nem produzir uma resposta, o que ocorre com grande parte das pessoas quando elas tentam solucionar o problema da vela.

Se nós somos tão maus pensadores, como nos portamos ao longo do dia? Como encontramos o caminho para o trabalho ou aproveitamos uma promoção no supermercado? Como um professor toma as centenas de decisões necessárias ao longo do seu dia? A resposta é que, quando podemos evitar, nós não pensamos. Em vez disso, confiamos em nossa memória. A maioria dos problemas que encontramos é de situações já solucionadas antes; portanto, nós simplesmente fazemos aquilo que fizemos anteriormente. Por exemplo, suponha que na próxima semana um amigo lhe peça para resolver o problema da vela. Você imediatamente diria "Certo! Eu já conheço esse. É só pregar a caixa na parede". Da mesma forma que seu sistema visual foca um cenário e, sem nenhum esforço, mostra o que há no ambiente, sua memória prontamente e sem muito esforço reconhece o problema da vela e oferece a resposta. Você pode achar que tem uma péssima memória, e é verdade que seu sistema de memória não é tão confiável quanto seu sistema visual ou seu sistema motor — por vezes você se esquece, eventualmente *pensa* que lembra (quando não lembra) —, mas, além de ser muito mais confiável do que o raciocínio, a memória fornece respostas mais rapidamente e com pouquíssimo esforço.

Normalmente, pensamos na memória como um arquivo de eventos pessoais (lembranças do meu casamento) e de fatos (a sede da Igreja Copta Ortodoxa fica no Egito). A memória também armazena estratégias que guiam o que devemos fazer: em que rua dobrar ao dirigir para casa, o que fazer quando uma panela começa a transbordar sobre o fogão (Figura 1.3). Na maioria das decisões tomadas, nós não paramos para avaliar o que devemos fazer, não pensamos sobre, nem sequer antecipamos possíveis consequências, e assim

FIGURA 1.3 Nossa memória opera tão rapidamente e tão livre de grandes esforços que você quase não a percebe funcionando. Por exemplo, sua memória, além de armazenar informação sobre como as coisas se parecem (o rosto de Gandhi) e sobre como manipular objetos (girar a torneira da esquerda para água quente e a da direita para água fria), ela também guarda estratégias para lidar com problemas que você já encontrou antes (como uma panela transbordando).
Fonte: Gandhi © Getty Images/Dinodia Photos; faucet © Shutterstock/RVillalon; pot © Shutterstock/Andrey_Popov.

por diante. Por exemplo, quando resolvo preparar espaguete no jantar, não vasculho a internet em busca de receitas, observando cada instrução, valor nutricional, modo de preparo, custo dos ingredientes, etc., simplesmente tempero o espaguete da maneira que normalmente faço. Como dois psicólogos diriam, "na maior parte do tempo, o que fazemos é aquilo que fazemos na maior parte do tempo".[3] Quando você sente como se estivesse no "piloto automático", mesmo ao realizar algo um pouco mais complexo (como, por exemplo, dirigir um carro), é porque a memória está guiando seu comportamento. O uso da memória não requer muito da sua atenção, de modo que você fica livre para devaneios mesmo se estiver parado no sinal vermelho, ultrapassando um carro ou observando os pedestres.

Claro que você pode tomar decisões racionais e com cuidado. Quando alguém o encoraja a pensar "fora da casinha",* isso quer dizer exatamente "Não aja no piloto automático", "Não faça aquilo que você (ou outra pessoa) já fez". Pense como a vida seria se você precisasse se esforçar para "pensar fora da casinha" *sempre*. Suponha que você encare qualquer tarefa como algo novo e tente considerar todas as possibilidades, mesmo em tarefas diárias, como descascar uma cebola, entrar no seu local de trabalho ou enviar uma mensagem de texto. A novidade poderia ser divertida por um tempo, mas a vida logo se tornaria exaustiva (Figura 1.4).

---

* N. de T. No original, *think outside the box*.

FIGURA 1.4 "Pensar fora da casinha" para uma tarefa trivial como escolher o pão no supermercado seria provavelmente um esforço mental que não valeria a pena.
Fonte: © Shutterstock/B Brown.

Você pode ter experimentado algo parecido ao viajar para algum lugar sem falar a língua local. Tudo é desconhecido e até atos triviais são bastante pensados. Para comprar um refrigerante seria necessário descobrir o sabor da exótica embalagem, estabelecer uma comunicação com o vendedor, decidir por qual moeda utilizar, etc. Essa é uma razão por que viajar é tão cansativo: qualquer atividade que em casa seria feita no piloto automático necessita da sua completa atenção.

Até agora, foram descritas duas maneiras pelas quais o cérebro está configurado para evitar pensar. Primeiramente, algumas das funções mais importantes (visão, mobilidade) não requerem pensamento: não é necessário raciocinar sobre o que é visto; você apenas vê imediatamente aquilo que está a sua frente. Em segundo lugar, você tende a usar a memória para guiar suas ações em vez de pensá-las. Mas o cérebro não se resume a isso, ele é capaz de realizar mudanças para nos poupar de pensar. Caso repita diversas vezes uma tarefa que demande um tipo específico de pensamento, ela acabará se tornando automática — seu cérebro sofre mudanças para que você possa realizar a tarefa sem ter de pensar sobre ela. Esse assunto será discutido mais detalhadamente no Capítulo 5, mas um exemplo familiar ajudará a ilustrar o que eu quero dizer. Você provavelmente lembra que aprender a dirigir um carro foi uma tarefa mentalmente exaustiva. Lembro-me de me concentrar no quanto pressionar o acelerador, quando e como pisar no freio enquanto me aproximava de um sinal vermelho, no quanto deveria girar o volante para fazer uma curva, quando olhar os espelhos, etc. Eu nem mesmo ouvia música enquanto dirigia temendo alguma distração. Com a prática, entretanto, o processo de dirigir tornou-se automático; e eu preciso pensar nesses pequenos detalhes tanto quanto eu preciso pensar para andar. Eu posso dirigir ao mesmo tempo em que converso com amigos, gesticulo com uma das mãos ou enquanto como batatas fritas — uma impressionante proeza cognitiva ainda que não muito agradável de se assistir.[b] Dessa forma, uma tarefa que inicialmente necessitava de uma grande quantidade de reflexão converte-se, com a prática, em algo que requer pouco ou nenhum raciocínio.

As implicações para o ensino soam um tanto desfavoráveis. Se as pessoas evitam pensar e não são muito boas nisso, o que dizer a respeito das atitudes dos alunos em relação à escola? Felizmente, a história não termina com as pessoas insistentemente se recusando a pensar. Apesar de não sermos tão bons nisso, na realidade nós gostamos de pensar. Somos naturalmente curiosos, procuramos por oportunidades para desenvolver certos tipos de pensamentos. Devido ao fato de pensar ser tão cansativo, as condições precisam ser ideais para que essa curiosidade prospere, ou nós desistimos de pensar quase que instantaneamente. A seguir, será explicado quando gostamos e quando não gostamos de pensar.

AS PESSOAS SÃO NATURALMENTE CURIOSAS, MAS A CURIOSIDADE É FRÁGIL

Embora o cérebro não seja configurado para pensar de maneira eficiente, as pessoas realmente apreciam atividades mentais, ao menos em determinadas circunstâncias. Nós temos *hobbies* como resolver palavras cruzadas ou examinar mapas, assistimos a diversos documentários cheios de informação, seguimos carreiras — como a do ensino — que oferecem desafios mentais maiores do que outras (apesar dos salários mais baixos). Não estamos apenas dispostos a pensar, nós intencionalmente buscamos situações que necessitem de pensamentos.

Resolver problemas é prazeroso. Quando digo "resolver problemas", me refiro a qualquer tarefa cognitiva bem-sucedida. Pode ser a compreensão de um trecho complexo de um texto, o planejamento de um jardim ou a avaliação de uma oportunidade de investimento. Há um sentido de satisfação, de realização no pensamento bem-sucedido. Neurocientistas descobriram que existe uma superposição entre áreas cerebrais importantes na aprendizagem e aquelas que são importantes na percepção do prazer. Muitos neurocientistas suspeitam que esses dois sistemas são correlatos. Ratos em labirintos têm melhor aprendizagem quando são recompensados com queijo. Quando resolvemos um problema ou satisfazemos nossa curiosidade, o cérebro recompensa-se com uma pequena dose de um neurotransmissor naturalmente produzido pelo sistema de prazer. Ainda que a neuroquímica não esteja completamente desvendada, parece inegável que as pessoas sentem prazer ao solucionar problemas.

Também se pode perceber que o prazer está em *solucionar* o problema. Trabalhar em um problema que não oferece a sensação de que se está progredindo não é prazeroso — na realidade, é frustrante. Igualmente, não há grande satisfação em simplesmente saber a resposta para a questão. Eu revelei a solução do problema da vela; houve alguma diversão nisso? Imagine o quanto seria agradável se você tivesse resolvido sozinho — de fato, o problema teria parecido mais inteligente (assim como é mais divertida uma piada que você entende do que uma que precisa ser explicada). Ainda que ninguém dê a solução, se muitas dicas forem oferecidas, será perdida a sensação de que foi *você* quem resolveu o problema. Uma vez descoberta a resposta, não haverá a mesma satisfação de ter um "estalo" mental.

A atividade mental nos é atraente porque, quando bem-sucedida, oferece a oportunidade de uma sensação prazerosa. Mas nem todos os tipos de pensamentos são igualmente atrativos. As pessoas escolhem fazer palavras cruzadas em vez de cálculos de álgebra. É mais provável que uma biografia de Taylor Swift* seja mais vendida do que uma de Keats.** O que caracteriza as atividades mentais que as pessoas apreciam (Figura 1.5)?

A resposta da maioria pode parecer óbvia: "Eu acho palavras cruzadas divertidas e a Taylor é legal. Mas matemática é chato, assim como Keats". Em outras palavras, o que importa é o conteúdo. Somos curiosos a respeito de algumas coisas, mas não a respeito de outras. Certamente, essa é a maneira pela qual descrevemos nossos interesses — "Sou um colecionador de selos" ou "Me interesso por sinfonias medievais". Não acredito, porém, que o conteúdo impulsiona o interesse. Nós todos já participamos de palestras ou assistimos a vídeos (talvez a contragosto) sobre assuntos que julgávamos maçantes e acabamos fascinados;

---

* N. de T. Cantora e compositora norte-americana.
** N. de T. John Keats (1795-1821), poeta inglês.

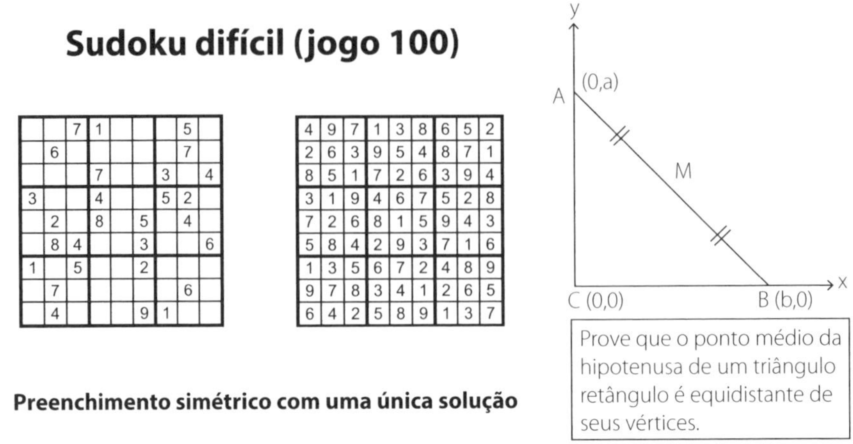

FIGURA 1.5 Por que tantas pessoas ficam fascinadas por problemas como o apresentado à esquerda e pouquíssimas se empenham voluntariamente em cálculos como o da direita?

Fonte: Sudoku © Shutterstock/Heather Wallace; geometry © Anne Carlyle Lindsay.

é fácil desinteressar-se mesmo quando gostamos do tema. Jamais esquecerei minha ânsia pelo dia em que meu professor do ensino médio falaria sobre sexo. Sendo um adolescente que fazia parte daquela tranquila cultura suburbana da década de 1970, eu fervilhava em antecipação a qualquer fala sobre sexo, a qualquer hora, em qualquer lugar. Quando o grande dia chegou, porém, meus amigos e eu ficamos completamente entediados. Não que o professor tenha falado a respeito de flores e polinização — o assunto realmente foi sexualidade humana —, ainda assim, de alguma maneira, foi maçante. Eu realmente gostaria de lembrar como ele fez isso: aborrecer um bando de adolescentes com hormônios à flor da pele falando de sexo é uma proeza e tanto.

Certa vez, em uma palestra a um grupo de professores sobre motivação e cognição, pude comprovar essa ideia. Cerca de 5 minutos depois do início, eu apresentei um *slide* ilustrando o modelo de motivação que aparece na Figura 1.6. De maneira alguma eu havia preparado a audiência para aquele *slide*; simplesmente o exibi e comecei a descrevê-lo. Após mais ou menos 15 segundos, parei e disse: "Qualquer um que ainda estiver me ouvindo, por favor levante a mão". Uma pessoa o fez. As outras 59 também haviam comparecido voluntariamente à palestra, o assunto era presumivelmente interessante para elas e minha fala havia apenas começado — mas em 15 segundos suas mentes foram para qualquer outro lugar. Eu evidentemente não as responsabilizo. O conteúdo de um

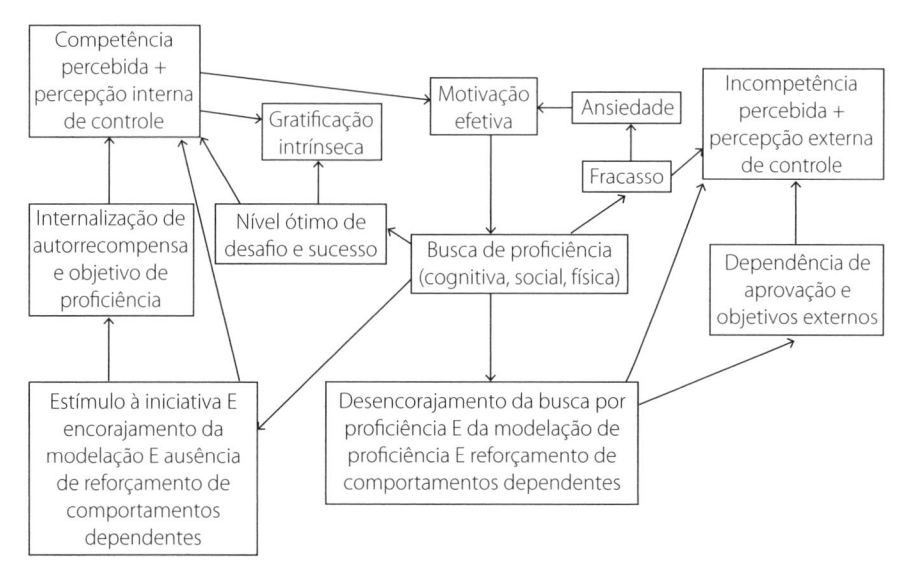

```
┌─────────────┐
│ Competência │
│ percebida + │         ┌──────────┐              ┌──────────────┐
│percepção int.│         │Motivação │  ┌─────────┐ │Incompetência │
│ de controle │   ┌─────►│  efetiva │◄─│Ansiedade│ │ percebida +  │
└─────┬───────┘   │Gratificação│    └──┬───────┘ │percepção ext.│
      ▲           │intrínseca │        │         │ de controle  │
      │           └──────────┘         │Fracasso └──────┬───────┘
      │                                ▼                ▲
┌─────┴────────┐ ┌──────────────┐ ┌──────────────────┐  │
│Internalização│ │Nível ótimo de│ │Busca de proficiên│  │ Dependência de
│autorrecompensa│ │desafio e    │ │(cognitiva, social│  │ aprovação e
│e objetivo de │ │sucesso       │ │física)           │  │ objetivos ext.
│proficiência  │ └──────────────┘ └──────────────────┘  └──────────────┘
└──────────────┘
┌──────────────────┐                  ┌──────────────────────┐
│Estímulo à iniciat│                  │Desencorajamento busca│
│E encorajamento da│                  │proficiência E modelag│
│modelação E ausên-│                  │proficiência E reforç.│
│cia de reforç. de │                  │comportamentos depend.│
│comport. dependent│                  └──────────────────────┘
└──────────────────┘
```

FIGURA 1.6 Uma figura bastante difícil de ser entendida e que aborrecerá a maioria das pessoas, a menos que seja adequadamente introduzida.
Fonte: © Anne Carlyle Lindsay.

problema (seja sexo, seja motivação humana) pode ser suficiente para incitar o interesse, mas não para mantê-lo.

Se o conteúdo não é suficiente para prender a atenção, quando a curiosidade tem poder para permanecer? A resposta parece estar em nosso julgamento de quanto será possível aprender. Quando acreditamos que nossa aprendizagem será extensa, a curiosidade se mantém.

Essa avaliação — vou aprender? — está intimamente relacionada com nossa percepção da dificuldade do problema. Se é aquela pequena explosão de prazer que se busca ansiosamente ao resolver um problema, não há razão para empenhar-se em um muito fácil — não haverá satisfação em resolvê-lo já que ele não se parecerá muito com um problema. Da mesma forma, ao considerar um problema muito difícil, você está se julgando pouco capaz de conseguir solucioná-lo e, por isso, pouco capaz de obter a satisfação que vem com a resposta. Palavras cruzadas que sejam muito fáceis representam uma atividade intelectual pouco exigente: você completa os quadrados raramente pensando — o que é pouquíssimo gratificante, mesmo que você obtenha todas as respostas. No entanto, é improvável que você fique muito tempo tentando resolver palavras cruzadas muito difíceis. Você sabe que descobriria poucas respostas, e isso seria frustrante. O *slide* que aparece na Figura 1.6 apresenta detalhes demais, que não seriam absorvidos sem uma boa introdução — minha audiência rapidamente concluiu que aquilo seria confuso e se desconcentrou.

Em resumo, foi dito que pensar é vagaroso, cansativo e traiçoeiro. Entretanto, as pessoas gostam de pensar — ou, mais especificamente, gostamos de pensar quando acreditamos que a atividade mental oferecerá em troca a sensação agradável que surge quando aprendemos algo novo. Portanto, não há problema em afirmar que as pessoas evitam pensar nem que elas são naturalmente curiosas — a curiosidade induz a explorar novas ideias e novos problemas, mas, quando o fazemos, rapidamente avaliamos quanto esforço mental será necessário para chegarmos a alguma conclusão ou compreensão. Se o esforço for demasiado ou mínimo, nós abandonaremos o problema se pudermos.

Essa análise dos tipos de atividade mental que as pessoas procuram ou evitam pode proporcionar uma resposta sobre o porquê de muitos alunos não gostarem da escola. Trabalhar em problemas de nível de dificuldade adequado é recompensador, mas lidar com problemas simples demais ou complicados demais é desencorajador. Os alunos dificilmente têm como abdicar de trabalhar nesses problemas da mesma maneira que os adultos geralmente podem. Se o aluno se depara com atividades difíceis demais rotineiramente, é fácil imaginar que ele não dará muita atenção à escola. Eu não iria querer resolver as palavras cruzadas da edição de domingo do *New York Times* durante várias horas por dia.

Qual seria a solução? Oferecer atividades mais simples aos alunos? É possível, mas é preciso ficar atento para não propor trabalhos fáceis demais a ponto de aborrecê-los. E, de qualquer maneira, não seria melhor ampliar um pouco as capacidades dos alunos? Em vez de tornar a atividade mais fácil, seria possível tornar *o pensar* mais fácil?

COMO O PENSAMENTO FUNCIONA

Saber um pouco sobre como o pensamento ocorre ajudará a entender o que coloca dificuldades no raciocínio; isso, por sua vez, ajudará a tornar o pensamento mais fácil para seus alunos e, consequentemente, permitirá que eles apreciem mais a escola.

Comecemos com um exemplo de compreensão bastante simples. À esquerda da Figura 1.7 está o ambiente, cheio de coisas para serem vistas e ouvidas, problemas a serem resolvidos, e assim por diante. À direita, está um componente da mente que os cientistas chamam de *memória de trabalho* — considere-a

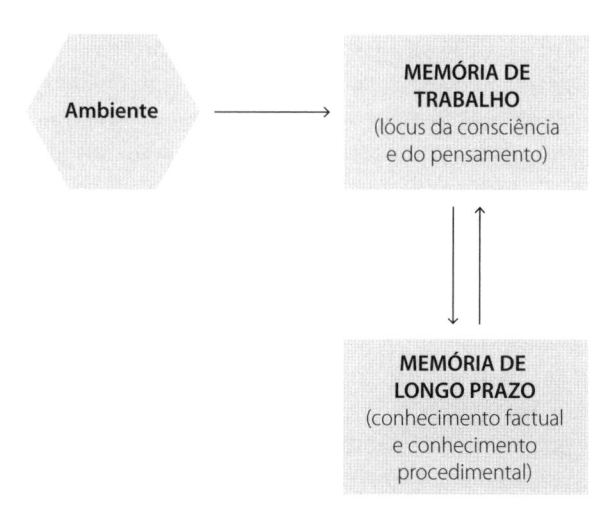

```
                    ┌─────────────────────┐
                    │    MEMÓRIA DE       │
    ⬡               │    TRABALHO         │
  Ambiente  ──────▶ │  (lócus da consciência│
                    │   e do pensamento)  │
                    └─────────────────────┘
                              ↕
                    ┌─────────────────────┐
                    │    MEMÓRIA DE       │
                    │    LONGO PRAZO      │
                    │  (conhecimento factual│
                    │    e conhecimento   │
                    │    procedimental)   │
                    └─────────────────────┘
```

FIGURA 1.7 O modelo mais simples possível da mente.
Fonte: © Greg Culley.

como sinônimo de consciência: ela mantém ativo aquilo sobre o que você está pensando. A seta do ambiente para a memória de trabalho é a parte da mente que mantém você consciente daquilo que está ao redor: um facho de luz sobre uma mesa empoeirada, o som de um cão latindo ao longe, etc. É claro que você pode estar ciente de coisas que não estejam disponíveis no ambiente: pode, por exemplo, lembrar-se da voz da sua mãe, mesmo que ela não esteja por perto (ou mesmo se ela já não estiver mais viva). A *memória de longo prazo* é o vasto depósito no qual se encontra todo o conhecimento factual a respeito do mundo: leopardos têm manchas, seu sorvete favorito é o de chocolate, etc. O conhecimento factual pode ser abstrato, como, por exemplo, a ideia de que triângulos são figuras fechadas com três lados ou a ideia de como em geral um cão se parece. Toda informação na memória de longo prazo reside fora da consciência. Ela se mantém silenciosa até se fazer necessária, quando penetra na memória de trabalho e se torna consciente. Por exemplo, se eu perguntar "Qual a cor de um urso polar?", você diria "branco" quase imediatamente. Essa informação estava na memória de longo prazo 30 segundos atrás, mas você não estava ciente dela até a questão que a fez relevante para o pensamento em curso se apresentar e trazê-la à memória de trabalho.

O pensamento ocorre quando você combina informações (do ambiente e da memória de longo prazo) de novas maneiras. Essa combinação se dá na memória de trabalho — para uma visão sobre esse processo, leia e tente solucionar o problema apresentado na Figura 1.8. (O importante não é resolvê-lo, mas experimentar o que se entende por pensamento e memória de trabalho.)

Com alguma paciência, você deverá ser capaz de resolver o referido problema,[c] mas o objetivo do exercício é perceber como a memória de trabalho assimilou o problema. Você começa observando a informação do ambiente — as regras e a configuração do tabuleiro —, e então imagina a movimentação dos discos para tentar atingir o objetivo. Dentro da memória de trabalho, você precisa considerar a fase em que se encontra no jogo — onde estão localizados os discos —, imaginando e avaliando potenciais movimentos. Ao mesmo tempo, precisa lembrar as regras sobre quais movimentos são permitidos, como mostra a Figura 1.9.

A descrição do processo de pensamento deixa claro que saber *como* combinar e reorganizar ideias na memória de trabalho é essencial para o pensamento bem-sucedido. Por exemplo, no problema dos discos e das hastes, como você sabe para onde mover os discos? Se nunca viu o problema antes, é presumível que você estivesse como que tentando adivinhar. Não há qualquer informação na memória de longo prazo para guiá-lo, como descrito na Figura 1.9. Caso contrário, se já tiver se deparado com esse tipo de problema, é provável que haja informação na sua memória de longo prazo sobre como solucioná-lo, mesmo que essa informação não seja completamente infalível.

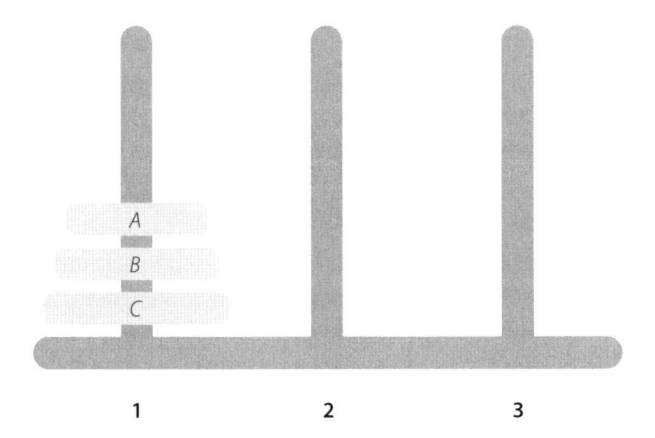

FIGURA 1.8 A figura ilustra um tabuleiro com três hastes. Há três discos de tamanho decrescente sob a haste mais à esquerda. O objetivo é mover os três discos da haste mais à esquerda até a haste da extrema direita. Há somente duas regras sobre como mover os discos: você pode mover apenas um disco por vez e não pode colocar um disco maior sobre um menor.

Fonte: © Greg Culley.

```
                              ┌─────────────────────┐
    ⬡                         │   MEMÓRIA DE        │
   Ambiente                   │   TRABALHO          │
   Regras e      ─────▶       │   Regras            │
   tabuleiro                  │   Posição dos discos no tabuleiro │
    ⬡                         │   Possibilidades de movimento    │
                              └─────────────────────┘
                                        ↕
                              ┌─────────────────────┐
                              │   MEMÓRIA DE        │
                              │   LONGO PRAZO       │
                              └─────────────────────┘
```

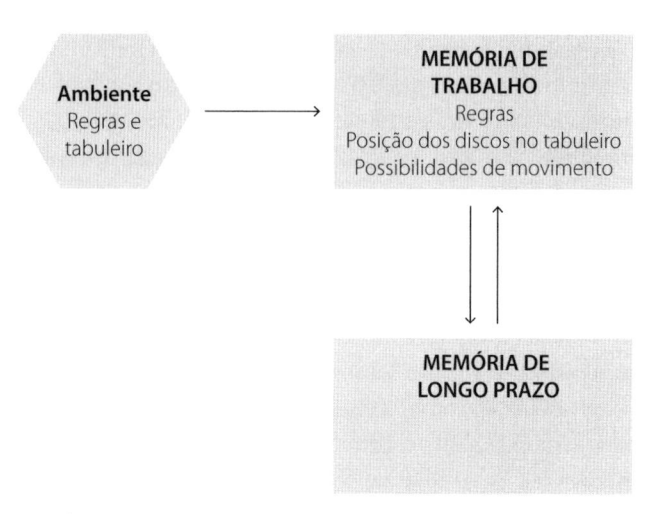

FIGURA 1.9 Ilustração da sua mente quando você está trabalhando no problema mostrado na Figura 1.8.

Por exemplo, tente resolver este cálculo matemático mentalmente:

$$18 \times 7$$

Você sabe exatamente o que fazer nesse caso. Estou certo de que a sequência do seu processo mental foi algo parecido com isto:

1. Multiplicar 8 e 7.
2. Buscar na memória de longo prazo o fato de que $8 \times 7 = 56$.
3. Lembrar-se de que 6 é parte do resultado e manter em mente o 5.
4. Multiplicar 7 e 1.
5. Buscar na memória de longo prazo o fato de que $7 \times 1 = 7$.
6. Acrescentar ao 7 o 5 que permanecia em mente.
7. Buscar na memória de longo prazo o fato de que $5 + 7 = 12$.
8. Tomar o 12 e anexar o 6.
9. O resultado é 126.

Sua memória de longo prazo contém não apenas informação factual (a cor dos ursos polares, o valor de 8×7), mas também aquilo que nós chamaremos de *conhecimento procedimental*, que significa a informação a respeito dos procedimentos mentais necessários para executar tarefas. Se pensar é combinar informação na memória de trabalho, então o conhecimento procedimental é uma lista do que combinar e quando — como uma fórmula para efetuar um tipo específico de pensamento. Você deve ter armazenado procedimentos sobre os passos necessários no cálculo da área de um triângulo, sobre como copiar um arquivo de computador no Windows ou sobre como chegar até o seu local de trabalho dirigindo da sua casa.

Seria bastante óbvio dizer que ter o procedimento apropriado armazenado na memória de longo prazo contribui decisivamente quando estamos pensando. Por isso, foi fácil resolver o problema de matemática e difícil solucionar o problema dos discos. O que dizer a respeito do conhecimento factual? Ele também ajuda a pensar? Sim. De várias maneiras diferentes, conforme será discutido no Capítulo 2. Por enquanto, observe que a solução do problema matemático necessitou buscar a informação factual, como, por exemplo, o fato de que 8 × 7 = 56. Foi dito que pensar envolve combinar informação na memória de trabalho. Geralmente, a informação oferecida pelo ambiente não é suficiente para solucionar um problema; você precisa complementar com informação vinda da memória de longo prazo.

Há uma última necessidade para pensar, que é mais bem entendida por meio de um exemplo. Observe este problema:

> Nas pousadas de certas aldeias do Himalaia, é praticada uma refinada cerimônia do chá que envolve o anfitrião e exatamente dois convidados, ninguém mais e ninguém menos. Quando os convidados chegam e acomodam-se à mesa, o anfitrião realiza para eles três tarefas, que são listadas de acordo com a nobreza que os nativos atribuem a elas: alimentar o fogo, atiçar as chamas e servir o chá. Durante a cerimônia, qualquer um dos presentes pode perguntar "Honrado senhor, poderia eu realizar esta onerosa tarefa em seu lugar?". Entretanto, uma pessoa pode solicitar a alguém apenas a menos nobre das tarefas que o outro está executando. Além disso, se uma pessoa está realizando uma determinada tarefa, ela não pode solicitar uma tarefa que seja mais nobre do que a tarefa menos nobre que já está sendo executada. O costume impõe que, ao término da cerimônia, todas as tarefas tenham sido transferidas do anfitrião ao mais velho dos convidados. Como isso pode ser feito?[4]

Sua primeira reação depois de ler esse problema foi algo como "Hein?!". Você provavelmente percebe que precisa lê-lo algumas vezes apenas para compreendê-lo; mais ainda para começar a trabalhar em uma solução. O problema parece confuso porque você não tem espaço suficiente na memória de trabalho para reter todos os aspectos descritos. A memória de trabalho tem um espaço limitado, de forma que, com ela lotada, pensar se torna muito mais difícil.

O problema da cerimônia do chá é o mesmo que o dos discos apresentado na Figura 1.8. O anfitrião e os dois convidados são como as três hastes, e as tarefas, os três discos a serem movidos entre elas, como mostra a Figura 1.10. (O fato de pouquíssimas pessoas compreenderem essa analogia e sua importância para o ensino é abordado no Capítulo 4.)

Essa versão do problema parece muito mais difícil porque algumas partes dele que aparecem na Figura 1.8 precisam ser elaboradas na sua mente. A figura proporciona uma visão das hastes que pode auxiliar na formação de uma imagem mental dos movimentos dos discos. Já o problema da cerimônia do chá não oferece esse suporte, e a descrição das regras ocupa tanto espaço da sua memória de trabalho que é dificultoso imaginar os movimentos que podem levar a uma solução.

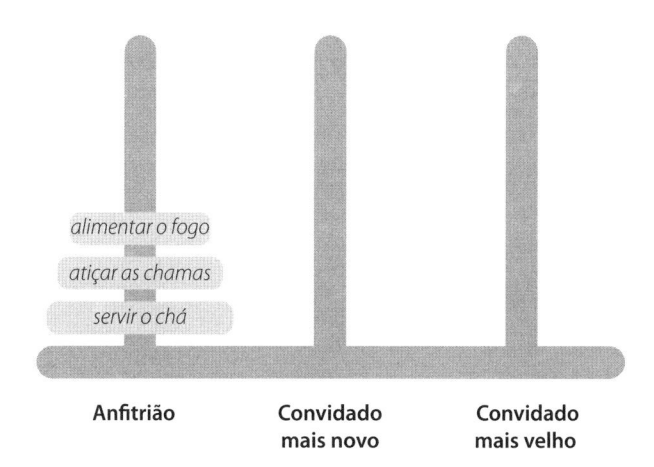

FIGURA 1.10 O problema da cerimônia do chá representado de maneira a mostrar a analogia com o problema dos discos.
Fonte: © Greg Culley.

Segundo Aristóteles, "o prazer que surge de pensar e aprender nos fará pensar e aprender ainda mais".⁵ Essa visão é sem dúvidas muito otimista. É uma aprendizagem *bem-sucedida* que será prazerosa e que fará os alunos voltarem para mais. E um dos fatores determinantes de uma aprendizagem bem-sucedida é ter as informações certas na memória de longo prazo. No próximo capítulo, examinaremos essa necessidade mais de perto.

RESUMO

A mente não é especialmente preparada para pensar; essa atividade é lenta, cansativa e incerta. Por essa razão, não é o raciocínio que guia o comportamento das pessoas na maioria das situações. Ao contrário, nós confiamos na memória, seguindo cursos de ação que já foram realizados antes. Mesmo assim, nós achamos o raciocínio *bem-sucedido* prazeroso, gostamos de solucionar problemas, compreender novas ideias, etc. Dessa forma, nós procuramos por oportunidades para pensar, mas somos seletivos ao fazer isso: escolhemos problemas que, ao mesmo tempo, representem algum desafio e sejam provavelmente solucionáveis, porque é esse tipo que proporciona sentimentos de prazer e satisfação. Para problemas a serem resolvidos, é necessário informação adequada do ambiente, espaço na memória de trabalho e fatos e procedimentos contidos na memória de longo prazo.

IMPLICAÇÕES PARA A SALA DE AULA

Voltemos à questão que abriu este capítulo: por que os alunos não gostam da escola ou, de maneira mais realista, por que muitos deles não gostam? Qualquer professor sabe que existem diversas razões para um aluno apreciar ou não a escola. (Minha esposa adorava, mas principalmente por razões de sociabilidade.) De uma perspectiva cognitiva, um importante fator é se o aluno experimenta ou não consistentemente o prazer de aprender algo novo ou de solucionar um problema. O que os professores podem fazer para assegurar que cada aluno obtenha essa satisfação?

Certifique-se de que há problemas a serem resolvidos

Por *problema*, não quero dizer necessariamente uma atividade proposta pelo professor ou um cálculo matemático. Refiro-me a trabalho cognitivo que representa um desafio moderado, incluindo atividades como compreender um poema ou pensar em um uso inovador para material reciclado. Esse tipo de trabalho cognitivo é, por certo, a principal premissa do ensino — nós queremos que os estudantes pensem. Mas sem um pouco de atenção, um plano de atividades pode se tornar uma longa série de explicações com pouca oportunidade para os alunos resolverem problemas. Então, examine cada atividade buscando o trabalho cognitivo que eles irão desenvolver. Com que frequência tal trabalho ocorre? Ele está mesclado nas tarefas cognitivas? Trata-se de um trabalho cognitivo real, que pode levar à sensação de descoberta? Ou é apenas a recuperação de memórias? (Pense especialmente a respeito das perguntas colocadas durante as instruções gerais sobre a aula — pesquisas mostram que é comum professores tenderem ao padrão de fazer perguntas que mobilizem apenas a recuperação de fatos.) Ao identificar os desafios propostos, observe se eles são passíveis de resultados negativos, como, por exemplo, falta de compreensão do que é necessário fazer, improbabilidade de resolução do problema ou o fato de os alunos simplesmente tentarem adivinhar o que você gostaria que eles dissessem ou fizessem.

Respeite os limites cognitivos dos alunos

Quando estiver elaborando desafios mentais efetivos para seus alunos, tenha em consideração as limitações cognitivas apresentadas neste capítulo. Por exemplo, suponha que você comece uma aula de história com uma pergunta: "Lemos sobre as 35 nações que se uniram para expulsar o Iraque do Kuwait na Primeira Guerra do Golfo. Essa foi a maior coalizão desde a Segunda Guerra Mundial. Vocês imaginam por que tantas nações se juntaram?". Seus alunos têm o necessário conhecimento prévio para avaliar essa pergunta? O que eles realmente sabem a respeito do relacionamento anterior à guerra entre o Iraque e os países vizinhos que se juntaram à coalizão? Eles sabem como o Iraque levou sua disputa com o Kuwait até a Liga Árabe antes da invasão? Eles compreendem a importância do petróleo para a economia mundial e as consequências econômicas previstas da invasão? Eles conseguem elaborar alternativas de cursos de ação razoáveis para os países que lideraram a invasão? Se seus alunos não tiverem o conhecimento prévio apropriado, a pergunta será rapidamente percebida como "chata". Se faltar aos alunos um conhecimento anteriormente adquirido para concentrarem-

-se em um problema, guarde-o para uma próxima vez, quando eles já tiverem tal conhecimento.

O limite da memória de trabalho é igualmente importante. Lembre-se de que as pessoas podem armazenar poucas informações de cada vez, como você observou ao ler a versão da cerimônia do chá para o problema dos discos. Sobrecargas na memória de trabalho são causadas por instruções em várias etapas, listas de fatos desconexos, cadeias lógicas com mais de duas ou três etapas e aplicações de um conceito recém-aprendido a um novo material (a menos que o conceito seja relativamente simples). A solução para sobrecargas da memória de trabalho é objetiva: diminua o ritmo e utilize auxiliares da memória, como texto no quadro — isso evita que os alunos precisem manter muita informação na memória de trabalho.

Esclareça os problemas a serem resolvidos

Como fazer dos problemas algo interessante? Uma estratégia comum é tentar tornar o material "relevante" para os alunos. Às vezes isso funciona bem, no entanto, para alguns materiais, é difícil utilizar tal estratégia mesmo que sua luta para torná-lo relevante para os alunos seja evidente. Outra dificuldade é o fato de uma sala de aula poder reunir dois fãs de futebol, uma colecionadora de bonecas, um aficionado em *stock car*, uma competidora de hipismo — você entendeu a ideia. Mencionar um cantor popular no decorrer de uma aula de história pode proporcionar alguns sorrisos, mas não fará muito mais do que isso. Tenho enfatizado que nossa curiosidade é provocada quando percebemos um problema que acreditamos ser capazes de resolver. Qual pergunta fará os alunos concentrarem-se e quererem saber a resposta?

Uma maneira de ver o trabalho escolar é como uma série de *respostas*. Queremos que os alunos conheçam a lei de Boyle, três causas da Primeira Guerra Mundial ou por que o corvo de Allan Poe dizia "nunca mais". Às vezes, como professores, estamos tão ansiosos para obter respostas que não dedicamos tempo suficiente para desenvolver a pergunta — isso provavelmente acontece porque ela é óbvia para nós, mas não para os alunos. Mas como este capítulo indica, é a pergunta que desperta o interesse das pessoas. Uma resposta *dada* não tem serventia nenhuma. Eu poderia ter organizado este livro em torno dos princípios da psicologia cognitiva, mas em vez disso, eu levei em conta questões que julguei interessantes para os professores.

Quando você planeja uma aula, geralmente inicia com a informação que deseja que os alunos saibam ao seu final. Como próximo passo, considere qual deve ser a questão-chave e como você pode formulá-la de modo a ter o nível exato de dificuldade — assim, estará respeitando as limitações cognitivas de seus alunos.

Reavalie o momento de propor problemas aos alunos

Os professores geralmente buscam conduzir os alunos em uma aula pela proposição de uma atividade que julgam interessante para eles (por exemplo, perguntar "Por que existe uma lei que os faz ir à escola?" poderia introduzir um trabalho sobre leis). Outra estratégia seria a apresentação de um fato que os alunos poderiam achar surpreendente. Em qualquer caso, o objetivo é desafiá-los e deixá-los curiosos. Essa é uma técnica bastante útil, mas vale a pena, além disso, analisar se essas estratégias podem ser utilizadas não só no início de uma aula, mas também *depois* que os conceitos básicos forem aprendidos. Por exemplo, uma clássica demonstração de ciências é introduzir um pedaço de papel queimando dentro de uma garrafa de leite e, então, colocar um ovo cozido no gargalo da garrafa. Depois que o papel tiver queimado, o ovo parece ser sugado para dentro da garrafa. Os alunos sem dúvida ficarão atônitos, mas se eles não conhecerem o princípio por trás do fenômeno, o experimento será como um truque de mágica — é uma emoção momentânea, e a curiosidade para compreender pode não durar muito. Outra opção poderia ser conduzir a demonstração após os alunos saberem que o ar quente expande e o ar frio contrai, potencialmente formando vácuo. Qualquer fato ou demonstração que desafie os alunos antes que eles tenham o conhecimento prévio necessário tem o potencial de ser uma atividade que os confunde *momentaneamente* e, depois, leva-os à satisfação de resolver um problema. Vale a pena pensar sobre quando utilizar um excelente artifício como o truque do ovo na garrafa.

Aceite e trabalhe com os variados níveis de preparo dos alunos

Como será relatado no Capítulo 8, eu não aceito que alguns estudantes "simplesmente não são muito brilhantes" e devem ser encaminhados para classes menos exigentes. Entretanto, é ingenuidade fingir que todos os alunos estão igualmente preparados para sobressaírem-se. Cada um provém de diferentes experiências, tendo igualmente diferentes níveis de incentivo em casa; terão, portanto, diferenças nas suas capacidades e nas suas visões sobre si mesmo como estudantes. Esses aspectos, por sua vez, têm impacto na persistência e na resiliência ante a falhas. Se isso é verdade, e se o que eu disse neste capítulo é verdade, é um autoengano oferecer as mesmas atividades a seus alunos. Os menos hábeis acharão trabalhoso demais e terão dificuldade com a tendência do cérebro de evitar o trabalho escolar. Na medida em que for possível, seria inteligente, creio, propor trabalhos adequados aos níveis de competência de cada aluno ou grupo de alunos. Evidentemente que você irá querer fazer isso de maneira discreta e gentil, de modo que alguns alunos não se sintam inferiores em relação aos outros. Mas a verdade é que eles *são*. E propor atividades que estejam além dos seus limites não vai ajudá-los a alcançar os demais; é mais provável que isso os faça ficar ainda mais atrasados.

Alterne o ritmo

Nós inevitavelmente perdemos a atenção dos nossos alunos e, como este capítulo descreveu, é provável que isso aconteça quando eles se sentem confusos. Eles vão perder o foco. A boa notícia é que é relativamente fácil recuperar a atenção deles. Mudanças atraem atenção, como você bem sabe. Quando há algum barulho fora da sala de aula, todas as cabeças viram-se em direção às janelas. Quando você muda de assunto, inicia uma nova atividade ou, de uma maneira ou de outra, mostra que está alterando as direções, a atenção de praticamente todos os alunos se voltará a você e haverá uma nova chance de envolvê-los. Planeje mudanças e monitore a atenção da classe para verificar se você precisa fazê-las com mais ou menos frequência.

Mantenha um diário

A ideia central apresentada neste capítulo é a de que solucionar problemas proporciona uma sensação de prazer, mas o problema deve ser simples o suficiente para ser resolvido e complicado o suficiente para exigir algum esforço mental. Encontrar esse ponto ideal de dificuldade não é fácil. Sua experiência em sala de aula é seu melhor guia — o que quer que funcione, faça de novo; aquilo que não funcionar, descarte. Mas não espere lembrar o quanto um plano de aula funcionou bem depois de um ano. Se uma aula ocorre maravilhosamente ou é um fracasso, no momento, parecerá que isso nunca será esquecido; mas as falhas da memória podem surpreender, então, anote tudo. Mesmo que seja um rabisco em um bloco de notas, tente fazer disso um hábito para recordar seu sucesso em medir o nível de dificuldade dos problemas que propuser aos seus alunos.

Um dos fatores que contribuem para um raciocínio bem-sucedido é a quantidade e a qualidade da informação na memória de longo prazo. No Capítulo 2, será abordada a importância do conhecimento prévio — o motivo pelo qual ele é tão vital para um raciocínio efetivo.

NOTAS

[a] A versão mais eloquente é a do pintor inglês do século XVIII, Sir Joshua Reynolds: "Não há meio ao qual um homem não recorra para evitar o verdadeiro trabalho de pensar".

[b] Na realidade, a condução de um veículo é mais prejudicada do que se imagina quando fazemos outras coisas enquanto dirigimos. Não tente isso em casa!

[c] Se você não conseguiu solucionar o problema, aqui está a resposta. Como você pode ver, os discos marcados são A, B e C; as hastes, por sua vez, como 1, 2 e 3. A solução é A3, B2, A2, C3, A1, B3, A3.

LEITURAS COMPLEMENTARES

Menos técnico

APA. *Coalition for psychology in schools and education*. Washington: APA, 2015. Disponível em: https://www.apa.org/ed/schools/teaching-learning/top-twenty-principles.pdf. Acesso em: 20 abr. 2022. Baixe gratuitamente uma introdução breve e acessível sobre como aplicar os conhecimentos da psicologia às salas de aula.

CSIKSZENTMIHALYI, M. *Flow*: the psychology of optimal experience. New York: Harper, 1990. O autor descreve o estado final do interesse, quando se está completamente absorto no que se está fazendo, a tal ponto que o próprio tempo para. O livro não fala como entrar nesse estado, mas é uma leitura interessante por si só.

DIDAU, D.; ROSE, N. *What every teacher needs to know about psychology*. Melton: John Catt, 2016. Breves capítulos sobre uma ampla gama de tópicos, incluindo evolução, criatividade, motivação e muito mais, sobretudo sob a perspectiva de um professor.

NATIONAL ACADEMIES OF SCIENCES. *How people learn II*: learners, contexts, and cultures. Washington: Nap, 2018. Disponível em: https://www.nap.edu/catalog/24783/how-people-learn-ii-learners-contexts-and-cultures. Acesso em: 20 abr. 2022. Pretendido como um panorama da cognição aplicada à educação, este livro às vezes se estende, passando para tópicos periféricos, mas vale a pena ler e tem *download* gratuito.

WILLINGHAM, D. T. The high price of multitasking. *New York Times*, 2019a. Disponível em: https://www.nytimes.com/2019/07/14/opinion/multitasking-brain.html. Acesso em: 20 abr. 2022. Uma rápida revisão das evidências de que não podemos lidar com sobrecargas na memória de trabalho tão bem quanto pensamos que podemos.

WILLINGHAM, D. T. Why aren't we curious about the things we want to be curious about? *New York Times*, 2019b. Disponível em: https://www.nytimes.com/2019/10/18/opinion/sunday/curiosity-brain.html. Acesso em: 20 abr. 2022. Este artigo considera o que desperta a curiosidade e como podemos nos tornar curiosos sobre coisas que se alinham com nossos interesses de longo prazo.

Mais técnico

BADDELEY, A. *Exploring working memory*: selected works of Alan Baddely. Oxford: Routledge, 2018. Uma retrospectiva dos principais artigos de Alan Baddeley, considerado a figura central no desenvolvimento da teoria sobre a memória de trabalho nos últimos 50 anos.

BERRIDGE, K. C.; KRINGELBACH, M. L. Pleasure systems in the brain. *Neuron*, v. 86, n. 3, 2015. Uma análise das evidências de que os vários tipos de prazer que sentimos — desde usar substâncias, ouvir música, vivenciar o amor romântico até comer algo delicioso — têm uma base anatômica comum no cérebro.

KIDD, C.; HAYDEN, B. Y. The psychology and neuroscience of curiosity. *Neuron*, v. 88, n. 3, 2015. Um panorama das teorias contemporâneas da curiosidade, com foco na ideia de que a curiosidade evoluiu para garantir que os animais, incluindo os humanos, aprendessem sobre seu ambiente. Ficamos extremamente curiosos quando pensamos que o ambiente oferece maiores oportunidades de aprender.

LONG, N. M.; KUHL, B. A.; CHUN, M. M. Memory and attention. *In*: PHELPS, E.; DAVACHI, L. (ed.). *Stevens' handbook of experimental psychology and cognitive neuroscience*. Hoboken: Wiley, 2018. p. 137. Você provavelmente não precisa se convencer de que prestar atenção é um pré-requisito para a aprendizagem. Esse capítulo oferece muito mais detalhes e, como não poderia faltar, algumas advertências e complicações.

WILLINGHAM, D. T.; RIENER, C. *Cognition*: the thinking animal. Cambridge: Cambridge University, 2019. Este é um livro-texto de psicologia que pode servir como uma introdução ao assunto. Ele não presume nenhum *background*, mas é um livro-texto, sendo bastante completo, mas talvez um pouco mais detalhado do que você gostaria.

QUESTÕES PARA DISCUSSÃO

1. Gostamos de pensar apenas quando acreditamos que teremos sucesso. Se você quiser raciocinar com mais frequência, como pode mudar seu ambiente para encontrar com mais frequência o tipo certo de desafio mental? Ou o que você pode dizer para si mesmo a fim de tentar mais frequentemente?
2. O que fazer quando seus alunos estão no piloto automático? É fácil dizer que vale a pena tentar abandonar o piloto automático e *pensar* com mais frequência, mas quais são os obstáculos para fazer isso? Você consegue pensar em problemas que eles resolvem no piloto automático e que sejam promissores para promover o raciocínio?
3. De quanta recompensa um aluno precisa para trabalhar o raciocínio? Não há resposta segura para essa pergunta, mas sabemos que isso varia de acordo com a faixa etária, de uma sala de aula para outra, além de depender do conceito que os alunos têm de si mesmos como estudantes e dos

aspectos inerentes à persistência de cada um. No entanto, vale a pena considerar: em média, com que frequência você gostaria que os alunos sentissem o prazer do sucesso? Tão importante quanto, como você sabe quando isso acontece? Se eles resolverem um problema, tem certeza de que eles sentem sucesso? Se não, há algo que você pode fazer para promover esse sentimento?

4. Pense em algumas tarefas que seus alunos gostam de fato e veja-as através das lentes do trabalho cognitivo bem-sucedido. Esse trabalho compartilha algumas características?

5. Eu sugeri que os alunos não entendem totalmente ou não reconhecem a pergunta que o conteúdo a ser aprendido tem como objetivo responder. Com que frequência você acha que isso se aplica ao seu contexto? Quão fácil ou difícil pode ser fazer os alunos compreenderem a questão em jogo e se envolver com ela?

6. Fui um pouco casual na seção de implicações quando disse que é possível lidar objetivamente com a sobrecarga na memória de trabalho. Eu sugeri que você deveria desacelerar e dividir as coisas em partes menores, o que é verdade até certo ponto. O mais complicado é lidar com as diferenças entre os alunos em relação ao que os faz se sentirem sobrecarregados. O que pode ser feito sobre isso?

2

Como ensinar aos alunos as habilidades de que precisam quando testes padronizados exigem somente fatos?

Pergunta: Tem-se escrito muito sobre aprendizagem de fatos, sobretudo opiniões negativas. O professor bitolado, exigindo que os alunos repitam fatos que eles não compreendem, tornou-se um clichê na educação, não sendo tal estereótipo novidade nem exclusividade de uma população específica — Dickens já o citava em *Hard Times*, publicado em 1854. A preocupação sobre esse tipo de aprendizagem intensificou-se nos últimos anos conforme observou-se o crescimento na utilização de testes padronizados. Em geral, esses testes oferecem pouca oportunidade para que os alunos analisem, sintetizem ou opinem; ao contrário, simplesmente exigem que fatos isolados sejam recuperados da memória. Muitos professores sentem que, em detrimento do tempo para o ensino de habilidades, está sendo privilegiada a preparação para testes padronizados. O quão útil ou inútil é a aprendizagem de fatos?

Resposta: Não há dúvida de que manter os alunos memorizando listas de fatos avulsos não é enriquecedor. Também é verdade (embora menos frequentemente observado) que tentar ensinar habilidades — como análise ou síntese — na ausência de conhecimento factual é impossível. Pesquisas da ciência cognitiva têm mostrado que os tipos de habilidades que os professores desejam de seus alunos — como analisar criticamente informações — necessitam de extenso conhecimento factual. O princípio cognitivo que orienta este capítulo é:

> Habilidades de raciocínio dependem de conhecimento factual.

Isso significa que os alunos precisam de oportunidades para adquirir conhecimento factual, que deve acontecer em contextos que promovam a prática do raciocínio e que, idealmente, começariam na pré-escola ou mesmo antes.

> Há uma grande preocupação atualmente de que o ensino de ciências não se degenere no acúmulo de fatos desconexos e fórmulas sem sentido, que sobrecarregam a memória sem cultivar a compreensão.
> – J. D. Everret, escrito em 1873[1]

Quando eu era calouro na faculdade, um colega tinha um pôster em que aparecia Einstein e uma citação desse brilhante físico de cabelos bagunçados: "Imaginação é mais importante do que conhecimento". Eu não saberia dizer por que, mas achei aquilo bastante profundo. Talvez eu estivesse antecipando aquilo que teria de dizer aos meus pais se minhas notas fossem baixas: "Certo, tirei algumas notas ruins. Mas eu tenho *imaginação*! E, de acordo com Einstein...".

Alguns bons 40 anos mais tarde, os professores têm um motivo diferente para estarem cautelosos e exaustos em relação ao "conhecimento". Governos buscam garantir a qualidade da educação em suas escolas. Na maioria dos casos, isso significa que os estudantes serão submetidos a testes carregados de questões de múltipla escolha que são mais fáceis de corrigir e geralmente exigem em suas respostas fatos recuperados da memória. Aqui estão dois exemplos, uma questão de um teste de ciências do 8º ano e outra, de história do 3º ano.[2]

> Anêmonas do mar são venenosas. No entanto, o peixe-palhaço desenvolveu uma camada externa de muco que o protege das toxinas. Esse muco é melhor descrito como
>
> A. *uma adaptação*
> B. uma relação
> C. uma necessidade de energia
> D. uma hierarquia social

George Washington Carver inventou novas formas de utilizar

A. papel
B. eletricidade
C. *amendoim*
D. banana

É simples notar por que um professor, pai ou aluno protestaria que saber a resposta para muitas dessas questões não comprova que alguém realmente *sabe* ciências ou história. Queremos que nossos alunos pensem, e não simplesmente memorizem. Quando uma pessoa manifesta pensamento crítico, nós a consideramos inteligente e bem educada. Quando uma pessoa despeja fatos fora de contexto, geralmente a julgamos monótona e exibida.

Existem casos óbvios nos quais todos concordaremos que o conhecimento factual é necessário. Se alguém usa vocabulário pouco familiar, você pode não entender completamente. Por exemplo, se um amigo lhe manda uma mensagem dizendo acreditar que sua filha está saindo com um "yegg"*, você certamente irá querer saber a definição da palavra (Figura 2.1). Da mesma forma, você pode saber a definição, mas não ter conhecimento conceitual para interpretar como algo compreensível. Uma publicação recente de um periódico técnico, chamado

FIGURA 2.1 Caso alguém diga que sua filha está saindo com um "yegg", você certamente se preocupará em saber se a palavra significa "um rapaz boa pinta", "um viciado em internet" ou "um assaltante".
Fonte: Nice fellow © Shutterstock/G-Stock Studio; addict © Shutterstock/Kopytin Georgy; burglar © Shutterstock/Lisa_S.

---

* N. de T. Assaltante.

Science, continha um artigo intitulado "Measuring magnetic field texture in correlated electron systems under extreme conditions" (Medindo a textura do campo magnético em sistemas de elétrons correlacionados sob condições extremas).[3] Eu sei o que cada uma dessas palavras significa, mas não sei o suficiente a respeito de campos magnéticos para entender o que significaria sua textura, muito menos por que alguém iria querer medi-la.

A necessidade de conhecimento prévio para a compreensão é bastante óbvia, pelo menos no que descrevi até agora. Você pode relacionar essa visão com o fato de que *pensar* é um verbo transitivo: é necessário algo no que pensar. Você poderia argumentar (e eu ouço isso com frequência) que não é necessário ter essa informação memorizada — você sempre pode recuperá-la. Retomemos a figura da mente do Capítulo 1 (Figura 2.2).

Defini *pensar* como combinar informações de novas maneiras. A informação pode vir da memória de longo prazo — fatos que você memorizou — ou do ambiente. No mundo atual, existe razão para memorizar alguma coisa? É possível encontrar qualquer informação factual em segundos utilizando a internet — inclusive a definição de *yegg*. As coisas mudam tão rapidamente que metade das informações que você confia à memória ficará ultrapassada em cinco anos. Talvez, em vez de aprender fatos, seja melhor praticar o pensamento crítico, para que os alunos possam *avaliar* toda a informação disponível na internet em vez de tentar confiar à memória uma pequena parte dela.

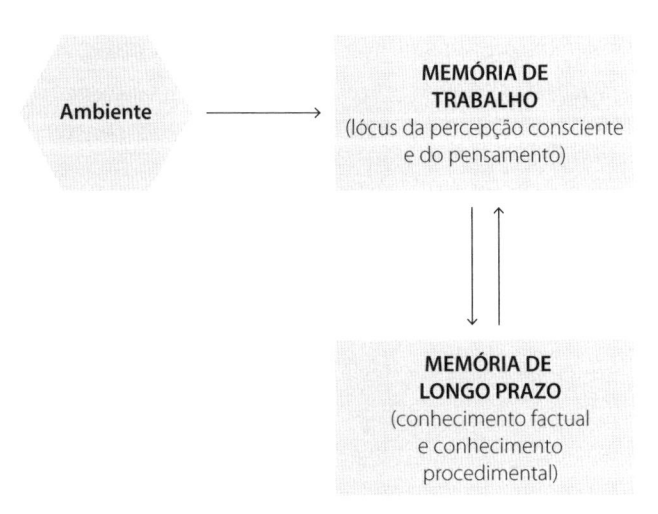

FIGURA 2.2 Nossa representação simplificada da mente.
Fonte: © Greg Culley.

Neste capítulo, mostro que esse argumento é falso. (No Capítulo 9 examinaremos com mais detalhes.) Dados dos últimos 40 anos levam a uma conclusão que não pode ser cientificamente desafiada: pensar bem exige saber fatos, e isso é verdade não apenas porque é necessário ter algo sobre o que pensar. Os mesmos processos que preocupam tanto os professores — raciocínio e solução de problemas — estão intimamente relacionados ao conhecimento factual armazenado na memória de longo prazo (não somente encontrado no ambiente).

Para muitas pessoas é difícil conceber que o processo de pensamento é ligado ao conhecimento. A maioria acredita que esses processos são semelhantes às funções de uma calculadora. Uma calculadora tem um conjunto de procedimentos (adição, multiplicação, etc.) que pode manipular números e que pode ser aplicado a *qualquer conjunto de números*. Os dados (numéricos) e as operações que os manipulam são coisas separadas. Assim, se você aprende uma nova operação do pensamento, como, por exemplo, analisar criticamente documentos históricos, tal operação deveria ser aplicável para todos os documentos históricos, assim como uma calculadora que computa seno e cosseno pode fazer isso com qualquer número.

Mas a mente humana não funciona assim. Quando aprendemos a pensar criticamente, por exemplo, sobre a geopolítica europeia resultante da Segunda Guerra Mundial, não significa que podemos também pensar criticamente sobre um jogo de xadrez, a atual situação do Oriente Médio ou mesmo sobre a geopolítica europeia resultante da Revolução Francesa. O processo de pensar criticamente está atrelado ao conhecimento prévio (embora isso diminua à medida que ficamos mais experientes, conforme descrito no Capítulo 6). A conclusão é simples: devemos garantir que os alunos adquiram conhecimento paralelamente à prática das habilidades que envolvem o pensamento crítico (Figura 2.3).

Neste capítulo, demonstro como os cientistas cognitivos sabem que as habilidades de raciocínio e o conhecimento estão ligados.

O CONHECIMENTO É ESSENCIAL PARA A COMPREENSÃO DA LEITURA

O conhecimento prévio ajuda você a compreender aquilo que alguém está falando ou escrevendo. Eu dei alguns exemplos bastante óbvios: se um vocábulo (digamos, *yegg*) ou um conceito (digamos, *textura do campo magnético*) não estiver na sua memória de longo prazo, você provavelmente ficará confuso. Mas a necessidade do conhecimento prévio é mais profunda do que a necessidade de definições.

FIGURA 2.3 A mente humana é mais parecida com um astrolábio do que com uma calculadora. Entre outras funções, o astrolábio pode ser usado para medir a altitude de um corpo celestial sobre o horizonte, mas esse uso não é independente de conhecimento prévio. As representações de conhecimento nesse instrumento — os números gravados e a maneira como as peças se movem uma em relação à outra — são parte da sua construção. Evidentemente, é necessário raciocinar — você precisa saber como usá-lo —, mas as representações de conhecimento também são essenciais.
Fonte: © Getty Images/Science & Society Picture Library.

Suponha que uma sentença contenha duas ideias — vamos chamá-las de A e B. Mesmo que você conheça o vocabulário e compreenda A e B, ainda precisará de conhecimento prévio para compreender a frase. Por exemplo, imagine que você leu a seguinte sentença em um livro:

> "Eu não deveria usar minha nova churrasqueira quando o chefe vier para o jantar", disse Mark.

Digamos que a ideia A é Mark usar sua nova churrasqueira, e a ideia B é que ele não deveria fazer isso quando seu chefe vier para jantar. Obviamente, espera-se que você compreenda mais do que A e B: o autor deseja que seu leitor entenda a *relação* entre essas duas ideias — que B (a vinda do chefe) é a causa de A (evitar o uso da nova churrasqueira). Mas o escritor não revela aqui duas informações que ajudariam a relacionar A com B: pessoas geralmente cometem erros na primeira vez em que usam um novo utensílio, e Mark gostaria de impressionar seu chefe. Juntar esses fatos faria você compreender que Mark teme arruinar a comida na primeira vez em que usar sua nova churrasqueira, e não é uma refeição assim que ele quer oferecer ao seu chefe.

A compreensão leitora depende de combinar as ideias em uma passagem, não apenas compreender cada ideia de maneira isolada. Porém, os autores raramente oferecem ao leitor toda a informação necessária para relacionar ideias. Eles presumem que o leitor terá esse conhecimento na memória de longo prazo. No exemplo, o escritor presumiu que o leitor saberia os fatos relevantes sobre novos utensílios e a respeito dos chefes.

Por que os escritores deixam lacunas? Eles não correm o risco de o leitor *não* *ter* o conhecimento prévio correto e ficar confuso? Sim. Mas eles não podem incluir todos os detalhes factuais. Se fizessem isso, a prosa seria longa e tediosa. Por exemplo, imagine ler disso:

> *"Eu não deveria usar minha nova churrasqueira quando o chefe vier para jantar", disse Mark. Acrescentando, na sequência, "Deixe-me esclarecer que, por chefe, eu me refiro ao meu supervisor imediato. Não o presidente da empresa nem qualquer outro dentre os supervisores. E estou utilizando jantar segundo o vernáculo local, não me referindo à 'refeição do meio--dia' como acontece em algumas partes dos Estados Unidos. E quando eu disse churrasqueira, fui impreciso, porque eu quis realmente dizer grelha, sendo que churrasqueira se refere a um assar mais lento no qual se planeja cozinhar sobre um calor elevado. De qualquer maneira, a preocupação, por certo, é que minha inexperiência com a churrasqueira (isto é, grelha) levará a uma comida de pior qualidade, e eu espero impressionar o chefe. Porque acredito que isso pode melhorar minha posição na empresa. E comida ruim não é impressionante".*

Todos conhecemos alguém que fala dessa maneira (e a quem tentamos evitar). A maioria dos escritores e falantes sente-se segura omitindo algumas informações.

Como autores e falantes decidem o que omitir? Depende de para quem eles estão escrevendo (ou falando). Imagine que você estivesse em seu escritório, trabalhando no *laptop*, alguém entra e pergunta: "O que você está fazendo?". Como você responderia?

Depende de quem estivesse perguntando. Se fosse o dia de levar seus filhos ao trabalho e a pergunta fosse feita pelo filho de 2 anos de um colega, você poderia dizer "Estou digitando no computador". Essa seria uma resposta ridícula para um adulto. Por quê? Porque você deveria presumir que o adulto sabe que você está digitando. Uma resposta mais apropriada seria "Estou preenchendo um formulário".

Dessa forma, nós adequamos nossas respostas, fornecendo mais, menos ou diferentes informações dependendo do nosso julgamento a respeito do que a outra pessoa sabe e, a partir disso, decidimos aquilo que podemos omitir sem problemas e aquilo que precisa ser explicado (Figura 2.4).[a]

O que acontece quando falta o conhecimento? Suponha que você leia a seguinte sentença:

> *Eu acreditei nele quando ele disse que tinha uma casa no lago, até ele dizer que ela ficava a apenas 12 metros da água na maré alta.*

Se você é como eu, deve ter ficado confuso. Quando li algo parecido, minha sogra me explicou mais tarde que lagos não têm algo que se pode chamar de maré. Eu não tinha esse detalhe como conhecimento prévio que o autor presumiu que eu tivesse, portanto, não compreendi a sentença.

Assim, o conhecimento prévio em forma de vocabulário nos auxilia a compreender uma ideia isolada (chamemos de A), mas também costuma ser neces-

FIGURA 2.4 Considere a diferença em como você descreveria um plano de aula para seu companheiro ou sua companheira, um amigo ou um colega professor.
Fonte: © Shutterstock/Monkey Business Images.

sário para entender a conexão entre duas ideias (A e B). Na verdade, escritores frequentemente apresentam múltiplas ideias em sequência — A, B, C, D, E e F — esperando que o leitor as relacione em um todo coerente. Observe o trecho do Capítulo 35 de *Moby Dick*:

> *Mas era evidente que para o capitão Sleet era um trabalho de amor descrever, como ele fazia, todos os pequenos detalhes das conveniências de seu ninho de corvo; porém, apesar de ele exagerar em muitas coisas e nos apresentar de modo muito científico os experimentos realizados com uma pequena bússola que guardava em seu ninho de corvo, destinados a evitar os erros resultantes do que chamamos 'atração local' que afeta todas as agulhas magnéticas da caixa da bússola, erro esse atribuído à vizinhança horizontal do ferro existente nas pranchas do navio e, no caso do Glacier, talvez pelo fato de haver tantos ferreiros fracassados entre os marinheiros da tripulação; creio que apesar do capitão ser muito discreto sobre esse ponto, de todo seu conhecimento científico e do que aprendeu sobre 'desvios na caixa da bússola', 'observações da bússola de azimute' e 'erros aproximados', o capitão Sleet sabia muito bem que não estava imerso nessas profundas meditações magnéticas a ponto de não se sentir ocasionalmente atraído pelo pequeno frasco muito bem guardado em um lado de seu ninho de corvo, bem ao alcance de sua mão.*[4]

Por que é tão difícil entender essa sentença? Ela apresenta várias ideias e, por ser uma única sentença, você provavelmente tentou mantê-las em mente para relacioná-las entre si. Você utilizou todo o seu espaço de processamento mental. Há ideias demais e você não pode mantê-las todas em mente de maneira simultânea. Usando a terminologia do Capítulo 1, você não tem capacidade suficiente na memória de trabalho. Em algumas situações, o conhecimento prévio pode ajudar nesse problema.

Para entender como, começamos com uma demonstração. Leia a seguinte lista de letras uma vez, cubra-a e verifique quantas você consegue lembrar.

X M E
C U P
P A S
T F P
U C O
A B X

Quantas você conseguiu lembrar? Se você for como a maioria das pessoas, a resposta talvez seja sete. Agora, tente o mesmo com esta lista:

X
MEC
UPA
STF
PUC
OAB
X

Você provavelmente lembrou-se de muito mais letras nesta segunda lista, e, sem dúvida, também notou que foi mais fácil porque elas formam acrônimos familiares. Mas você percebeu que a primeira e a segunda listas são iguais? Eu apenas modifiquei o espaçamento para tornar os acrônimos mais aparentes na segunda lista.

Essa é uma tarefa da memória de trabalho. Do Capítulo 1, você recorda que a memória de trabalho é a parte da mente em que a informação é combinada e manipulada — pense nela como um sinônimo de consciência. A memória de trabalho tem capacidade limitada, por isso não é possível armazenar nela todas as letras da primeira lista. Mas foi possível para a segunda. Por quê? Porque a disponibilidade de espaço na memória de trabalho não depende do número de letras; depende do número de objetos com significado. Se você pode lembrar sete letras, você pode lembrar (mais ou menos) sete acrônimos ou palavras com significado. As letras S, T e F juntas contam como apenas um objeto, porque combinadas elas têm sentido para você.

O fenômeno de juntar porções separadas de informação vinda do ambiente é chamado de *agrupamento* (*chunking*). A vantagem é óbvia: é possível armazenar mais coisas na memória de trabalho se elas puderem ser agrupadas (*chunked*). O truque, contudo, é que isso funciona apenas quando você tem conhecimento factual aplicável na sua memória de longo prazo. Você verá sentido em UPA somente se tiver conhecimento do que é UPA. Na segunda lista, um dos grupos de três letras era OAB. Você só consegue tratar OAB como um agrupamento, se souber que significa Ordem dos Advogados do Brasil. Sem esse conhecimento na memória de longo prazo, você não trataria OAB como um agrupamento. Tal efeito básico — a utilização de conhecimento prévio para reunir coisas na memória de trabalho — não funciona só com letras. Jogadores de pôquer podem fazer isso com o conjunto de cartas recebidas em uma rodada, dançarinos profissionais podem fazer isso com passos de dança, e assim por diante.

Assim, o conhecimento factual na memória de longo prazo permite o agrupamento (*chunking*), que, por sua vez, aumenta a capacidade de armazenamento e processamento na memória de trabalho. No que a capacidade de agrupar auxilia a compreensão leitora? Ora, eu disse anteriormente que se você ler as ideias A, B, C, D, E, e F precisará relacioná-las entre si para compreender seu significado. É muita informação para manter na memória de trabalho. Mas suponha que seja possível *agrupar* (*chunk*) de A até F em uma única ideia. A compreensão seria mais fácil. Por exemplo, considere esta passagem:

> *Ashburn rebateu uma bola baixa para Wirtz, o receptor, o qual lançou para Dark, na segunda base. Dark marcou o ponto, expulsando Cremin, que estava correndo da primeira base, e lançou para Anderson, que estava na primeira base. Ashburn falhou em rebater o lançamento.*

Se você for como eu, essa passagem é difícil de compreender. Há várias ações individuais difíceis de serem relacionadas. Contudo, para alguém que saiba sobre beisebol, soa como um padrão familiar, como OAB. As frases descrevem uma sequência de eventos frequentemente vista e chamada de jogada dupla.

Diversos estudos mostram que as pessoas compreendem muito melhor o que leem se já tiverem algum conhecimento prévio sobre o assunto. O agrupamento é parte do raciocínio. Um estudo inteligente sobre essa questão foi conduzido com alunos de ensino fundamental.[5] De acordo com os testes padronizados de leitura, metade era de bons leitores e a outra metade, de leitores menos eficientes. Os pesquisadores pediam que as crianças lessem uma história que descrevia metade de um tempo de um jogo de beisebol. Enquanto liam, eram periodicamente interrompidas e solicitadas a mostrar que estavam compreendendo o que acontecia no texto utilizando um modelo de campo de beisebol com os jogadores. O interessante sobre esse estudo era que alguns dos alunos sabiam bastante sobre beisebol e outros sabiam apenas um pouco. (Os pesquisadores asseguraram que todos poderiam compreender ações individuais, como, por exemplo, o que acontece quando um jogador rebate a bola para bem longe.) O achado principal, mostrado na Figura 2.5, foi que o conhecimento dos alunos a respeito de beisebol determinou o quanto da história eles compreenderam. O fato de serem ou não bons leitores não é tão importante quanto aquilo que eles sabem a respeito do assunto.

Assim, o conhecimento prévio permite o agrupamento, que proporciona mais capacidade de armazenamento e processamento na memória de trabalho, facilitando a relação entre ideias e, portanto, a compreensão.

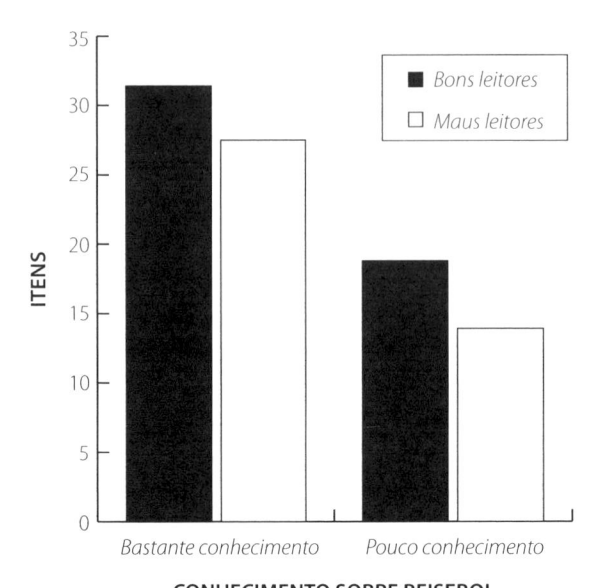

FIGURA 2.5 Resultados de um estudo sobre leitura. Como se poderia imaginar, os bons leitores (barras pretas) compreenderam mais do que os maus leitores (barras cinzas), mas tal efeito é modesto se comparado ao efeito do conhecimento. Os alunos que sabiam bastante sobre beisebol (colunas à esquerda) compreenderam muito melhor a passagem do que os que não sabiam muita coisa, independentemente de serem "bons" ou "maus" leitores, como medido por testes padrão de leitura.

Fonte: Elaborada com base em: RECHT, D. R.; LESLIE, I. Effect of prior knowledge on Good and Poor Readers': memory of text. *Journal of Educational Psychology*, v. 80, n.1, p. 16–20, 1988. Copyright © 1988 by the American Psychological Association.

O conhecimento prévio também esclarece detalhes que de outra maneira seriam ambíguos e confusos. Em um experimento que ilustra esse efeito,[6] indivíduos leram a seguinte passagem:

> *O procedimento é muito simples. Em primeiro lugar, você organiza itens em diferentes grupos. Uma pilha pode ser suficiente dependendo da quantidade. Se você precisar ir a algum outro lugar devido à falta de recursos, este é o próximo passo; caso contrário, você estará bem equipado. É importante não se exceder. Isto é, é melhor fazer poucas coisas por vez ao invés de muitas.*

A passagem segue por essa linha, vaga e confusa, portanto, difícil de entender. Não é que falte vocabulário. Na realidade, o texto todo parece extremamente ambíguo. Sem maiores surpresas, as pessoas não conseguem lembrar muito desse parágrafo quando questionadas sobre ele mais tarde. Elas lembram muito mais, entretanto, se lhes era dito antes que o título da passagem é "Lavando roupas". Observe novamente a passagem agora que você sabe o título. Ele diz que tipo de conhecimento prévio é relevante, e você seleciona tal conhecimento para desfazer ambiguidades. Por exemplo, "organize os itens em grupos" é interpretado como separar cores claras e escuras das roupas brancas. Esse experimento indica que nós não apreendemos novas informações em um vácuo; interpretamos novas coisas à luz de outras informações que já conhecemos. Nesse caso, o título "Lavando roupas" diz ao leitor qual conhecimento prévio utilizar para compreender o trecho. Por certo, a maioria daquilo que lemos não é tão vaga, em geral sabemos qual informação prévia é relevante. Assim, quando lemos uma frase ambígua, simultaneamente utilizamos o conhecimento prévio para interpretá-la sem, provavelmente, notar as potenciais ambiguidades (Figura 2.6).

Eu listei quatro formas pelas quais o conhecimento prévio pode ser importante para a compreensão da leitura: 1) ele fornece vocabulário; 2) permite que você complete lacunas lógicas deixadas pelos escritores; 3) proporciona o agrupamento (*chunking*), que aumenta a capacidade de armazenamento e proces-

FIGURA 2.6 A maioria das pessoas pode nem sequer percebe que a expressão "recolha-o" é ambígua porque o conhecimento prévio conduz ao que deve ser captado.

Fonte: Man holding dog @istock/Aleksandr Zotov; dog waste station © Daniel Willingham; Photoshop © nyretouch/Nihal Organ.

samento na memória de trabalho e torna mais fácil relacionar ideias; e 4) direciona a interpretação de sentenças ambíguas. Há, na verdade, outros modos de o conhecimento prévio auxiliar a leitura, mas os listados são alguns dos mais importantes.

Alguns pesquisadores acreditam que a importância do conhecimento prévio para a leitura é um fator determinante na crise do 4º ano. Caso o termo não lhe seja familiar, ele se refere ao fato de que os alunos vindos de lares menos privilegiados, em geral, leem no nível esperado até o 3º ano, mas repentinamente regridem no 4º ano. A ideia é a de que o ensino da leitura durante o 3º ano concentra a maior parte do tempo na decodificação — aprender como soam as palavras utilizando os símbolos impressos — e é isso que os testes de leitura enfatizam. No 4º ano, a maioria dos alunos é de bons decodificadores; os testes de leitura, então, começam a enfatizar a *compreensão*. Como foi descrito, a compreensão depende do conhecimento prévio, e aqui é onde as crianças de lares privilegiados têm uma vantagem. Em geral, elas vão à escola com um vocabulário maior e mais conhecimento a respeito do mundo do que as crianças menos privilegiadas. E, como saber coisas faz com que ler novas coisas seja mais fácil (como será descrito a seguir), o desnível entre as crianças mais e menos privilegiadas só aumenta.

O CONHECIMENTO PRÉVIO É NECESSÁRIO PARA AS HABILIDADES COGNITIVAS

O conhecimento prévio não serve apenas para fazer de você um leitor melhor, ele também é necessário para pensar adequadamente. Os processos que a maioria de nós espera estimular em nossos alunos — pensamento lógico e crítico — não são possíveis sem conhecimento prévio.

Em primeiro lugar, você deve saber que na maioria das vezes em que vemos uma pessoa aparentemente engajada em um raciocínio lógico, ela geralmente está trabalhando em recuperação de memórias. Conforme descrito no Capítulo 1, a memória é o processo cognitivo de *primeira* opção. Quando confrontado com um problema, você irá primeiro buscar na memória por uma solução. Caso a encontre, irá utilizá-la. Fazer isso é fácil e é muito provável que seja eficaz; você certamente se lembra da solução de um problema porque ela funcionou da última vez, não porque falhou. Para avaliar esse efeito, tente resolver um problema para o qual você *não tenha* um conhecimento prévio relevante, tal como o mostrado na Figura 2.7.[7]

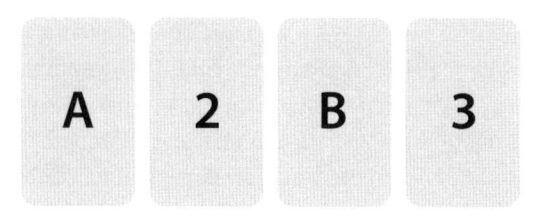

FIGURA 2.7 Cada carta tem uma letra na face e um número no verso. Há uma regra: se na face há uma vogal, deve haver um número par no verso. Seu trabalho é verificar se essa regra é respeitada neste conjunto de quatro cartas, virando o menor número de cartas necessário para isso. Quais cartas você viraria?
Fonte: © Greg Culley.

O problema descrito na Figura 2.7 é mais difícil do que parece. Na verdade, cerca de 15 a 20% dos estudantes universitários conseguem acertar. A resposta correta é virar as cartas *A* e *3*. A maioria começa pelo *A* — obviamente, se não houver um número par no verso, a regra terá sido violada. Muitas pessoas incorretamente acreditam que precisam virar a carta *2*. Contudo, a regra não diz o que deve estar no verso de uma carta com um número par. A carta *3* precisa ser virada porque se houver uma vogal no verso, a regra terá sido violada.

Agora vamos observar outra versão desse problema, mostrada na Figura 2.8.[8] Se você é como a maioria das pessoas, esse problema é relativamente fácil. Você vira a carta *Cerveja* (para ter certeza de que esse cliente tem mais de 21 anos) e vira a carta *17* (para ter certeza de que esse adolescente não está bebendo cerveja). A carta *17* tem, nesse problema, o mesmo papel que a carta *3* tinha na versão anterior; e a carta *3* era o que todos esqueciam. Por que é tão mais fácil dessa vez? Uma razão (mas não a única) é que o assunto é familiar. Você tem conhe-

FIGURA 2.8 Imagine que você é o segurança de um bar. Cada carta representa um cliente, com a idade dele de um lado e a bebida correspondente no verso. Você deve garantir o cumprimento da regra: "se estiver bebendo cerveja, deve ter 21 anos ou mais". Seu trabalho é verificar se essa regra é respeitada neste grupo de quatro pessoas. Você deve virar o mínimo necessário de cartas para isso. Quais cartas você viraria?
Fonte: © Greg Culley.

cimento prévio sobre a ideia de idade para beber e sabe o que está envolvido na execução dessa regra. Por isso, não precisa pensar logicamente. Você tem experiência com o problema e lembra o que fazer em vez de raciocinar sobre isso.

Na verdade, as pessoas recorrem à memória para solucionar problemas mais frequentemente do que você pode imaginar. Por exemplo, pode ser que muito da diferença entre os melhores jogadores de xadrez do mundo *não* seja a capacidade de raciocinar sobre o jogo ou planejar o melhor movimento, mas a memória para as posições no tabuleiro. Eis um achado crucial que leva a tal conclusão: as partidas de xadrez são cronometradas, com cada jogador tendo uma hora para completar seus movimentos no jogo. Existem também os torneios-relâmpago (*blitz tournaments*),* no qual os jogadores têm apenas cinco minutos para fazer todos os seus movimentos em uma partida (Figura 2.9). Não surpreende o fato de que todos jogam um pouco pior em um torneio relâmpago. O que surpreende é

FIGURA 2.9 Um instrumento utilizado para cronometrar uma partida de xadrez. O ponteiro maior em cada relógio conta regressivamente os minutos restantes. Após realizar um movimento, o jogador aperta o botão acima do seu relógio, o qual para e faz o relógio do oponente reiniciar. Os jogadores estabelecem idênticas quantidades de tempo a decorrer em cada relógio — apenas cinco minutos nos torneios-relâmpago —, representando o tempo total que o jogador pode levar para todos os movimentos no jogo. A bandeira próxima ao 12 em cada relógio é empurrada pelo ponteiro maior conforme ele se aproxima do número. Quando a bandeira cai, o jogador excedeu o tempo permitido, perdendo a partida.
Fonte: © Shutterstock/Gavran333.

---

* N. de R. T. O autor refere-se a torneios de xadrez nos quais os jogadores devem executar rapidamente os movimentos.

que os melhores jogadores continuam os mesmos melhores, os quase melhores continuam os mesmos quase melhores, e assim por diante.[b] Essa descoberta indica que o que quer que seja responsável por fazer os melhores jogadores melhores do que qualquer um está ainda presente nos torneios relâmpago; o que dá a eles a vantagem *não é* um processo que toma muito tempo, porque se fosse assim, eles a perderiam nos torneios relâmpago.

Parece que a memória é o que cria as diferenças entre os melhores jogadores. Quando jogadores de xadrez desse nível selecionam um movimento, primeiro avaliam o jogo, decidindo qual parte do tabuleiro é a mais crítica, localizando os seus pontos fracos e os do oponente. Esse processo ocorre na memória do jogador sobre posições similares no tabuleiro e, por ser um processo de memória, toma pouco tempo, talvez alguns poucos segundos. Essa avaliação restringe bastante os possíveis movimentos. Somente aí é que o jogador se engaja em um lento processo de raciocínio para escolher o melhor entre alguns potenciais movimentos. É por isso que os melhores jogadores ainda são bons mesmo em um torneio relâmpago. A maior parte do trabalho pesado é feito pela memória — um processo que toma pouco tempo. Com base nessa e em outras pesquisas, psicólogos avaliam que os melhores jogadores podem armazenar 50 mil possíveis disposições na memória de longo prazo. Dessa forma, o conhecimento prévio é decisivo mesmo no xadrez, ao qual tendemos a atribuir o protótipo de jogo de raciocínio.

Isso não significa que todos os problemas são resolvidos ao serem comparados com casos já vistos no passado. Você, obviamente, raciocina às vezes e, mesmo quando o faz, o conhecimento prévio pode ajudar. Anteriormente, neste capítulo, discutimos agrupamento (*chunking*), o processo que permite pensar em itens individuais como um conjunto (por exemplo, quando *O, A* e *B* se tornam *OAB*) e, assim, cria mais espaço na memória de trabalho. Eu enfatizei que, na leitura, o espaço mental extra proporcionado pelo agrupamento pode ser utilizado para relacionar o significado das sentenças. Esse espaço extra também é útil quando raciocinamos.

Eis um exemplo. Você tem um amigo que pode entrar na cozinha de alguém e rapidamente preparar um ótimo jantar com quaisquer ingredientes que estiverem disponíveis, para espanto do próprio dono da cozinha? Quando olha para um armário, seu amigo não vê ingredientes, ele vê receitas. Ele se baseia no extenso conhecimento prévio sobre comida e culinária. Observe a dispensa na Figura 2.10.

Um profissional de culinária teria o conhecimento prévio para ver muitas receitas aqui, por exemplo, frango empanado recheado com nozes ou usar chá

FIGURA 2.10 Suponha que você esteja na casa de uma amiga e ela lhe peça para preparar o jantar com frango e o que mais você puder encontrar na dispensa. O que você prepararia?
Fonte: © Shutterstock/Darryl Brooks.

para saborizar o arroz. Os ingredientes necessários se tornarão um agrupamento na memória de trabalho, assim, o profissional terá espaço na memória de trabalho para dedicar-se a outros aspectos, como considerar outros pratos que podem servir de acompanhamento ou decidir os passos de preparo.

O agrupamento também se aplica às atividades de sala de aula. Considere dois estudantes de álgebra. Um é um pouco inseguro quanto às propriedades distributivas, o outro tem tranquilidade em relação a isso. Quando o primeiro tenta resolver um problema e vê $a(b+c)$, não tem certeza se isso é o mesmo que $ab+c$, $b+ac$ ou $ab+ac$. Então ele substitui $a(b+c)$ por números pequenos para ter certeza de estar no caminho certo. O segundo estudante reconhece $a(b+c)$ como um agrupamento e não precisa ocupar a memória de trabalho com um subcomponente do problema. Certamente o segundo estudante tem mais probabilidade de completar o problema de maneira bem-sucedida.

Há um ponto importante a ser destacado a respeito do conhecimento e das habilidades de pensamento. Muito daquilo que os especialistas nos dizem que fazem quando estão pensando sobre problemas em seus campos de conhecimento *requer* conhecimento prévio, mesmo não sendo descrito dessa maneira. Vamos tomar a ciência como um exemplo. Podemos falar aos alunos muitas coisas sobre como os cientistas pensam e eles podem memorizar todas essas informações. Por exemplo, podemos dizer que, ao interpretar os efeitos de um experimento, os cientistas estão especialmente interessados nos resultados anômalos (isto é, inesperados). Resultados inesperados indicam que o conhecimento dos cientistas é incompleto e que o experimento contém sementes de um novo conhecimento. Porém, para que os resultados sejam inesperados, você deve ter uma expectativa! Uma expectativa que deve estar baseada no seu conhecimento prévio sobre o campo de estudo. A maior parte ou a totalidade daquilo que dizemos aos nossos alunos sobre estratégias do pensamento científico é impossível de ser utilizada sem o conhecimento prévio apropriado. Ou, como disse o famoso geólogo Herbert Harold Read, "o melhor geólogo é aquele que viu mais rochas" (Figura 2.11).

O mesmo vale para história, literatura, música, etc. As generalizações que oferecemos aos alunos sobre como pensar e raciocinar corretamente podem *parecer* não exigir conhecimento prévio, mas quando você avalia como aplicá-las, elas normalmente exigem.

O CONHECIMENTO FACTUAL MELHORA SUA MEMÓRIA

No que se refere a conhecimento, aqueles que têm mais ganham mais. Muitos experimentos têm mostrado o benefício do conhecimento prévio para a memória utilizando o mesmo método básico. Os pesquisadores levam ao laboratório algumas pessoas que têm experiência em determinado campo (por exemplo,

FIGURA 2.11 A juíza Sharon Newcomb, mostrada aqui inspecionando um pinscher miniatura no Westminster Kennel Club Dog Show, adquiriu perícia, em parte, devido a sua experiência com milhares de cachorros. Tornar-se uma jurada do American Kennel Club Show requer notório conhecimento (passar em testes sobre anatomia canina e dominar os parâmetros de atuação no ringue) e experiência significativa (ter sido juíza-assistente em eventos locais); além disso, os candidatos a juízes devem ter convivido com um grande número de cães, demonstrado pelo menos 12 anos de experiência com a raça que pretendem julgar.

Fonte: © Getty Images/Sarah Stier.

futebol, dança ou circuitos eletrônicos) e algumas pessoas que não têm. Todas leem uma história ou um breve artigo. O material é suficientemente simples para que aqueles sem conhecimento específico possam compreendê-lo, isto é, eles podem dizer o que cada sentença significa. No entanto, no dia posterior a isso, as pessoas que tinham conhecimento prévio sobre o que leram lembraram-se substancialmente de mais informações a respeito do material do que aquelas sem tal conhecimento.

Você pode pensar que esse efeito se deve totalmente à atenção. Se eu for um fã de basquete, será prazeroso ler a respeito e eu prestarei muita atenção; caso contrário, se eu não gostar de basquete, ler a respeito provavelmente irá me chatear. Mas outros estudos realmente *criaram* especialistas. Os pesquisadores propunham que algumas pessoas lessem muito e outras muito pouco a respeito de assuntos que fossem novidade (por exemplo, musicais da Broadway). Solicitavam, então, que os participantes lessem outros novos fatos acerca do assunto e descobriram que os "especialistas" (aqueles que leram anteriormente muito sobre determinado tópico) aprenderam novos fatos mais rápida e facilmente do que os "novatos" (aqueles que leram anteriormente muito pouco sobre tal tema).[9]

Por que é mais fácil lembrar se você já sabe alguma coisa sobre o assunto? Já afirmei que, se você sabe bastante sobre um assunto em particular, pode compreender melhor novas informações sobre esse tópico. Pessoas que sabem sobre beisebol, por exemplo, *compreendem* uma história sobre isso melhor do que pessoas que não sabem nada a respeito. Lembramos melhor se algo tem significado. Essa generalização é discutida e detalhada no próximo capítulo. Para uma ideia desse efeito, leia os dois breves parágrafos a seguir:

A aprendizagem motora é uma mudança na capacidade de realizar movimentos habilidosos para atingir metas comportamentais no ambiente. Uma questão fundamental e ainda não resolvida em neurociência é relativa a se existe um sistema neural responsável por representar respostas motoras sequenciais aprendidas. Caracterizar tal sistema por meio de neuroimagem e outros métodos requer uma descrição detalhada sobre o que especificamente está sendo aprendido para uma dada tarefa sequencial.	Um bolo chiffon substitui a manteiga — a gordura tradicional nos bolos — por óleo. Uma questão fundamental e não resolvida no cozimento é relativa a quando fazer um bolo com manteiga ou um bolo chiffon. Responder a essa questão por meio da degustação por especialistas ou por outros métodos requer uma descrição detalhada sobre as características desejadas em um bolo.

O parágrafo à esquerda foi retirado de um artigo técnico de pesquisa.[10] Cada frase é bastante compreensível e, caso você tenha tempo, poderá observar como elas estão conectadas: a primeira frase oferece uma definição; a segunda, apresenta um problema; a terceira sentença afirma que uma descrição do objeto de estudo (habilidades) é necessária antes de avaliar o problema. Escrevi o parágrafo da direita de modo paralelo ao das habilidades motoras. Sentença por sentença, a estrutura é a mesma. De qual você acha que vai se lembrar amanhã?

O texto à direita é mais fácil de ser compreendido (e será mais bem recordado, portanto) porque você pode relacioná-lo a coisas que já sabe. Sua experiência diz que um bom bolo tem sabor amanteigado, não de óleo; assim, o valor do interesse sobre o fato de alguns serem feitos com óleo é natural. Igualmente, quando a última frase se refere às "características desejadas em um bolo", você pode imaginar quais devam ser essas características — se é macio, crocante, etc. Observe que esses efeitos não têm a ver com compreensão. Você pode entender o parágrafo à esquerda muito bem apesar da falta de conhecimento prévio, mas fica faltando alguma riqueza, certa sensação de profundidade de compreensão. Isso acontece porque, quando você tem conhecimento prévio, sua mente conecta o assunto lido com aquilo que você já sabe sobre o tema, mesmo que não esteja consciente desses efeitos.

São essas conexões que vão auxiliar você a se lembrar do parágrafo amanhã. Lembrar coisas é uma questão de *pistas* para a memória. Nós recuperamos memórias quando pensamos sobre coisas relacionadas àquilo que estamos tentando lembrar. Portanto, se eu disser "Tente lembrar o parágrafo que você leu ontem", você poderia pensar "Certo, falava sobre bolos". Automaticamente (talvez inconscientemente), informações sobre bolos apareceriam na sua mente — eles são assados, têm cobertura, aparecem sempre em festas de aniversário, são feitos com farinha, ovos e manteiga — e, de repente, esse conhecimento prévio (de que bolos são feitos com manteiga) fornece um apoio para a lembrança do parágrafo: "Era sobre um bolo que usa óleo em vez de manteiga". Adicionar essas ideias do parágrafo ao seu conhecimento prévio faz ele parecer mais fácil de compreender e ser recordado. O parágrafo sobre habilidades motoras, coitado, é banido, removido de qualquer conhecimento prévio; assim, muito mais difícil de ser recordado mais tarde.

É válido deter-se por um momento nesse último efeito do conhecimento prévio — o conhecimento factual na memória de longo prazo torna mais fácil adquirir ainda mais conhecimento factual. Significa que a quantidade de informação que você retém depende do quanto você já sabe. Assim, se você sabe mais do que eu, você retém mais do que eu; isso quer dizer que você ganha mais do que eu. De maneira mais concreta (mas com números tratáveis), suponha que você tem 10 mil fatos na sua memória e eu apenas 9 mil. Digamos que cada um de nós lembre uma porcentagem de novos dados e que tal porcentagem é baseada naquilo que já está em nossa memória. Você lembra 10% dos novos fatos que ouviu, mas devido ao fato de ter menos conhecimento na memória de longo prazo, eu lembro apenas de 9%. A Tabela 2.1 mostra quantos fatos cada um de nós tem na memória de longo prazo ao longo de dez meses, presumindo estarmos expostos a 500 novos fatos por mês.

Ao final de dez meses, a diferença entre nós aumentaria de 1.000 fatos para 1.043 — isso devido ao fato de pessoas com mais informação na memória de longo prazo aprenderem mais facilmente. E a diferença só tende a aumentar. O único modo pelo qual eu poderia alcançar uma igualdade seria me certificar de ser exposto a um maior número de fatos do que você. Em um contexto escolar, eu teria algumas formas para me recuperar, mais seria bastante difícil, uma vez que você estaria me deixando para trás em uma velocidade cada vez maior.

TABELA 2.1 Uma demonstração de que, no que se refere a conhecimento, o rico fica mais rico

Meses	Fatos na sua memória	% de novos fatos que você lembra	Fatos na minha memória	% de novos fatos que eu lembro
1	10.000	10,000	9.000	9,000
2	10.050	10,050	9.045	9,045
3	10.100	10,100	9.090	9,090
4	10.151	10,151	9.135	9,135
5	10.202	10,202	9.181	9,181
6	10.253	10,253	9.227	9,227
7	10.304	10,304	9.273	9,273
8	10.356	10,356	9.319	9,319
9	10.408	10,408	9.366	9,366
10	10.460	10,460	9.413	9,413

É claro que os números do exemplo anterior são somente hipotéticos, mas sabemos que o básico está correto — o rico fica mais rico. Sabemos também onde encontrar as riquezas. Se você quiser ser exposto a um novo vocabulário e a novas ideias, os lugares para ir são livros, revistas, jornais. Vídeos, jogos, mídias sociais e mensagens de texto oferecem menos exposição a novas ideias e novo vocabulário.

Eu iniciei este capítulo com a citação de Einstein: "Imaginação é mais importante do que conhecimento". Espero que você esteja agora convencido de que Einstein estava errado. Conhecimento é mais importante, visto que representa um pré-requisito para a imaginação ou, ao menos, para o tipo de imaginação que leva à resolução de problemas, à tomada de decisão e à criatividade. Outras grandes mentes fizeram comentários similares que diminuíam a importância do conhecimento, conforme mostra a Quadro 2.1.

Desconheço por que para alguns grandes pensadores (que indubitavelmente sabem muitos fatos) era prazeroso menosprezar as escolas, descrevendo-as frequentemente como fábricas de memorização inútil de infor-

QUADRO 2.1 Citações de grandes pensadores criticando a importância do conhecimento factual

"Educação é aquilo que sobrevive quando o que foi aprendido for esquecido."	Psicólogo B. F. Skinner
"Eu jamais permito que minha escolarização interfira na minha educação."	Escritor Mark Twain
"Nada em educação é mais assombroso do que a quantidade de ignorância que ela acumula na forma de fatos inertes."	Escritor Henry Brooks Adams
"Sua aprendizagem é inútil até que você abandone seu livro, queime suas anotações e esqueça-se das minúcias que decorou para o exame."	Filósofo Alfred North Whitehead
"Ficamos trancados em escolas e em universidades durante 10 ou 15 anos, e saímos finalmente com a barriga cheia de palavras e sem sabermos absolutamente nada."	Poeta Ralph Waldo Emerson

mação. Suponho que possamos tomar essas observações como irônicas — ou, ao menos, como interessantes —, mas eu não preciso de mentes brilhantes e altamente capazes dizendo a mim (e a meus filhos) que é inútil saber coisas. Conforme mostrado neste capítulo, os processos cognitivos mais apreciados — pensamento lógico, resolução de problema, etc. — estão entrelaçados com o conhecimento. É a mais pura verdade que fatos sem a habilidade para usá-los são de pouco valor. É igualmente verdade que não se pode desenvolver efetivamente as habilidades de pensamento sem conhecimento factual.

Como alternativa às citações do Quadro 2.1, ofereço um provérbio espanhol que enfatiza a importância da experiência e, por extensão, do conhecimento: *Más sabe El Diablo por viejo que por Diablo*. Traduzindo grosseiramente: "O Diabo não é sábio porque é o Diabo. Ele é sábio porque é *velho*".

RESUMO

Hoje em dia, poucos veem como meta da escolarização que os estudantes adquiram conhecimento pelo simples fato de saber coisas. Nosso objetivo é o de que os alunos aprendam a pensar. Além disso, é natural compreender o raciocínio como um *processo* e, assim, concluir que o conhecimento não importa. Porém, vimos de muitas formas que o raciocínio bem-sucedido depende do conhecimento prévio. É ele que permite o preenchimento de lacunas deixadas pelos autores em seus livros e guia a interpretação ante a sentenças ambíguas. O conhecimento é essencial para o agrupamento, esse processo que economiza espaço na memória de trabalho e, assim, facilita o raciocínio. Em certos momentos, o conhecimento *substitui* o raciocínio — quando simplesmente recuperamos da memória a solução para um problema —; em outros momentos, ele é necessário para desenvolver habilidades de raciocínio, como quando um cientista avalia que o resultado de um experimento é anômalo. Em vez de pensar no conhecimento como dados que devem ser conectados no processo de raciocínio, é mais adequado compreender conhecimento e raciocínio como coisas entrelaçadas.

IMPLICAÇÕES PARA A SALA DE AULA

Se o conhecimento factual faz os processos cognitivos funcionarem melhor, a óbvia implicação é que precisamos ajudar as crianças a adquirir conhecimentos. Como podemos assegurar que isso aconteça?

Quais conhecimentos elas devem aprender?

Podemos nos perguntar que conhecimentos devem ser ensinados aos alunos. Geralmente, tal questão é politicamente enviesada. Ao iniciarmos uma especificação sobre o que deve ser ensinado e o que pode ser omitido, é como se estivéssemos classificando cada informação por sua importância. A inclusão ou a omissão de figuras e eventos históricos, de dramaturgos, de avanços científicos, etc., carrega um viés cultural. Um cientista cognitivo vê essas questões de modo diferente. A pergunta "O que deve ser ensinado?" não é equivalente a "Qual conhecimento é importante?"; ao contrário, a pergunta significa "O que é desejável que os alunos sejam capazes de fazer?". Essa questão tem duas respostas.

A chave, então, é o que é desejável que os alunos estejam aptos a ler. Uma resposta comum — embora não seja a única — é "um jornal diário, livros e periódicos escritos para pessoas leigas inteligentes". Para ler o *Washington Post* e ter uma compreensão razoável, é necessário ter na memória de longo prazo as informações que os articulistas e os editores desse jornal presumem que seus leitores têm. E o que eles presumem é bastante amplo, já que o *Post* publica artigos sobre política, artes plásticas, literatura, cidadania, história, teatro, dança, ciência, arquitetura, etc. Contudo, os articulistas e os editores do *Washington Post* não esperam que esse conhecimento seja profundo; eles calculam que seu leitor sabe que Picasso foi um pintor, mas não necessariamente que ele era um representante do cubismo.

É possível que haja outros objetivos em relação àquilo que você gostaria que seus alunos lessem. Mencionei a meta "leigo instruído" porque imagino ser algo comum entre pais. Se você deseja que os alunos possam ler outros tipos de conteúdo, é necessário ter em mente as informações que *esses* escritores presumem que seus leitores possuem. Os textos lidos com mais sucesso serão aqueles que tratam de temas sobre os quais alunos já sabem algo a respeito.

A segunda resposta para "Que conhecimentos são importantes?" se aplica ao tema das aulas. *O que os alunos devem saber sobre ciência, história e matemática?* Essa pergunta é diferente da primeira porque os usos do conhecimento nessas áreas são diferentes daqueles em leitura geral. Um artigo do *Washington Post* pode não definir a palavra nebulosa, porém, o autor não espera que o leitor conheça uma definição mais profunda do que "objeto astronômico". Caso eu esteja estudando astrofísica, precisaria saber muito mais.

Os alunos não conseguem aprender sobre tudo, então o que eles devem saber? A ciência cognitiva leva à óbvia conclusão de que os estudantes devem aprender os conceitos que aparecem repetidamente — reunindo e relacionando as ideias de cada disciplina. Alguns pensadores da educação sugeriram que um número limitado de ideias deve ser ensinado em grande profundidade, desde as séries iniciais e passando por todo o currículo, com diferentes assuntos sendo retomados e vistos à luz de uma ou mais dessas ideias. De uma perspectiva cognitiva, isso faz sentido.

Certifique-se de que os alunos têm conhecimentos suficientemente relevantes quando requisitar pensamento crítico

Nosso objetivo não se resume a fazer os alunos saberem uma grande quantidade de coisas. Na verdade, devemos possibilitar que eles saibam coisas para que estejam aptos a pensar de maneira eficiente. Conforme este capítulo enfatizou, pensamento crítico necessita de conhecimento prévio. Pensar criticamente não é um conjunto de processos que pode ser praticado e aperfeiçoado de forma dissociada do conhecimento prévio. Assim, faz sentido considerar se os alunos têm o conhecimento prévio necessário para realizar uma tarefa de pensamento crítico solicitada. Por exemplo, certa vez, observei uma professora perguntar a seus alunos de 4º ano como eles achavam que seria viver em uma floresta tropical. Apesar de os estudantes terem passado alguns dias pensando sobre florestas tropicais, eles não tinham conhecimento prévio para responder algo além de respostas superficiais (como "Seria tropical"). Ela fez a mesma pergunta no final da unidade, e as respostas se apresentaram muito mais enriquecidas. Uma aluna disse prontamente que ela não deveria querer morar lá, porque o tipo de solo e a sombra constante fariam com que ela provavelmente tivesse de incluir carne na sua dieta — e ela era vegetariana.

    Isso não quer dizer "concentre-se apenas no conhecimento factual até que seus alunos tenham o bastante e, somente após isso, encoraje o raciocínio". Evidentemente, ainda que estejam adquirindo conhecimentos, é desejável que os estudantes pensem. Reconhecer que pensamento crítico depende do conhecimento prévio permite modificar avaliações e tarefas que buscam desenvolver criticidade a fim de se relacionarem com aquilo que os alunos já sabem.

Pensar sobre pensar é valioso... mas não é o suficiente

Como desejamos que nossos alunos pensem criticamente, é comum que tentemos oferecer instruções diretas sobre criticidade. Ao pensar sobre como se deve pensar, está sendo praticada *metacognição*, e essa é uma bela evidência de que é útil ensinar estratégias metacognitivas. As vantagens dessas estratégias são sua simplicidade, a rapidez com que elas podem ser ensinadas e a possibilidade de que sejam aplicáveis a uma variedade de conteúdos. Porém, elas podem parecer mais eficientes do que realmente são.

As estratégias de compreensão leitora proporcionam um exemplo familiar. Dizemos aos alunos coisas como "ao encontrar uma palavra desconhecida, verifique se o contexto auxilia a descobrir seu significado" ou "antes de ler um texto, baseie-se no título para prever o conteúdo". Essas são estratégias para controlar o raciocínio de forma a aumentar a compreensão.

Porém, como visto, um fator-chave para a compreensão leitora consiste em integrar conhecimentos da memória que foram omitidos pelo autor, como no exemplo sobre Mark e sua churrasqueira. Relacionar "não deve usar sua nova churrasqueira" e "chefe vindo jantar" requer um conhecimento que *é exclusivo dessa sentença*.

É assim que as duas ideias se encaixam. O ponto principal das estratégias é que elas são gerais, porque devem ser de uso geral. Assim, elas não podem dizer como as ideias se encaixam — cada "encaixe" é exclusivo para a frase que você está lendo.

Ofereci, em outro momento, a seguinte analogia:[11] suponha que você comprou um móvel, chegou em casa, jogou as peças no chão e viu que as instruções apenas diziam "antes de começar, pense em outros elementos de mobiliário que você já viu no passado. Em seguida, faça a montagem. Vá devagar e não force nada. Além disso, conforme monta, pare de vez em quando, observe seu progresso e veja se está começando a se parecer com uma peça de mobília".

Esse conselho sem dúvidas é útil! Mas não é o suficiente. Você precisa saber quais peças devem ser aparafusadas. Da mesma forma, a leitura requer os detalhes de como as ideias devem se conectar. Porém, estratégias gerais como "certifique-se de que você compreende o que está fazendo" ainda são úteis.

Acredito que essa descrição vale para a maioria, se não todas, as estratégias metacognitivas. É bom memorizar "ao julgar se um experimento científico é válido, certifique-se de que a condição de controle corresponde à condição experimental". Saber que você deve fazer isso ajuda, embora memorizar a estratégia não diga *como* colocá-la em prática. Para isso, você precisa de conhecimento prévio.

Conhecimento superficial é melhor do que nenhum conhecimento

Alguns dos benefícios do conhecimento factual exigem que o conhecimento seja bastante profundo — por exemplo, o raciocínio muitas vezes requer a compreensão de muitos papéis que aquilo sobre o que você está raciocinando pode desempenhar —, mas outros resultam de conhecimento superficial. Conforme observado, frequentemente nós não precisamos de conhecimento aprofundado a respeito de um conceito para compreender seu significado em um contexto de leitura. Eu não sei quase nada, por exemplo, sobre beisebol, mas, para leitura em geral, uma definição superficial como "esporte jogado com um bastão e uma bola, no qual dois times jogam um contra o outro" iria servir. Certamente, o conhecimento aprofundado é melhor do que o superficial. Mas nós não teremos conhecimento aprofundado de tudo, e conhecimento superficial é, com certeza, melhor do que nenhum conhecimento.

Faça o que você puder para que as crianças leiam... mas isso não será o suficiente

Os efeitos do conhecimento descritos neste capítulo também destacam por que a leitura é tão importante. A leitura expõe as crianças a mais fatos e a um vocabulário mais abrangente do que qualquer outra atividade. Dados consideráveis indicam que indivíduos que leem por prazer desfrutam de benefícios cognitivos durante toda a vida.

As pessoas às vezes perguntam se histórias em quadrinhos ou audiolivros "contam". A resposta é um enfático "sim!". Os romances gráficos podem ser muito sofisticados em termos de enredo, vocabulário, etc. E a audição de um audiolivro tem uma considerável correlação com a leitura impressa — claro, uma criança não adquire prática em decodificar nem desenvolve fluência, mas o processo de compreensão é semelhante, quer se esteja lendo, quer se esteja ouvindo. Quando falamos sobre construção de vocabulário e conhecimento prévio, os audiolivros são ótimos, particularmente porque você pode ouvi-los nos momentos em que é difícil ler impressos, por exemplo, durante um exercício ou um deslocamento.

Porém, eu não creio que seja o caso de dizer que qualquer livro é bom "desde que eles estejam lendo". Naturalmente, se uma criança tem um histórico de resistência à leitura, eu ficaria contente se ela escolhesse qualquer livro para ler. Mas uma vez que ela tivesse vencido essa etapa, se eu sentir que um pouco de desafio não prejudicaria sua motivação, eu tentaria direcioná-la para livros de um nível de leitura apropriado. Isso não significa que as crianças não devem reler livros: elas podem não ter entendido tudo da primeira vez ou podem retornar a um livro muito amado para obter alívio emocional em um momento difícil. É bastante óbvio o fato de os estudantes não obterem grandes resultados lendo livros significativamente abaixo do seu nível de leitura. E existem livros divertidos e fascinantes em qualquer nível de leitura, então por que não encorajar materiais apropriados a cada nível? É mais do que óbvio que um livro muito difícil é uma má ideia. O aluno não o compreenderá e terminará frustrado. O bibliotecário da escola deveria ser um extraordinário recurso e um aliado para auxiliar as crianças a aprenderem a amar a leitura. Ele é indiscutivelmente a pessoa mais importante em qualquer escola no que tange à leitura.

Por mais que eu seja um defensor da leitura por lazer, para a maioria das metas de longo prazo que estabeleceríamos para os alunos, essa atividade não será suficiente. O conhecimento prévio que os alunos adquirem em suas leituras por lazer será específico aos seus interesses; a criança que adora ficção histórica pode aprender muito sobre os monarcas britânicos, enquanto a criança que adora fantasia aprenderá sobre criaturas míticas. Porém, se quisermos que as crianças sejam boas leitoras em geral, todas precisam aprender sobre, por exemplo, o sistema solar. A leitura por lazer é excelente para a construção de conhecimentos básicos, mas os alunos ainda precisam de um currículo sólido.

A aquisição do conhecimento pode ser casual

É fundamental manter em mente que a aprendizagem de conhecimento factual pode ser casual — isto é, pode acontecer simplesmente devido à exposição em vez de exclusivamente devido a estudo ou memorização. Pense sobre tudo o que você aprendeu lendo livros e revistas por prazer, assistindo a vídeos, documentários ou notícias na televisão ou, mesmo, conversando com amigos e sendo tragado pelas pelos *hiperlinks* de diferentes *sites* na internet. A escola oferece muitas das mesmas oportunidades. Os estudantes podem obter informação a partir dos problemas matemáticos, de exemplos de sentenças quando aprendem gramática ou a partir do vocabulário que você utiliza quando escolhe um monitor na sala de aula. Todo professor sabe muito do que os alunos não sabem. Há oportunidades para produzir cada vez mais conhecimento a cada dia na escola.

Comece cedo

Anteriormente, salientei que uma criança que inicia em desvantagem em termos de conhecimento ficará ainda mais atrasada a menos que haja alguma intervenção. Parece haver poucas dúvidas de que esse é um fator importante no porquê de algumas crianças irem tão mal na escola. Os ambientes domésticos variam muito. Que tipo de vocabulário os pais utilizam? Os pais fazem perguntas e ouvem as respostas das crianças? Eles levam os filhos a museus ou aquários? Eles escolhem livros adequados para seus filhos? Os filhos observam seus pais lendo? Todos esses fatores (e outros) desempenham um papel naquilo que a criança sabe no seu primeiro dia de aula. Em outras palavras, antes de encontrar seu primeiro professor, a criança pode estar bastante atrás do colega ao lado no que se refere a quão fácil será a aprendizagem para ela. Tentar nivelar essas diferenças é o maior desafio do professor. Não há atalhos nem alternativas para aumentar o conhecimento factual que a criança não adquiriu em casa.

Para ser claro, não estou culpando os pais que não fazem todas essas coisas; as pessoas têm limites de tempo e outros recursos para fornecer esse tipo de ambiente para seus filhos. Acho que todo professor ficaria feliz se todos os alunos pudessem acessar recursos semelhantes na escola.

O conhecimento precisa ser significativo

Os professores não devem entender a importância do conhecimento como uma obrigação de criar uma lista de fatos — superficiais ou detalhados — que os alunos precisam aprender. É claro que algum benefício pode decorrer disso, mas ele seria mínimo. O conhecimento compensa quando é conceitual e quando os fatos são relacionados entre si. Além do mais, como qualquer professor sabe, aprender listas de fatos desconexos seria difícil e tedioso, causando mais dano do que benefício. Isso encorajaria a crença de que a escola é um lugar de tédio e cansaço em vez de descoberta e entusiasmo. Então qual o melhor caminho para garantir que os alunos adquiram conhecimento factual agora que concluímos sua grande importância? Quer dizer, por que algumas coisas grudam na nossa memória enquanto outras simplesmente se perdem? Isso é assunto para o próximo capítulo.

NOTAS

[a] Um dos prazeres de compartilhar experiências com um amigo próximo é a "piada interna", uma referência a algo que apenas vocês dois compreendem. Dessa forma, se um grande amigo perguntasse o que ela estava fazendo, a digitadora poderia dizer "Estou pintando uma autoestrada" — o código pessoal, baseado em uma experiência compartilhada, que significa uma longa e infindável tarefa. Esse é um extremo na presunção de conhecimento da parte do interlocutor.

[b] Os jogadores de xadrez que disputam torneios têm posições em um *ranking* — um número que representa o nível de suas habilidades — baseadas em quem eles derrotaram e por quem foram derrotados.

LEITURAS COMPLEMENTARES

Menos técnico

GOODWIN, B. Research says... don't wait until 4th grade to address the slump. *Educational Leadership*, v. 68, n. 7, 2011. Disponível em: https://www.ascd.org/el/articles/dont-wait-until-4th-grade-to-address-the-slump. Acesso em: 22 abr. 2022. Esse artigo, além de trazer uma breve revisão da ideia de que o déficit nas pontuações de leitura entre crianças desfavorecidas é devido, em parte, à ausência de conhecimento prévio, oferece algumas sugestões sobre o que fazer em relação a isso.

LAREAU, A. *Unequal childhoods.* Berkeley: University of Califórnia, 2003. Um estudo etnográfico fascinante sobre a infância em lares de diferentes *status* socioeconômicos.

SHING, Y. L.; BROD, G. Effects of prior knowledge on memory: implications for education. *Mind, Brain, and Education*, v. 10, n. 3, 2016. Revisão razoavelmente amistosa do papel da memória em aprendizagens novas, com foco em aplicações educacionais.

WILLINGHAM, D. T. How to get your mind to read. *New York Times*, 2017. Disponível em: https://www.nytimes.com/2017/11/25/opinion/sunday/how-to-get-your-mind-to-read.html. Acesso em: 20 abr. 2022. Artigo sobre a importância do conhecimento prévio para a compreensão leitora. Útil para enviar a alguém como uma rápida introdução às ideias abordadas aqui.

Mais técnico

BEST, R. M., FLOYD, R.G.; MCNAMARA, D.S. Differential competencies contributing to children's comprehension of narrative and expository texts. *Reading Psychology*, v. 29, n. 2, 2008. Esse artigo examina o papel do conhecimento prévio na compreensão leitora e como sua ausência contribui para a crise do 4º ano.

CROMLEY, J. G.; KUNZE, A. J. Metacognition in education: translational research. *Translational Issues in Psychological Science*, v. 6, n. 1, 2020. Uma revisão de pesquisas mostrando que as estratégias metacognitivas são úteis em contextos de sala de aula.

FERNÁNDEZ, G.; MORRIS, R. G. Memory, novelty and prior knowledge. *Trends in Neurosciences*, v. 41, n. 10, 2018. Esse breve artigo resume algumas das principais descobertas sobre o papel do conhecimento prévio em aprendizagens novas.

GOBET, F.; CHARNESS, N. Expertise in chess. *In*: ERICSSON, K. *et al.* The Cambridge handbook of expertise and expert performance. 2. ed. Cambridge: Cambridge University, 2018. p. 597-615. Esse capítulo sintetiza muito da importante pesquisa que mostra o conhecimento como fundamental para a habilidade no xadrez.

MOL, S. E.; BUS, A. G. To read or not to read: a meta-analysis of print exposure from infancy to early adulthood. *Psychological Bulletin*, v. 137, n. 2, 2011. Essa revisão de 99 estudos mostra que a leitura produz um ciclo virtuoso: ler no tempo de lazer leva à melhora nos componentes da leitura (conhecimento e outros) que, por sua vez, a tornam mais fácil e, assim, deixa as pessoas mais propensas a ler.

PFOST, M. *et al*. Individual differences in reading development: a review of 25 years of empirical research on Matthew effects in reading. *Review of Educational Research*, v. 84, n. 2, 2014. Uma revisão de muitos estudos mostrando que os alunos que sabem mais aprendem mais a partir das suas leituras.

QUESTÕES PARA DISCUSSÃO

1. É importante lembrar que o conhecimento responsável por servir de suporte para as habilidades de leitura pode vir *de fora* da escola e do currículo escolar. Porém, dizer aos pais para "garantirem que seus filhos adquiram conhecimentos fora da escola" é demasiado vago. Existe algo que educadores poderiam dizer ou fazer para alcançar maior eficácia nesse sentido?
2. Retomemos a longa frase de *Moby Dick* citada neste capítulo. Como observado, a capacidade de processamento é esgotada durante a leitura e, por isso, é provável que o trecho não seja compreendido. Existem materiais ou momentos semelhantes em sua sala de aula que deixam os alunos confusos? Uma solução já sugerida é dividir um conteúdo complexo em partes menores. Outra opção seria adquirir conhecimento suficiente que permita o *agrupamento*. Essa solução é aplicável para qualquer situação complexa de sala aula?
3. O estudo envolvendo beisebol mostra o notável efeito que o conhecimento pode ter na compreensão. Isso também me leva a pensar sobre como um leitor que geralmente tem dificuldades experimenta a leitura dessa passagem. É surpreendente para esse leitor ser bem-sucedido? Sabemos que a autoconfiança do leitor é um importante indicador do hábito de ler no tempo de lazer. E leitores menos hábeis, é claro, têm muitas experiências depondo contra sua autoconfiança. Como poderíamos usar descobertas como a do estudo citado para inspirar métodos de construção de autoconfiança em leitores com dificuldades?
4. A passagem "Lavando Roupas" mostra como o conhecimento prévio pode ser eficaz para esclarecer mensagens ambíguas. Supõe-se que você às vezes fala de maneira análoga — você diz algo muito vago, mas, por ter o conhecimento prévio adequado, o que você quer dizer é bastante evidente para você. É possível pensar em um exemplo de mal-entendido entre você e alguém a quem você estava ensinando? Existe uma maneira confiável de ajudá-lo a ter em mente a diferença entre o que você sabe e o que seus alunos sabem?

5. Quanto mais você sabe, mais fácil é aprender coisas novas. Isso indica que as crianças que começam a escola com menos conhecimento ficarão cada vez mais para trás. O que esse fato implica para a educação infantil? E para a educação básica e as etapas posteriores?
6. Vivemos em uma época em que a *expertise* às vezes é vista com suspeição. Políticos apelam para a ideia de que não é necessário ter conhecimento sobre um tópico e que, com bom senso e inteligência, é possível tomar melhores decisões do que os chamados especialistas. Que mensagens veladas (ou abertas) você acha que a sociedade envia aos alunos sobre o valor de saber as coisas? E sua escola?

3

Por que os alunos se lembram de tudo aquilo a que assistem na TV e se esquecem de tudo o que eu digo?

Pergunta: A memória é misteriosa. Você pode perder uma memória criada há 15 segundos, como quando você se percebe parado na cozinha tentando lembrar o que foi buscar. Outras memórias aparentemente triviais (conselhos, por exemplo) podem durar uma vida. O que faz algo ficar na memória e o que é mais provável de ser esquecido?

Resposta: Não podemos armazenar na memória tudo aquilo que experienciamos. Seria demais. Então o que a memória retém? Coisas que são repetidas constantemente? E o que dizer a respeito de um evento único e importante como um casamento? Coisas que causam emoção? Dessa forma, você não se lembraria de coisas importantes, porém neutras (a maior parte dos trabalhos escolares, por exemplo). Como a memória sabe o que você precisará lembrar mais tarde? Seu sistema de memória funciona dessa forma: se você pensa cuidadosamente sobre algum tópico, provavelmente pensará sobre ele de novo e, portanto, isso deverá ser armazenado. Assim, sua memória não é um produto daquilo que você quer ou tenta se lembrar, mas daquilo sobre o que você pensa. Um professor me contou uma vez que em um 4º ano, ao estudar a *Underground Railroad**, fez os alunos assarem biscoitos porque esse era o alimento das pessoas escravizadas que tentavam escapar. Ele perguntou o que eu achava de tal proposta. Eu respondi

---

* N. de T. A *Underground Railroad* era um conjunto de rotas secretas utilizado no século XIX por escravizados que fugiam dos Estados Unidos.

que seus alunos provavelmente pensaram por 40 segundos sobre a relação entre biscoitos e a *Underground Railroad*, outros 40 segundos sobre medidas de farinha, e assim por diante. Qualquer coisa sobre a qual os alunos pensem será o que eles irão lembrar. O princípio cognitivo que orienta este capítulo é:

> A memória é o resíduo do pensamento.

Para ensinar bem, você deve prestar muita atenção naquilo sobre o que uma tarefa fará os alunos pensarem, porque é disso que eles irão se lembrar, e não daquilo que você deseja que eles pensem.

A IMPORTÂNCIA DA MEMÓRIA

Qualquer professor já teve esta experiência: você dá uma aula que acredita ter sido formidável, cheia de exemplos animados, conteúdo aprofundado, problemas atraentes a serem resolvidos e uma mensagem clara. Porém, no dia seguinte, os alunos não se lembram de nada, a não ser de uma piada que você contou e de um aparte fora do assunto sobre sua família[1] — ou pior, quando você diz, lutando para manter um tom de voz calmo, "O assunto da aula passada era que um mais um é igual a dois", eles o olham incrédulos, dizendo "Espera! Um mais um é igual a *dois*?". Obviamente, se a mensagem do Capítulo 2 foi "conhecimento prévio importa", devemos considerar cuidadosamente como assegurar que tal conhecimento prévio será adquirido. Por que os alunos lembram de algumas coisas e se esquecem de outras?

Comecemos por observar por que é que se falha ao tentar lembrar alguma coisa. Imagine que eu dissesse "Você poderia sintetizar o último seminário de desenvolvimento profissional a que assistiu?". Supondo, ainda, que você brilhantemente responda "Com certeza, não". Por que você não lembra?

Pode ter acontecido uma das quatro coisas descritas na Figura 3.1 — uma versão um pouco mais elaborada do diagrama da mente que já usamos anteriormente. Você deve se lembrar de que a memória de trabalho é onde se mantêm as coisas "em mente", o local da consciência. Há diversas informações no ambiente, das quais grande parte não nos é consciente. Por exemplo, enquanto eu escrevo isso o refrigerador está fazendo ruídos, os pássaros estão cantando lá fora e existe pressão nas minhas costas por causa da cadeira na qual estou sentado — mas nada disso é o que está na minha memória de trabalho (isto é,

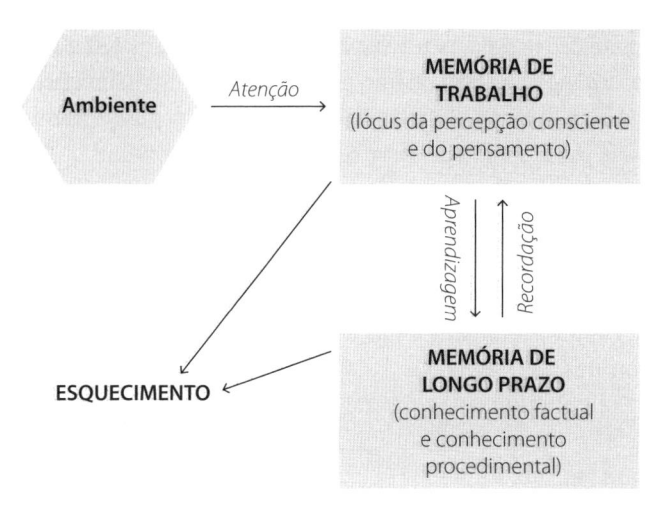

FIGURA 3.1 Uma versão um pouco modificada do nosso diagrama da mente.
Fonte: © Greg Culley.

minha consciência). Segundo a Figura 3.1, as coisas não chegam até a memória de longo prazo, a menos que tenham, antes, estado na memória de trabalho. Essa é uma maneira um pouco complexa de explicar um fenômeno familiar: *se você não prestar atenção, não irá aprender.* Você não lembrará muito do seminário de desenvolvimento profissional se, durante o evento, estivesse pensando em outra coisa.

As informações podem entrar na memória de trabalho não apenas por meio do ambiente, mas também por meio da memória de longo prazo; é a isso que eu me refiro quando indico a recordação na seta correspondente. Então, outra razão possível para você não lembrar pode ser uma falha no processo de recuperar informação da sua memória de longo prazo; discutiremos isso no Capítulo 4.

Uma terceira possibilidade é a de que a informação não exista mais na memória de longo prazo — isto é, foi esquecida. Não trataremos aqui de esquecimento, mas cabe aproveitar o momento para desvendar um mito comum. Às vezes, dizem que a mente registra com minuciosos detalhes tudo aquilo que acontece (como uma câmera), mas simplesmente não é possível se dar conta da maior parte; isto é, falhas de memória representam um problema de acesso. Se lhe for dada a pista certa, a teoria afirma, qualquer coisa que tenha acontecido com você poderá ser relembrada. Por exemplo, você pode achar que não se lembra de quase nada da casa em que morou na infância e da qual se mudou quando tinha 5 anos, mas ao revisitá-la, o cheiro das camélias no jardim traz de volta todas as memórias que você julgava perdidas. Essas experiências originam a hipótese de que *qualquer* memória julgada como perdida pode ser, a princípio, recuperada. Recordações bem-sucedidas em sessões de hipnose foram apresentadas como uma evidência para apoiar tal teoria. Se a pista certa (camélias ou o que quer que seja) puder ser achada, a hipnose permitirá que você acesse diretamente o baú da memória.

Apesar de atraente, essa ideia está errada. Sabemos que a hipnose não auxilia a memória. Isso é fácil de ser testado em laboratório. Dê algo para pessoas lembrarem, hipnotize metade delas e compare as lembranças das que foram e das que não foram hipnotizadas. Esse tipo de experimento foi feito dezenas de vezes, e o resultado típico é mostrado na Figura 3.2.[2] A hipnose não ajuda. Ela somente lhe dá mais confiança de que sua memória está certa, em vez de torná-la mais acurada.

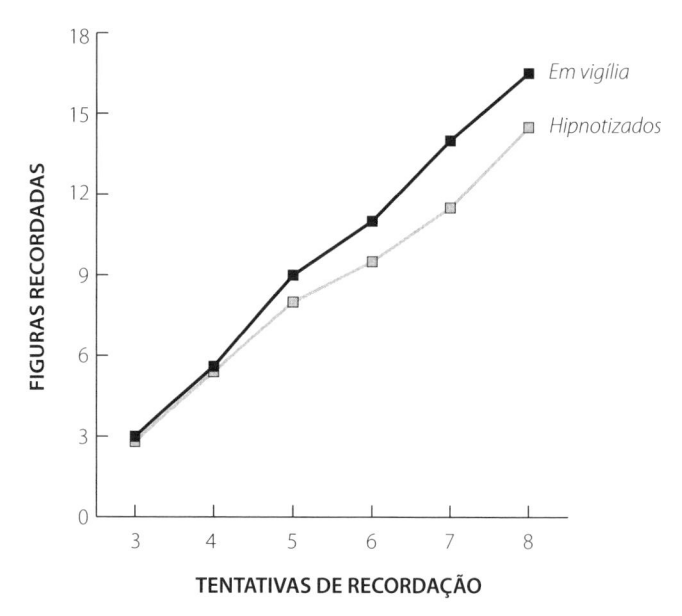

FIGURA 3.2 Foram mostrados 40 desenhos de objetos comuns e, em seguida, solicitou-se que os participantes se recordassem deles. A sessão 1 ocorreu logo a seguir; as sessões de 2 a 8 ocorreram uma semana mais tarde. Naturalmente, houve esquecimentos significativos durante esse período. Em cada tentativa de lembrar, os participantes na média lembraram mais, mas os hipnotizados não lembraram mais do que os não hipnotizados.

Fonte: DINGES, D. F. *et al*. Evaluating hypnotic memory enhancement (hypermnesia and reminiscence) using multitrial forced recall. *Journal of Experimental Psychology*: learning, memory, and cognition, v. 18, n. 5, p. 1142, 1992. Copyright © 1992 by the American Psychological Association.

A outra parte da evidência — que uma boa pista como o perfume de camélia pode trazer de volta memórias há muito perdidas — é muito mais difícil de se testar em um experimento de laboratório, ainda que a maioria dos pesquisadores da memória acredite que tal efeito é possível. Mesmo que nós aceitemos que memórias perdidas possam ser recuperadas desse modo, não significa que *todas* as memórias aparentemente esquecidas sejam recuperáveis — apenas quer dizer que algumas são. Enfim, os pesquisadores da memória não veem razão para acreditar que todas as memórias são registradas para sempre.

Voltemos a nossa discussão sobre o esquecimento. Algumas vezes você presta *mesmo* atenção, de modo que o conteúdo fica vagando pela memória de trabalho por um tempo, mas nunca chega à memória de longo prazo. A Figura 3.3 mostra um exemplo da minha própria experiência. *Linha lateral* é um termo que eu já pesquisei mais de uma vez, mas eu não saberia dizer agora o que significa. Você sem dúvida tem seus próprios exemplos de coisas que certamente *deveria* saber,

O significado do termo *ex parte*

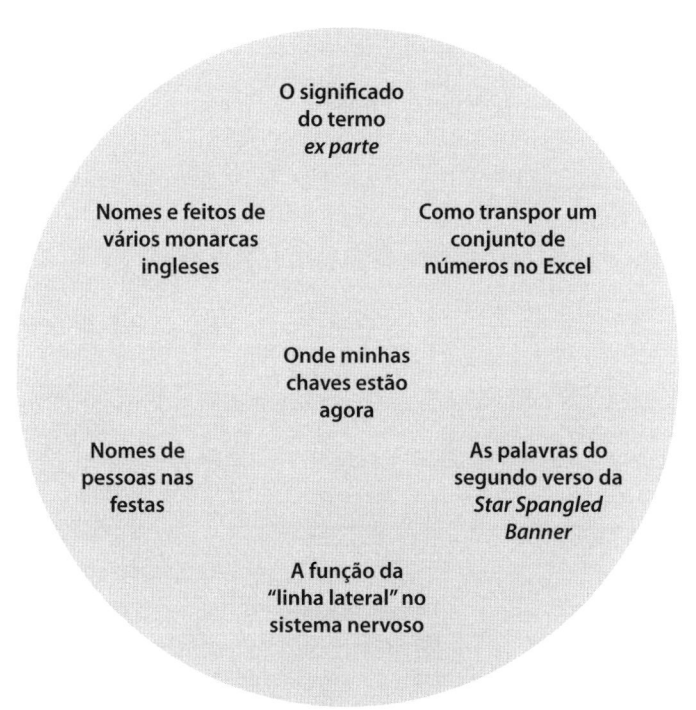

Nomes e feitos de vários monarcas ingleses

Como transpor um conjunto de números no Excel

Onde minhas chaves estão agora

Nomes de pessoas nas festas

As palavras do segundo verso da *Star Spangled Banner*

A função da "linha lateral" no sistema nervoso

FIGURA 3.3 Algumas informações às quais eu certamente prestei atenção e que, portanto, estiveram na minha memória de trabalho, sem, entretanto, terem chegado à minha memória de longo prazo.

Fonte: © Greg Culley.

devido ao fato de já tê-las pesquisado ou ouvido (e, portanto, já tê-las manipulado na memória de trabalho), mas elas nunca foram guardadas na memória de longo prazo.

Curioso também é o fato de que algumas coisas mantêm-se na memória de longo prazo por anos sem que tenha havido intenção de apreendê-las, inclusive coisas que não têm nada de especial. Por exemplo, por que eu sei o *jingle* da propaganda do atum Bumble Bee dos anos 1970 (Figura 3.4)?

Seria um excelente argumento dizer que a compreensão da diferença entre a Figura 3.3 e a Figura 3.4 é um dos problemas centrais do ensino. Todos sabemos que os alunos não aprendem se não estiverem prestando atenção. O mais misterioso, entretanto, é por que, mesmo quando *estão* prestando atenção, algumas vezes aprendem e outras vezes, não. O que mais é necessário além da atenção?

Uma suposição razoável é a de que nós lembramos coisas que causaram alguma reação emocional. Não é verdade que você se lembra de momentos

O que é um filtro

Stalin estudou para ser pastor

Qual o método francês para fazer omelete

O que é a técnica Fosburry no salto em altura

Como se parece o quadro "Ronda Noturna"

O jingle dos anos de 1970 do atum Bumble Bee

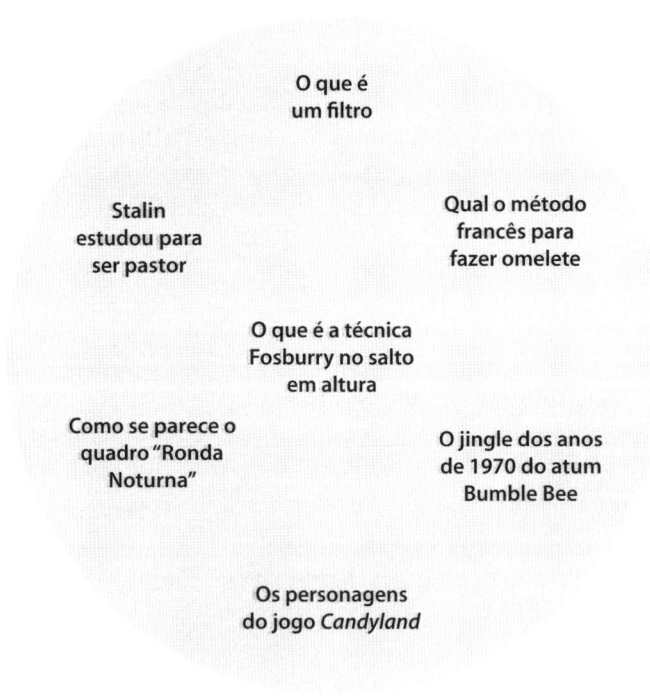

Os personagens do jogo *Candyland*

FIGURA 3.4 Informações que estão na memória de longo prazo do autor, ainda que ele não quisesse apreendê-las nem estivesse totalmente interessado nelas.
Fonte: © Greg Culley.

intensamente felizes, como um casamento, ou intensamente tristes, como receber a notícia do falecimento de um ente querido? Sim. E, na verdade, se você perguntar a alguém sobre suas memórias mais vivas, frequentemente serão relatados eventos que carregam um provável conteúdo emocional, como um primeiro encontro ou uma festa de aniversário (Figura 3.5).

É claro que prestamos mais atenção a acontecimentos com carga emocional e somos mais propensos a falar sobre eles mais tarde. Assim, os cientistas têm feito estudos muito cuidadosos a fim de demonstrar que é a emoção, e não o pensamento repetido sobre esses eventos, a responsável por produzir o impulso para a memória. O efeito da emoção sobre a memória é real. Pesquisadores descobriram algumas razões bioquímicas por trás disso, mas a emoção precisa ser relativamente forte para ter bastante impacto na memória. Caso a memória *dependesse* da emoção, nos lembraríamos de poucas coisas daquilo que aprendemos na escola. Então, a resposta *As coisas vão para a memória de longo prazo quando provocam alguma reação emocional* não é totalmente correta. É mais adequado dizer *Coisas que provocam alguma reação emocional serão lembradas mais facilmente, mas a emoção não é necessária para a aprendizagem*.

A repetição é outra óbvia candidata à responsável pela aprendizagem. Talvez eu me lembre do *jingle* do atum Bumble Bee (Figura 3.4), de 40 anos atrás, por tê-lo escutado muitas vezes. A repetição é bastante importante — discutiremos isso no Capítulo 5 —, mas não é qualquer repetição que irá funcionar. As informações podem ser repetidas indefinidamente e, ainda assim, não serem armazenadas na sua memória. Por exemplo, observe a Figura 3.6. Você consegue identificar a figura correta entre as cópias?

FIGURA 3.5 Eventos com carga emocional tendem a ser lembrados mais facilmente, sejam eles felizes, como esta mulher recebendo o título de Miss Filipinas, sejam tristes, como este homem lamentando a perda de um ente querido que faleceu.

Fonte: Miss Philippines © Getty Images/Majority World; mourning © Getty Images /DIMITAR DILKOFF.

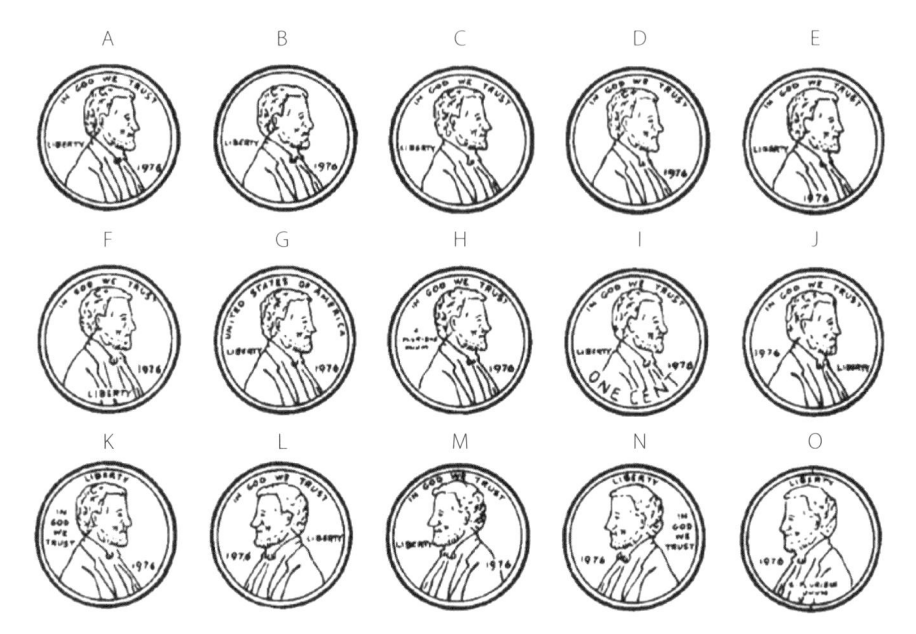

FIGURA 3.6 Você é capaz de identificar a moeda verdadeira entre as cópias? As pessoas são péssimas nessa tarefa, mesmo que já tenham visto uma moeda milhares de vezes.

Fonte: NICKERSON, R. S.; ADAMS, M. J. Long-term memory for a common object. *Cognitive Psychology*, v. 11, n. 3, p. 287-307, 1979. Copyright © 1979. Reimpresso com permissão da Elsevier.

Se você viveu algum tempo nos Estados Unidos, certamente já viu milhares dessas moedas durante a vida — um vasto número de repetições. Mesmo assim, se você for como a maioria das pessoas, não terá muita certeza de como um penny* separece.[3] (A figura certa é a opção A.)

Somente a repetição não irá funcionar. Fica evidente, também, que *querer* lembrar alguma coisa não é o ingrediente mágico. Seria realmente maravilhoso se a memória funcionasse dessa forma. Os alunos sentariam com um livro, diriam a si mesmos "Eu quero me lembrar disso" e lembrariam! Você lembraria o nome das pessoas que conhece e sempre saberia onde estão as chaves do carro. Para nossa tristeza, a memória não funciona dessa maneira — conforme um clássico experimento de laboratório demonstrou.[4] Uma de cada vez, em um monitor, eram mostradas aos participantes palavras sobre as quais solicitava-se que fizessem um julgamento simples. (A alguns, solicitava-se que dissessem

---

* N. de T. No original, o autor se refere a *penny*, uma expressão utilizada nos Estados Unidos, no Canadá e no Reino Unido para se referir a uma moeda com o valor de um centavo.

se a palavra continha um A ou um Q; outros tinham que dizer se a palavra causava bons ou maus pensamentos.) Uma questão importante do experimento foi o fato de que para metade dos participantes foi dito que sua memória em relação às palavras seria testada mais tarde, depois de terem visto a lista inteira. O restante não foi avisado do teste. Entre as descobertas, a conclusão significativa foi a de que saber sobre o futuro teste não beneficiou a memória dos participantes. Outro experimento mostrou que dizer aos participantes que eles seriam pagos por cada palavra lembrada não ajudou muito. Portanto, *querer* lembrar tem pouco ou nenhum efeito.

Contudo, há outra descoberta desse experimento que é ainda mais importante. Lembre-se de que, ao verem cada palavra, os participantes tinham que fazer um julgamento sobre ela — se continha um A ou um Q ou se causava bons ou maus pensamentos. As pessoas que fizeram o segundo tipo de julgamento lembraram quase o dobro de palavras em comparação às pessoas que fizeram o primeiro julgamento. Parece que estamos chegando a algum lugar. Encontramos uma situação na qual a memória teve um grande impulso. Mas por que é útil pensar sobre se a palavra é agradável ou não?

Nesse caso, julgar a agradabilidade faz você pensar sobre o que a palavra *significa* e sobre outras palavras relacionadas a esse significado. Assim, se você viu a palavra *forno*, pode pensar sobre bolos e assados, e sobre o forno da sua cozinha que, por sua vez, não funciona muito bem, e assim por diante. Entretanto, caso seja solicitado a indicar se *forno* contém um A ou um Q, não terá de pensar sobre significado nenhum.

Então, parece que estamos inclinados a dizer que *pensar sobre o significado faz bem para a memória*. E é quase isso, mas não está completamente correto. O exemplo da moeda não serve a essa generalização. Na realidade, esse exemplo mostra o exato oposto. Eu disse que você foi exposto a essa moeda milhares de vezes — isto é, pensou sobre sua função, sobre o fato de ela ter valor monetário, ainda que baixo. Mas ter pensado sobre o significado de uma moeda não auxilia quando você está tentando lembrar como ela se parece, o que é requerido no teste da Figura 3.6.

Vejamos outra maneira de pensar sobre isso. Suponha que você está caminhando pelos corredores da sua escola e vê um aluno resmungando sozinho em frente ao próprio armário. Você não pode ouvir o que ele está dizendo, mas pode deduzir pelo tom que ele está zangado. Existem algumas coisas nas quais você pode se concentrar: no *som* da voz do aluno, na *aparência* dele, ou, mesmo, no *significado* do incidente (por que ele deve estar zangado, se você deveria falar com ele, etc.). Esses pensamentos levarão a diferentes memórias sobre o acontecido no dia seguinte. Se pensou somente sobre o som da voz do aluno, no dia seguinte você provavelmente se lembrará bastante bem disso, mas não da aparência dele. Caso tenha se concentrado nos detalhes visuais, é disso que você se lembrará. Do mesmo modo, se você pensa sobre o significado de uma moeda, mas nunca sobre seus detalhes visuais, não irá se lembrar das características mesmo que elas tenham estado diante de seus olhos centenas de milhares de vezes.

Aquilo sobre o que você pensar é aquilo de que irá se lembrar. *A memória é o resíduo do pensamento*. Uma vez estabelecida, essa conclusão parece bastante óbvia — é, de fato, uma maneira bastante razoável de conceber um sistema de memória. Dado que você não pode armazenar tudo, como escolher o que será e o que não será guardado na memória? Seu cérebro funciona assim: se você não pensa muito sobre alguma coisa, provavelmente não irá querer pensar sobre ela novamente, assim, essa coisa não será armazenada. Se você pensa sobre algo, é provável que queira pensar nisso *do mesmo modo* no futuro. Se penso sobre como o aluno se parece quando o vejo, sua aparência é o que irei lembrar quando pensar sobre isso mais tarde.

Existem algumas sutilezas nessa óbvia conclusão que precisam ser delineadas. Primeiro, quando falamos sobre escola, normalmente queremos que os alunos lembrem o que as coisas significam. Às vezes, como elas se parecem é importante — por exemplo, a bela fachada do Partenon ou a forma do Benin. Com muito mais frequência, porém, queremos que eles pensem sobre significado — 95% daquilo que os estudantes aprendem na escola se relaciona com significado, e não com o que as coisas se parecem ou como soam.[a] Portanto, um objetivo do professor quase sempre deve ser garantir que os alunos pensem sobre significado.

A segunda sutileza (novamente, óbvia uma vez explicada) é o fato de poder haver diferentes aspectos de significado para o mesmo material. Por exemplo, a palavra *piano* se reveste de várias características semânticas (Figura 3.7). Você pode pensar sobre o fato de ele produzir música, ser caro, ser bastante pesado, ser feito de madeira de alta qualidade, etc. Em um dos meus experimentos favoritos, pesquisadores levaram participantes a pensar sobre uma ou outra característica das palavras colocando-as em sentenças — por exemplo, "Os homens da mudança arrastaram o PIANO escada acima" ou "O profissional tocou o PIANO com um som exuberante e rico".[5] Os participantes sabiam que precisavam lembrar apenas a palavra em caixa alta. Mais tarde, os responsáveis administraram um teste de memória com algumas dicas. Para *piano*, a dica era "algo pesado" ou

FIGURA 3.7 Raramente pensamos nisso, mas o contexto em que pensamos até mesmo sobre uma palavra simples influencia em qual aspecto do significado nos concentramos: que os pianos produzem música, que podem servir de assento, que são muito pesados, etc.
Fonte: Playing piano © Getty Images/Frank Hoensch; sitting © Getty Images/Harry Dempster; moving © Shutterstock/Volodymyr TVERDOKHLIB.

"algo que produz música". Os resultados mostraram que as memórias dos participantes foram bastante favorecidas quando as dicas correspondiam àquilo que eles haviam pensando sobre *piano*. Isto é, se os indivíduos leram a frase sobre os homens da mudança, escutar a pista "algo que produz música" não ajudou a lembrar um *piano*. Assim, não é suficiente dizer "Você deve pensar sobre significado". Você tem de pensar sobre o aspecto correto do significado.

Vamos resumir o que foi dito sobre aprendizagem até agora. O conteúdo a ser aprendido (isto é, a ser armazenado na memória de longo prazo), precisa passar algum período na memória de trabalho — ou seja, o estudante precisa prestar atenção. Além disso, *como* o aluno pensa determina completamente o que acabará na memória de longo prazo.

A evidente implicação para professores é que eles devem planejar as aulas de modo a assegurar que os alunos pensem sobre o significado do material. Um exemplo notável de uma proposta que não funciona vem da professora de 6º ano do meu sobrinho. Ele deveria construir um diagrama do enredo de um livro que havia acabado de ler. A finalidade disso era fazê-lo pensar sobre os elementos da história e sobre como se relacionam. O objetivo da professora, creio, era encorajar os alunos a observar que romances têm *estrutura*; ela achou que seria útil integrar arte nesse projeto e solicitou que os alunos montassem figuras para representar os elementos da trama. Quer dizer, meu sobrinho pensou pouco sobre as relações entre os diferentes elementos do enredo e muito sobre como fazer um bom castelo. Minha filha, há alguns anos, teve uma tarefa similar, mas a professora solicitou que fossem usadas palavras ou frases em vez de figuras. Creio que tal proposta cumpriu de maneira mais efetiva o objetivo pretendido, visto que minha filha pensou mais sobre como as ideias estavam relacionadas no livro.

Agora você deve estar pensando "Ok, então psicólogos cognitivos podem explicar por que os alunos têm de pensar sobre o significado do material abordado nas aulas — mas eu já sabia disso. Você poderia me dizer *como* ter certeza de que eles pensarão sobre o significado?". Fico contente por você ter perguntado.

O QUE OS BONS PROFESSORES TÊM EM COMUM?

Se você leu o Capítulo 1, pode facilmente adivinhar uma técnica comum que eu *não* recomendaria para fazer os estudantes pensarem sobre o significado: tentar tornar o conteúdo relevante aos seus interesses. Eu sei que isso pode parecer um pouco estranho, então deixe-me esclarecer.

Tornar o assunto relevante aos interesses dos alunos não funciona. Conforme observado no Capítulo 1, o conteúdo raramente é fator decisivo para manter ou não nosso interesse. Por exemplo, eu adoro psicologia cognitiva; você pode pensar "Ora, para fazer Willingham prestar atenção a esse problema matemático, vamos envolvê-lo em um exemplo de psicologia cognitiva". Porém, sou completamente capaz de me chatear com psicologia cognitiva, conforme se pode comprovar a partir das várias conferências profissionais das quais participei. Outro problema em tentar usar o conteúdo para envolver os alunos é que isso pode ser bastante difícil, e todo o trabalho acaba resultando em algo artificial. Como o professor de matemática poderia tornar álgebra interessante para minha filha de 13 anos? Com um exemplo do "mundo real", utilizando número de *likes* no Instagram? Eu acabei de afirmar que qualquer assunto possui diferentes aspectos de significado. Se o professor utilizou um problema com *likes* de Instagram, não existe chance de minha filha pensar em Instagram em vez de pensar em matemática? E esses pensamentos não poderiam levá-la a pensar sobre a mensagem de texto que ela recebeu hoje cedo, que, por sua vez, a lembraria de como está cansada do drama da amiga Jasmine, que a faria pensar sobre se deveria convidá-la para o seu jantar de aniversário...?

Se o importante não é o conteúdo, o que dizer sobre a forma? Os estudantes geralmente se referem a bons professores como aqueles que "tornam as coisas interessantes". Isso não significa que o professor relacione o conteúdo aos interesses dos alunos — em vez disso, ele tem uma maneira de interação envolvente. Vejamos alguns exemplos advindos da minha própria experiência com colegas professores universitários que são talentosos em fazer os estudantes pensarem sobre significado.

> *Professora A* é a comediante. Ela conta piadas frequentemente e nunca perde a oportunidade para utilizar um exemplo engraçado.
>
> *Professora B* é a mãe. Ela é bastante carinhosa, diretiva e quase condescendente, mas ela é tão amável que os alunos dão conta dela. Eles a chamam de "mamãe" na sua ausência.
>
> *Professor C* é o contador de histórias. Ele ilustra quase tudo com uma história pessoal. A aula é lenta e tranquila e o professor é calmo e agradável.
>
> *Professor D* é o *showman*. Se ele puder levar fogos de artifício para a aula, ele levará. O assunto que ele ensina não se presta facilmente a demonstrações, mas ele dispende uma considerável quantidade de tempo e energia pensando em aplicações interessantes, muitas destas envolvendo materiais que ele faz em casa.

Cada um desses professores é definido pelos alunos como aquele que faz um assunto tedioso tornar-se interessante, e todos são capazes de fazer os estudantes pensarem sobre significados. Todos os estilos funcionam bem com a pessoa que os utiliza, embora, evidentemente, não sejam todos que se sentem confortáveis em adotar algum desses estilos. É uma questão de personalidade.

A forma é aquilo que os alunos observam, mas isso é apenas uma parte daquilo que faz esses educadores tão eficientes. Os professores universitários geralmente obtêm avaliações escritas dos alunos a respeito das suas aulas ao final de cada semestre. A maioria das instituições tem formulários que trazem itens como "O professor respeitou as opiniões dos estudantes", "O professor conduziu as discussões de forma satisfatória", etc. Os alunos preenchem e indicam se concordam ou não com cada afirmação. Pesquisadores têm examinado essas avaliações para identificar quais professores obtêm bons julgamentos e por quê. Um achado entre os mais interessantes é o fato de que a maioria dos itens é redundante. Uma avaliação de dois itens poderia ser tão útil quanto uma de 30 itens, pelo fato de as questões se resumirem a duas: o professor parece uma boa pessoa e a aula é bem organizada? (Ver Figura 3.8.) Mesmo não percebendo, os alunos encaram cada um dos 30 itens como variantes de uma dessas duas questões. O que importa é cognição e conexão.

FIGURA 3.8 Como cada um destes homens seria como professor? Em *Game of Thrones*, Tywin Lannister (interpretado por Charles Dance) é inteligente, mas parece bastante frio e distante. O personagem Joey Tribbiani, do seriado *Friends* (vivido pelo ator Matt LeBlanc), é simpático e amistoso, mas não exatamente brilhante. Professores precisam ser tão bem organizados quanto acessíveis.
Fonte: LeBlanc © Getty Images/NBCUniversal; Dance © Getty Images/WireImage.

Apesar de estudantes da educação básica não preencherem formulários sobre seus professores, sabe-se que o processo é semelhante nesse caso. O vínculo emocional entre alunos e professor — para o bem ou para o mal — influencia na aprendizagem. O professor brilhantemente bem organizado que é visto como malvado pelos alunos do 4º ano não será muito eficiente. Em contrapartida, o professor divertido ou a gentil professora que conta histórias, com aulas mal-construídas, também não serão muito positivos. Bons educadores têm as duas qualidades. Eles são capazes de ligar-se pessoalmente aos seus alunos e organizam o conteúdo de maneira a torná-lo interessante e de fácil entendimento.

Esse é meu objetivo ao apresentar os diferentes tipos de professores. Quando pensamos em um bom professor, costumamos nos centrar na personalidade e na maneira pela qual ele se apresenta. Mas isso é só uma parte. As brincadeiras, as histórias e a simpatia geram afeição e atraem a atenção dos estudantes. Mas a partir disso, como garantir que os estudantes estarão pensando sobre significados? É aqui que entra a outra parte de ser um bom professor — organizar as ideias do plano de aula de forma coerente para garantir que os alunos compreendam e lembrem. A psicologia cognitiva não nos ensina a ser agradáveis para nossos alunos, mas eu posso falar sobre um conjunto de princípios que psicólogos cognitivos conhecem a respeito de como ajudar os estudantes a pensarem sobre o significado de uma lição.

O PODER DAS HISTÓRIAS

A mente humana parece primorosamente ajustada para compreender e lembrar histórias — tanto que alguns psicólogos referem-se a elas como "psicologicamente privilegiadas", o que significa que as histórias são tratadas de maneira diferente na memória em comparação a outros tipos de informação. Vou sugerir que preparar um plano de aula semelhante a uma história é um meio efetivo de ajudar os alunos a compreender e lembrar. Isso coincide, inclusive, com o princípio de organização utilizado pelos quatro professores que descrevi. A técnica que cada um deles usa para ligar-se emocionalmente aos alunos é bastante diferente, mas a estratégia para fazer os alunos pensarem sobre o significado do conteúdo é idêntica.

    Antes que possamos falar sobre como a estrutura de história pode ser aplicada em sala de aula, devemos examinar o que é essa estrutura. Não há um acordo sobre o que constitui uma história, mas a maioria das fontes aponta para quatro princípios. O primeiro deles é a *causalidade*, que indica a existência de uma relação causal entre os acontecimentos. Por exemplo, "Eu vi Jane e saí" é simplesmente uma descrição cronológica. Mas caso você leia "Eu vi Jane, meu antigo amor, e saí", entenderá que os dois eventos estão causalmente ligados. O segundo é o *conflito*. Uma história apresenta um personagem principal em busca de um objetivo; esse personagem, porém, não é capaz de atingir tal meta. Em *Star Wars*, Luke Skywalker tem por objetivo entregar os planos roubados e ajudar a destruir a Estrela da Morte. O conflito ocorre porque existe um obstáculo ao cumprimento do objetivo. Se Luke não tivesse um adversário à altura — Darth Vader — o filme seria bastante curto. Em qualquer história o protagonista precisa se esforçar para atingir sua meta. O terceiro princípio trata das *complicações*. Se Luke simplesmente ficasse 90 minutos insistindo no objetivo de entregar os planos, seria bastante tedioso. As complicações são subproblemas que advêm do objetivo principal. Portanto, se Luke deseja entregar os planos, precisa primeiro sair do seu planeta natal, Tatooine, mas ele não tem um meio de transporte. Essa é uma complicação que o leva a encontrar outro personagem importante, Han Solo, e a deixar o planeta em meio a um fogo cruzado. O último princípio se relaciona a *personagens*. Uma boa história é construída em torno de personagens interessantes, e o caminho dessa construção é a *ação*. Um contador de histórias hábil demonstra sem dizer como é um personagem. Por exemplo, a primeira vez em que aparece no filme *Star Wars*, a princesa Leia está atirando contra uma tropa de assalto, por isso, não é necessário falar sobre sua coragem ou sobre sua disposição para agir.

Se estivermos tentando nos comunicar com alguém, utilizar a estrutura de história traz algumas vantagens importantes. Em primeiro lugar, histórias são fáceis de compreender, porque os ouvintes conhecem a estrutura, o que ajuda a interpretar a ação. Por exemplo, eles sabem que os eventos não acontecem aleatoriamente, deve existir uma conexão causal. Assim, se a causa não for imediatamente observável, os ouvintes pensarão cuidadosamente sobre a ação anterior de modo a tentar conectá-la aos eventos presentes. Em um ponto de *Star Wars*, Luke, Chewbacca e Han estão escondidos em uma nave do Império; eles precisam chegar à outra parte da nave e Luke sugere que Chewbacca seja algemado. Tal sugestão pode parecer um pouco confusa por Luke e Chewbacca serem aliados. Os ouvintes devem entender que Luke pretende fingir que Chewbacca é um prisioneiro e que ele e Han são guardas. Esse pequeno trabalho mental deve ser executado porque se sabe que deve existir uma razão para uma ação aparentemente confusa.

Em segundo lugar, histórias são interessantes. Pesquisadores em leitura têm conduzido experimentos nos quais as pessoas leem diversos tipos diferentes de assuntos e classificam cada um de acordo com seu nível de interesse. As histórias são consistentemente classificadas como mais interessantes do que outros formatos (por exemplo, textos expositivos), ainda que apresentem o mesmo tipo de informação. Elas podem ser interessantes porque demandam o tipo de inferências que foram discutidas no Capítulo 1. Lembre que problemas (como palavras cruzadas) são atraentes quando não são nem difíceis nem fáceis demais. As histórias exigem essa média de dificuldade nas inferências, como no exemplo das algemas citado.

Pesquisas controladas têm mostrado que as pessoas classificam as histórias como menos interessantes quando elas apresentam informação demais, deixando, portanto, pouquíssimas inferências a serem feitas pelos ouvintes. É desnecessária uma pesquisa formal para confirmar tal fenômeno. Todos nós temos um ou dois amigos que acabam com qualquer história por causa das muitas informações (ver Figura 3.9). Uma amiga minha recentemente levou 10 minutos contando que não frequentava seu restaurante chinês favorito havia um ano porque lá não aceitavam mais cheques, até que o proprietário disse a ela que ficaria feliz em abrir-lhe uma exceção. Dita em 15 segundos, essa história poderia ter sido atraente. Mas com todos os detalhes (e nenhuma inferência a ser feita), ao longo de 10 minutos inteiros, fiz tudo o que pude fazer para parecer interessado.

Em terceiro lugar, histórias são fáceis de lembrar. Aqui, existem pelo menos dois fatores que contribuem. Devido ao fato de as histórias exigirem inferências de dificuldade média, você precisa pensar sobre seu significado do início ao fim.

FIGURA 3.9 Os senadores ouvindo as evidências durante o julgamento de *impeachment* do presidente Trump em 2020 acharam difícil prestar atenção. Alguns aparentemente até adormeceram, conforme sugere o momento capturado do senador Risch. (Câmeras não são permitidas no Senado.) Parte do motivo do tédio era o fato de os ouvintes já conhecerem todas as evidências, tanto por meio da imprensa quanto pelos *briefings* de seus assessores. Ao explicar aos repórteres por que pareciam tão entediados, o senador Mike Braun, de Indiana, disse: "Todos nós já ouvimos tudo isso".[6]

Fonte: © Art Lien.

Conforme descrito anteriormente, pensar sobre o significado é excelente para a memória porque normalmente é dele que você quer se lembrar. Sua memória também é auxiliada pela estrutura causal das histórias. Se você lembra uma parte do enredo, é um bom palpite que o próximo acontecimento foi causado por isso que ficou na sua mente. Por exemplo, se você está tentando lembrar o que aconteceu depois de Luke ter colocado as algemas em Chewbacca, será ajudado pela lembrança de que eles estavam em uma nave do Império que, por sua vez, fará você lembrar que eles foram até lá para resgatar a princesa Leia da área de detenção.

PONDO A ESTRUTURA DE HISTÓRIA PARA FUNCIONAR

Toda essa conversa sobre filmes foi um divertido interlúdio (assim espero), mas o que isso tem a ver com a sala de aula? Minha intenção aqui não é sugerir que você simplesmente conte histórias, embora não haja nada de errado nisso. Estou sugerindo algo um pouco além disso. Monte suas aulas da maneira que as histórias são estruturadas, utilizando os princípios já vistos: causalidade, conflito, complicações e personagens. Isso não quer dizer que você deve concentrar sua prática em aulas expositivas. Trabalhos em pequenos grupos, projetos ou qualquer outro tipo de método podem ser aplicados. A estrutura de história relaciona-se à forma como você *organiza* o conteúdo sobre o qual irá encorajar os alunos a pensar, e não aos métodos que você usa para ensinar esse conteúdo.

Em alguns casos, o caminho para estruturar um plano de aula como uma história é bastante óbvio. Por exemplo, a história pode ser encarada como um conjunto de episódios; eventos são causados por outros; frequentemente há conflito envolvido; e assim por diante. Então, pensar cuidadosamente sobre os quatro princípios enquanto você planeja uma aula pode ser bem útil — isso pode encorajá-lo a considerar as diferentes perspectivas pelas quais contar uma história. Suponha, por exemplo, o planejamento de uma aula sobre Pearl Harbor. Você pode pensar primeiro na organização mostrada na Figura 3.10: ela é cronológica e faz dos Estados Unidos o personagem principal — isto é, os eventos são relatados do ponto de vista dos Estados Unidos. Seu objetivo é fazer os alunos considerarem três pontos: o isolacionismo econômico dos Estados Unidos antes de Pearl Harbor, o ataque e a subsequente decisão "Alemanha primeiro", que determinou a entrada dos Estados Unidos na guerra.

Suponha, entretanto, que você pensou sobre os quatro princípios quando estava contando essa história. Dessa perspectiva, os Estados Unidos não são o

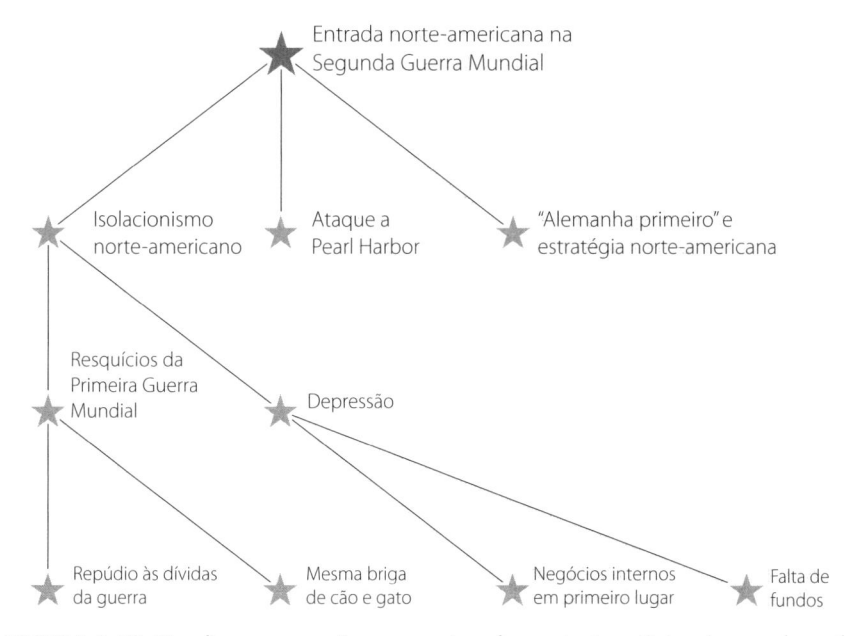

```
                    Entrada norte-americana na
                 ★  Segunda Guerra Mundial
                   /│\
                  / │ \
                 /  │  \
                /   │   \
   Isolacionismo   Ataque a      "Alemanha primeiro" e
★  norte-americano ★ Pearl Harbor ★ estratégia norte-americana

   Resquícios da
   Primeira Guerra
★  Mundial          ★ Depressão

   Repúdio às dívidas  Mesma briga      Negócios internos   Falta de
★  da guerra        ★  de cão e gato  ★ em primeiro lugar ★ fundos
```

FIGURA 3.10 Um diagrama em árvore, mostrando a estrutura típica de um plano de aula sobre Pearl Harbor. A organização é cronológica.
Fonte: © Greg Culley.

personagem principal. Seria o Japão, por ser dele o objetivo que impulsionou os eventos posteriores — dominação regional — e pelos obstáculos significativos a esse objetivo — a falta de recursos naturais e o envolvimento em uma guerra prolongada com a China. Essa situação deu origem a um subobjetivo: remover as colônias europeias no pacífico sul. O cumprimento dessa meta iria fazer do Japão uma potência mundial e o ajudaria a obter matérias-primas cruciais para acabar a guerra com a China. Mas esse subobjetivo trouxe uma nova complicação. Os Estados Unidos eram a outra potência naval no pacífico. Como o Japão lidou com esse problema? Em vez de saquear as colônias europeias e provocar uma intervenção dos Estados Unidos (o que provavelmente não aconteceria), o Japão escolheu tentar eliminar o conflito em um ataque surpresa. Caso se procure organizar um plano de aula como uma história, a Figura 3.11 é mais adequada que a Figura 3.10.

Minha sugestão de usar o ponto de vista japonês a respeito de Pearl Harbor não quer dizer ignorar o ponto de vista dos Estados Unidos ou julgá-lo menos importante. Na verdade, eu consigo imaginar um professor nos Estados Uni-

```
                    Objetivo: tornar-se
                  ★ uma potência regional
         ┌──────────────┼──────────────┐
         │              │       Lidar com a ameaça
         │              │     ★ dos Estados Unidos
    ★ Acabar a    ★ Conquistar
      guerra com     as colônias
      a China        europeias
                       Ameaça
  ┌────┴────┐    ┌────┴─── ★ norte-americana ★ Ataque aos    ★ Estados Unidos
  │         │    │                              Estados Unidos   desafiados
★ Pobreza  ★ Países europeus                                      a atacar
  no Japão   não podem
             defender
┌───┴──┐  ┌──┴──┐  ┌────┴──┐  ┌────┴───┐  ┌────┴──┐  ┌───┴───┐  ┌────┴──┐
★ Pouca ★ Embargo ★ Alemanha ★ Pacto    ★ Base    ★ Navios de ★ Linhas de ★ Fora do
  matéria- norte-  na luta    soviético   filipina  guerra em   abastecimento campo de
  -prima   -americano         de não                Pearl Harbor              batalha
                              agressão
```

FIGURA 3.11 Uma organização alternativa de uma aula sobre Pearl Harbor. Sob o ponto de vista de um contador de histórias, o Japão é o personagem principal porque suas ações levaram a história adiante.
Fonte: © Greg Culley.

dos decidindo não utilizar essa estrutura porque ela apresenta o ponto de vista japonês em uma aula de história norte-americana. O que quero dizer é que usar tal estrutura pode levar a organizar uma aula de maneiras que não haviam sido experimentadas anteriormente. E a estrutura de história realmente traz vantagens cognitivas.

Ser um contador de histórias em uma aula de história parece fácil, mas você conseguiria utilizar a estrutura de história em uma aula de matemática? Certamente. Eis um exemplo de como eu introduzia o conceito de escore-Z — uma fórmula comum para converter dados — quando ensinava introdução à estatística: comece com o mais simples e familiar exemplo de probabilidade — o arremesso de uma moeda. Imagine que eu tenha uma moeda e declare que ela é "viciada" — o resultado será sempre cara, e não coroa. Para provar isso, eu jogo a moeda e o resultado de fato é cara. Você estará convencido? Estudantes universitários compreendem que a resposta deve ser não porque há 50% de probabilidade de uma moeda honesta também resultar cara. E se fossem 100 resultados idênticos sucessivos? Obviamente as probabilidades são muito pequenas de uma moeda honesta resultar cara 100 vezes seguidas; nesse caso, você concluiria que essa moeda é "viciada".

Essa lógica — pela qual decidimos se uma moeda é viciada ou honesta — é utilizada para avaliar os resultados de muitos, se não da maioria, dos experimentos científicos. Quando lemos manchetes de jornal dizendo "Novo medicamento eficaz para Alzheimer é descoberto", "Motoristas mais velhos correm mais riscos do que os mais jovens" ou "Bebês que assistem televisão têm menor vocabulário", tais conclusões repousam sobre a mesma lógica do arremesso da moeda. Como?

Digamos que estamos querendo saber se um comercial de creme dental é confiável. Perguntamos a 200 pessoas "Esse creme dental deixou você mais atraente?"; 100 dessas pessoas viram esse comercial e as outras 100 não viram. Queremos saber se a porcentagem de pessoas do grupo que viu o comercial e disse que o creme dental as deixou mais atraentes é maior do que a porcentagem do grupo que não viu e afirmou o mesmo. O problema aqui é exatamente o mesmo do arremesso da moeda — as chances ficam em torno de 50%. Mas um dos dois grupos *deve* apresentar porcentagem mais elevada. (Caso ocorresse um empate, concluiríamos que o comercial não funcionou.)

A lógica para lidar com esse problema é a mesma utilizada no exemplo da moeda — ao arremessá-la, julgamos altamente improvável que o resultado seja cara 100 vezes seguidas *supondo que a moeda seja "honesta"*. As chances de uma moeda "não viciada" apresentar esse resultado são bastante escassas. Se observarmos tal acontecimento — 100 vezes seguidas — concluiremos que nossa suposição deverá estar equivocada. *Não seria* uma moeda "honesta". Então, pode não ser improvável que o grupo que viu o comercial apresente um percentual mais elevado — mas e se esse grupo for *muito* mais propenso a responder "sim"? Da mesma forma como julgamos haver algo estranho em relação à moeda, talvez devamos considerar que há algo curioso em relação às pessoas que viram o comercial — no mínimo, no que diz respeito a responder nossa pergunta.

É claro que *estranho/curioso*, nesse contexto, significa "improvável". No caso da moeda, sabíamos como calcular a improbabilidade porque sabíamos o número de possíveis resultados (dois) e a probabilidade de cada resultado individual (0,5). Por isso, foi fácil calcular as probabilidades das sucessivas ocorrências, conforme mostra a Tabela 3.1. Mas eis nosso próximo problema: como calcular a probabilidade em outros casos? Quão pior deve ser o vocabulário das crianças que assistem televisão, em comparação com o das que não assistem, para que possamos dizer "Esses dois grupos de crianças não são iguais. Se fossem, seus vocabulários seriam iguais, mas eles são *muito* diferentes"?

Tudo isso sobre moedas, comerciais e experimentos é somente uma introdução à lição. Estou tentando fazer os alunos compreenderem e se importarem com o objetivo da aula, que é explicar como podemos determinar a probabili-

TABELA 3.1 Em dez lançamentos, as probabilidades de obter resultados sucessivamente idênticos

Números de arremessos	Probabilidade de todos os resultados serem cara
1	0,5
2	0,25
3	0,125
4	0,063
5	0,031
6	0,016
7	0,008
8	0,004
9	0,002
10	0,001

dade de um fato ocorrer por acaso. Esse é o conflito para essa lição. Nosso valoroso adversário na busca por esse objetivo não é o Darth Vader, mas o fato de que a maioria das coisas que nos interessam não são como arremessos de moeda — elas não têm um número limitado de resultados (cara ou coroa) para os quais nós sabemos a probabilidade (50%). Essa é uma complicação que resolvemos com um tipo particular de gráfico chamado histograma. Entretanto, executar essa resolução leva a uma complicação a mais: é necessário calcular a área abaixo da curva do histograma — uma operação um pouco complexa. Esse problema é resolvido pelo escore-Z, que é a questão principal da aula (Figura 3.12).

Alguns aspectos devem ser salientados. Uma grande quantidade de tempo — frequentemente 10 a 15 minutos de uma aula de 75 minutos — é gasto estabelecendo o objetivo ou, dito de outra maneira, persuadindo o aluno de que é importante saber como determinar a probabilidade de um evento por acaso. O material apresentado durante essa exposição está apenas perifericamente relacionado à aula. Falar a respeito de arremessos de moedas e campanhas de publicidade não tem muito a ver com o escore-Z. Tudo isso é para elucidar o conflito central da história.

Levar muito tempo clarificando o conflito segue uma forma de contar histórias vinda de Hollywood. O conflito central em uma produção hollywoo-

```
                    ★ Objetivo: determinar a
                      probabilidade de um
                      evento ocorrer por acaso



   ★ Área sob os escores      ★                              ★
     brutos do histograma




   ★ Como isso resolve        ★ Como calcular as
     o problema                 probabilidades




                              Corresponde à                Problema: a área sob a
   ★ Comparar com o         ★ probabilidade de obter    ★ curva requer cálculos
     exemplo da moeda         um resultado por acaso      complexos
```

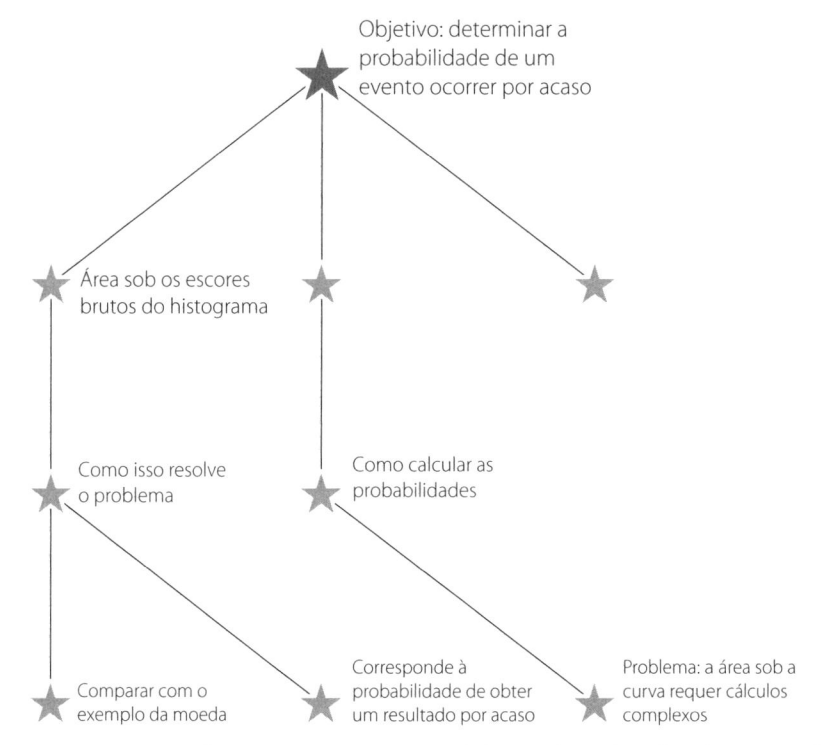

FIGURA 3.12 Parte do esquema organizacional de um plano de aula sobre a transformação do escore-Z para uma turma de estatística.
Fonte: © Greg Culley.

diana inicia-se por volta dos 20 minutos em um filme padrão de 100 minutos. O roteirista utiliza esses 20 minutos para familiarizá-lo com os personagens e sua situação, de modo que, ao surgir o conflito, você já esteja envolvido e interessado em saber o que acontecerá depois. Um filme precisa começar com uma sequência de ações, mas essa sequência raramente tem a ver com aquilo que será o enredo principal. Os filmes de James Bond geralmente iniciam com uma cena de perseguição que é sempre parte de outro caso, nunca o caso em que Bond irá trabalhar na maior parte da história.

Quando se trata de ensinar, eu penso desta forma: o conteúdo que eu quero lecionar é, na realidade, a resposta a uma pergunta. *Por si só, a resposta quase nunca é interessante*. Mas se você sabe a pergunta, a resposta pode ser bastante atrativa. Por isso é tão importante tornar a pergunta evidente. Conforme dito no Capítulo 1, às vezes, sinto que nós, como professores, estamos tão concentrados em chegar à resposta que dedicamos pouco tempo para nos certificarmos de que os alunos compreendem a questão e avaliam o seu significado. Para nós, a pergunta e sua importância são óbvias; para eles, não.

Gostaria de concluir esse assunto enfatizando novamente que há diversas maneiras pelas quais se pode ser um bom professor. Não quero insinuar que, de acordo com a ciência cognitiva, todo professor deveria utilizar uma estrutura de história para moldar seu plano de aula. Essa é apenas uma forma pela qual podemos ajudar a garantir que os alunos pensem sobre significados. Estou indicando (quer dizer, estou afirmando) que todo professor deveria fazer seus alunos pensarem sobre o significado do conteúdo — à exceção de certos momentos; esse será o próximo assunto a ser discutido.

E SE NÃO HOUVER SIGNIFICADO?

Este capítulo começou apresentando a pergunta: *Como fazer com que os alunos se lembrem de algo?* A resposta da ciência cognitiva é objetiva: faça-os pensar sobre o que *algo* significa. Eu sugeri um método para realizar tal tarefa — a estrutura de história.

É razoável, contudo, perguntar se existem conteúdos que os alunos precisam aprender e que são inevitavelmente sem significado. Por exemplo, como se poderia enfatizar significado quando os alunos estão estudando a ortografia estranha de *Wednesday*, aprendendo que *emancipação* significa adquirir direito de voto ou que *travailler* é o verbo francês para *trabalhar*. Alguns conteúdos simplesmente não têm muito significado ou, se têm — a etimologia de *Wednesday* tem a ver com o deus germânico Wotan — pode ser que não valha a pena investigar. Essa ausência de sentido aparece especialmente quando se está adentrando em algum novo campo de conhecimento (Figura 3.13).

A memorização de conteúdo sem significado é comumente chamada de *memorização por repetição**; falaremos mais disso no Capítulo 4. No momento, reconheçamos que um aluno que memorizou os primeiros nove elementos da tabela periódica tem pouca ou nenhuma ideia do porquê disso ou o que essa ordem deve significar. Há certos momentos em que um professor pode considerar importante que o aluno já tenha tais conhecimentos na memória de longo prazo para funcionarem como um catalisador de compreensão de algo mais profundo. Como ajudar o aluno a armazenar esse conteúdo na memória de longo prazo?

---

* N. de. T. No original, *rote memorization*.

Anatomia do olho humano

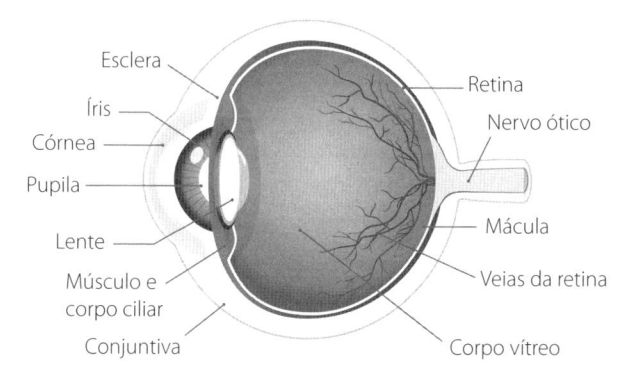

Esclera
Íris
Córnea
Pupila
Lente
Músculo e corpo ciliar
Conjuntiva
Retina
Nervo ótico
Mácula
Veias da retina
Corpo vítreo

FIGURA 3.13 Um professor de biologia pode estar mais interessado em permitir que seus alunos apreciem a fisiologia e o funcionamento dos olhos... mas é difícil falar em função sem ser capaz de nomear as partes do olho. Assim, no início de uma sequência didática, esse professor talvez escolha uma abordagem que leve os estudantes a memorizar alguns nomes anatômicos.
Fonte: © Shutterstock/solar22.

Existe uma série de artifícios, normalmente chamada de *mnemônica*, que ajuda as pessoas a memorizar conteúdos quando eles não são significativos. Alguns exemplos estão listados no Quadro 3.1.

Não sou um grande fã dos métodos como as *peg words* (em livre tradução, "palavras-gancho") ou o palácio da memória (*method of loci*) porque eles são difíceis de usar em diferentes conjuntos de assuntos. Se eu utilizasse um tipo de trajeto mental (varanda, velha laranjeira, entrada da garagem, etc.) para aprender alguns elementos da tabela periódica, poderia utilizar o mesmo para aprender as conjugações de alguns verbos franceses? O problema é que poderia haver interferência entre as duas listas — quando eu chegasse à "entrada da garagem", ficaria confuso sobre qual escolher por ter associado duas coisas a ela.

Os outros métodos são mais flexíveis porque os alunos podem criar uma única mnemônica para cada item que aprendem. Os métodos com acrônimos e com a primeira letra são eficazes, mas os alunos precisam de fato ter familiaridade com o conteúdo a ser aprendido. Eu sempre penso no acrônimo ASMO-CPLIMAC, para organizar os processos psicológicos que precisam ser avaliados em um exame do estado mental.* Se eu já não soubesse os nomes, essas dicas

---

* N. de R. T. Atenção, sensopercepção, memória, orientação, consciência, pensamento, linguagem, inteligência, motricidade, afeto, conduta.

QUADRO 3.1 Métodos mnemônicos comuns

Mnemônica	Como funciona	Exemplo
Peg word (palavra-gancho)	Memorize uma série de *peg words* utilizando uma rima — por exemplo, um é cartum, dois é bois, três é xadrez, etc. Então, memorize novos conteúdos associando-os a imagens com as *pegs*.	Para aprender a lista *rádio*, *concha* e *enfermeira*, você precisa imaginar um cartum de um rádio, bois na praia mascando conchas e pessoas jogando xadrez vestidas de enfermeira.
Palácio da memória (*method of loci*)	Memorize uma série de locais em um caminho familiar — por exemplo, a varanda da sua casa, uma velha laranjeira ou a entrada da sua garagem. Então, visualize o novo conteúdo em cada etapa do caminho.	Para aprender a lista *rádio*, *concha* e *enfermeira*, você precisa visualizar um rádio tocando na sua varanda, alguém triturando conchas para utilizar de fertilizante na velha laranjeira, e uma enfermeira aparando a grama da entrada da sua garagem.
Método da associação (*link method*)	Visualize cada um dos itens conectados uns aos outros de alguma maneira.	Para aprender a lista *rádio*, *concha* e *enfermeira*, você precisa imaginar uma enfermeira ouvindo atentamente um rádio, enquanto calça uma sandália enfeitada com conchas.
Método dos acrônimos (*acronym method*)	Crie um acrônimo para as palavras a serem lembradas e lembre-se do acrônimo.	Para aprender a lista *rádio*, *concha* e *enfermeira*, você precisa memorizar a palavra RaConEn, utilizando as letras maiúsculas como pistas para a primeira letra de cada palavra que você precisa lembrar.
Método da primeira letra (*first letter method*)	Parecido com o anterior, esse método lhe faz pensar em uma frase, em que as primeiras letras correspondem às primeiras letras do conteúdo a ser aprendido.	Para aprender a lista *rádio*, *concha* e *enfermeira*, você poderia memorizar a frase "O rato comeu a ervilha"; então use a primeira letra de cada palavra como uma pista para as palavras da lista.

(Continua)

QUADRO 3.1 Métodos mnemônicos comuns *(Continuação)*

Mnemônica	Como funciona	Exemplo
Canções	Pense em uma melodia familiar na qual seja possível cantar as palavras.	Para aprender a lista *rádio*, *concha* e *enfermeira*, você poderia cantar as palavras sob a melodia de "Parabéns a você".

A mnemônica ajuda a memorizar itens sem significado.

sobre as primeiras letras ou sílabas não fariam muita diferença, mas cada parte do acrônimo me conduz até a recordação imediata. Os acrônimos e a primeira letra funcionam em grande parte da mesma maneira e têm a idêntica limitação.

Relacionar informações a serem aprendidas com músicas ou cantá-las em uma determinada melodia também funciona. A maioria dos falantes de inglês aprendeu as letras do alfabeto cantando a música do ABC, e já ouvi os elementos da tabela periódica ao ritmo do cancan, de Offenbach. Música e ritmo fazem de fato as palavras ficarem acentuadamente mais fáceis de serem lembradas. Milhões de crianças brasileiras cresceram assistindo programas em emissoras educativas que oferecem noções de geografia, cidadania, matemática ou gramática. Aqueles que cresceram nos anos 1990 certamente cantarolaram mentalmente uma certa canção em algum momento do longo ano de 2020, em que lavar as mãos se tornou uma preocupação constante.

> A doença vai embora junto com a sujeira
> Vermes, bactérias, mando embora embaixo da torneira

A dificuldade com as músicas é que elas são mais difíceis de criar do que as outras estratégias mnemônicas.

Por que a mnemônica funciona? Em primeiro lugar, porque ela dá pistas. O acrônimo ROY G. BIV* traz as primeiras letras de cada cor no espectro de luz visível. A primeira letra é uma excelente dica para a memória. Como será dito no próximo capítulo, a memória funciona à base de pistas. Se você não sabe coisa alguma sobre um assunto ou se as coisas que está tentando lembrar são confusas por serem arbitrárias (não há nada a respeito do vermelho que torne óbvio o fato

---

* N. de T. O autor refere-se a primeira letra das cores em inglês: *red, orange, yellow, green, blue, indigo* e *violet*.

de seu comprimento de onda ser mais longo do que o do verde), a mnemônica ajuda porque impõe certa ordem àquilo que você está tentando lembrar.

RESUMO

Se concordarmos que conhecimento prévio é importante, precisamos pensar cuidadosamente sobre como os alunos podem adquiri-lo — isto é, como a aprendizagem funciona. Ela é influenciada por muitos fatores, mas um deles ofusca os demais: os alunos lembram aquilo sobre o que pensam. Esse princípio salienta a importância de fazer os estudantes pensarem sobre a coisa certa no momento certo. Geralmente, queremos que eles compreendam o que os itens *significam*, o que define o programa de um plano de aula. Como assegurar que os alunos pensem sobre significados? Eu ofereci uma sugestão — estrutura de história. Histórias são facilmente compreendidas e lembradas, além de serem interessantes. Mas não se pode propor que os alunos *pensem* sobre o significado se o conteúdo *não tem* um. Nesse caso, pode ser apropriado utilizar uma estratégia mnemônica.

IMPLICAÇÕES PARA A SALA DE AULA

Pensar sobre significado auxilia a memória. Como os professores podem garantir que os alunos estão pensando sobre significados na sala de aula? Aqui vão algumas sugestões práticas.

Revise cada plano de aula no que se refere àquilo que o aluno é mais propenso a pensar

Essa afirmação representa, talvez, a mais geral e útil concepção que a psicologia cognitiva pode oferecer aos professores. O mais importante em relação à escolarização é aquilo que os alunos irão lembrar depois que o dia escolar terminar, e há uma relação direta entre o que eles pensam durante o dia e suas memórias posteriores. Consequentemente, seria útil para qualquer plano de aula tentar antecipar o que o conteúdo irá *realmente* fazer os alunos pensarem (em vez daquilo que você espera que eles pensem). Fazer isso pode tornar claro que os estudantes são pouco inclinados a chegar exatamente àquilo que o professor planeja em relação a uma aula.

Por exemplo, certa vez observei alunos em uma aula de sociologia do ensino médio trabalhando em grupos de três pessoas sobre a guerra civil espanhola.

Cada grupo examinava os diferentes aspectos do conflito (tais como compará-lo à guerra civil norte-americana ou observar seus impactos na Espanha atual) e depois ensinava ao resto da turma o que havia aprendido da forma que escolhesse. Os alunos de um grupo observaram que o PowerPoint estava disponível nos computadores e ficaram entusiasmados em usá-lo para ensinar ao grande grupo a parte que lhes cabia. (Isso já faz algum tempo, quando o uso do PowerPoint não era tão comum.) O professor ficou impressionado com a iniciativa das crianças e lhes deu permissão — logo todos os grupos estavam utilizando o PowerPoint. Muitos alunos tinham familiaridade com os comandos básicos do *software*, assim ele pôde servir de forma eficaz. O problema foi que os estudantes mudaram a proposta de "aprenda sobre a guerra civil espanhola" para "aprenda recursos complexos do PowerPoint". Havia ainda grande entusiasmo na aula, mas ele estava direcionado a usar animações, integrar vídeos, encontrar fontes incomuns, etc. Em determinado momento, o professor sentiu que era tarde demais para solicitar que os grupos mudassem suas apresentações; ele levou grande parte do resto da semana insistindo para que os alunos se certificassem de que suas apresentações tinham conteúdo, não somente efeitos.

Essa história ilustra uma das razões pelas quais professores experientes em geral são tão bons. Esse professor de sociologia certamente não permitiu que os alunos utilizassem o PowerPoint no ano seguinte ou possivelmente pensou em uma maneira de mantê-los no foco da tarefa. Depois de acumular essas experiências, a próxima melhor coisa a fazer é pensar cuidadosamente sobre como seus alunos irão reagir a uma atividade e sobre o que ela os fará pensar.

Pense cuidadosamente sobre o que atrai a atenção

Quase todos os professores que conheci, ao menos até agora, gostam de iniciar a aula com algo que atraia a atenção. Se você envolve prontamente os alunos em uma aula, é provável que eles fiquem curiosos para saber o que está por trás de qualquer coisa que os tenha surpreendido ou instigado. Mas atratores de atenção podem não funcionar sempre. Observe um diálogo que tive com minha filha mais velha quando ela estava no 6º ano.

> Pai: O que você fez na escola hoje?
> Rebecca: Tivemos um convidado na aula de ciências. Ele falou sobre produtos químicos.
> Pai: Ah, é? E o que você aprendeu sobre produtos químicos?

Rebecca: Ele tinha um copo. Parecia água. Mas quando ele colocou aquele pedacinho de coisa de metal dentro, o líquido borbulhou. Foi tão legal. Todos nós gritamos.
Pai: Aham. E por que ele mostrou isso?
Rebecca: Eu não sei.

O convidado certamente planejou a demonstração para incitar o interesse da turma, e esse objetivo foi cumprido. Estou disposto a apostar que o convidado seguiu a demonstração com uma explicação, apropriada para a idade da turma, a respeito do fenômeno, mas a informação não foi retida. Rebecca não lembrou porque ela ainda estava pensando sobre como a demonstração havia sido interessante. Você lembra aquilo sobre o que pensa.

Uma professora certa vez me contou que entrou em uma sala de aula vestindo toga no dia em que iniciaria o assunto Roma Antiga. Eu tenho certeza de que aquilo chamou a atenção dos alunos. Estou igualmente certo de que isso continuou chamando a atenção — isto é, os distraiu — quando a professora estava pronta para propor que eles pensassem sobre alguma outra coisa.

Vejamos mais um exemplo. Um convidado em uma aula de biologia solicitou que os alunos pensassem sobre a primeira coisa que eles haviam visto em sua vida. Os alunos avaliaram a pergunta e geraram diversos palpites como "o médico que me puxou para fora", "mamãe", e assim por diante. O convidado então disse "Na verdade, a primeira coisa que cada um de vocês viu foi a mesma. Era uma luz rósea e difusa passando através do ventre de suas mães. Hoje nós vamos falar sobre como essa primeira experiência afetou a maneira como seu sistema visual se desenvolveu e sobre como isso continua a influenciar a maneira que você vê hoje". Eu adoro esse exemplo porque ele prendeu a atenção dos alunos e levou-os a ficar ansiosos para ouvir mais sobre o assunto da aula.

Como vimos anteriormente neste capítulo, considero bastante útil reservar o início da aula para construir o interesse dos alunos no conteúdo por meio da compreensão da pergunta que orienta a lição do dia (ou, conforme minha metáfora sobre histórias, para desenvolver o conflito). Você pode observar, entretanto, se o início da aula é realmente o momento no qual os alunos precisam de algo que atraia a atenção. Na minha experiência, a transição de um assunto para outro (ou, no caso de alunos mais velhos, a transição de uma aula para outra) é suficiente para prender ao menos alguns minutos da atenção deles. É geralmente a metade da aula que precisa de um pouco de incentivo para trazê-los de volta de qualquer devaneio em que possam estar imersos. Independentemente de quando utilizar, pense seriamente sobre como estabelecer a ligação entre o atrator da atenção e o assunto que ele foi planejado para apresentar. Os alunos compreenderão a ligação e estarão prontos para seguir adiante, deixando de lado o entusiasmo causado pelo atrator da atenção? Em caso negativo, existe uma maneira de modificá-lo de forma a contribuir para que os alunos façam essa transição? Quem sabe a toga pudesse ter sido usada sobre as roupas comuns e retirada após os primeiros minutos da aula. Talvez a demonstração do "pedacinho de coisa de metal" tivesse sido melhor *depois* que os princípios básicos tivessem sido explicados e os alunos estivessem prontos para prever o que deveria acontecer.

Utilize com cuidado a aprendizagem por descoberta

Nesse tipo de abordagem, a aprendizagem ocorre por meio da exploração de objetos, da discussão de problemas com os colegas, da montagem de experiências ou de qualquer outra técnica de investigação no lugar de ter o professor oferecendo informações aos alunos. De fato, o professor — idealmente — serve mais como um recurso do que como o direcionador da aula. A aprendizagem por descoberta é muito recomendada, especialmente no que se refere à memória. Se os alunos tiverem poder de decisão a respeito de com qual problema trabalhar, provavelmente ficarão mais engajados e pensarão mais profundamente sobre o conteúdo — o que certamente trará benefícios. Um importante ponto fraco, porém, é o fato de que aquilo sobre o que os alunos irão pensar é menos previsível. Como eles têm autonomia para explorar ideias, é possível que examinem aspectos pouco proveitosos. Sendo a memória o resíduo do pensamento, eles acabariam lembrando "descobertas" incorretas tanto quanto corretas. (Existem outros prós e contras em relação à aprendizagem por descoberta, mas aqui estamos concentrados na memória.)

Mas isso também não significa que a aprendizagem por descoberta nunca deve ser usada; sugiro, na verdade, um princípio para reger sua aplicação. Essa abordagem é provavelmente mais útil quando o ambiente oferece *feedback* imediato sobre se os alunos estão ou não pensando o problema da maneira mais útil. Um dos melhores exemplos é quando as crianças aprendem a lidar com um computador — estejam elas descobrindo um sistema operacional, um jogo complicado ou uma novidade na rede. Estudantes mostram talento e ousadia incríveis nessas circunstâncias. Eles não têm medo de tentar novas coisas e não se importam de falhar: aprendem por meio das descobertas! Observe, entretanto, que os recursos de computador têm uma importante propriedade: quando se comete um erro ele é imediatamente percebido — o computador faz alguma outra coisa e não aquilo que você pretendia. Esse *feedback* imediato cria um ambiente maravilhoso no qual "bagunçar" pode trazer êxito. (Outros ambientes não são assim. Imagine permitir que um aluno "bagunce" enquanto disseca um sapo em uma aula de biologia.) Se o professor não direcionar sua aula de modo a restringir as linhas de pensamento que o aluno irá explorar, o ambiente por si pode fazer isso eficientemente em um contexto de aprendizagem por descoberta. E isso ajudará a memória.

Planeje atividades que tornem inevitável pensar sobre significado

Se o objetivo de um plano de aula é fazer os alunos pensarem sobre o significado de algum material, é bastante óbvio que a melhor abordagem é aquela na qual seja inevitável pensar sobre significados. Como pesquisador da memória, uma das coisas que tem me impressionado é o nível de desconhecimento das pessoas em relação ao funcionamento do seu próprio sistema de memória. Não faz nenhuma diferença dizer a elas "Veja, eu vou testar sua memória para essa lista de palavras mais tarde" — as pessoas simplesmente não sabem o que fazer para tornar as palavras mais fáceis de serem lembradas. Mas quando você propõe uma tarefa simples na qual *devem* pensar sobre significado — por exemplo, avaliar o quanto gostam de cada palavra —, elas conseguem lembrar bastante bem.

Esse conceito pode ser utilizado tanto no laboratório quanto na sala de aula. No início deste capítulo, eu disse que fazer os alunos do 4º ano assarem biscoitos não era uma boa maneira de fazê-los compreender como pode ter sido a vida na *Underground Railroad*; afinal, eles levam muito tempo medindo farinha e leite. O objetivo era que os alunos pensassem sobre a arriscada experiência dos escravizados que buscavam liberdade. Uma aula mais eficaz seria levá-los a considerar tal experiência perguntando onde eles supunham que aqueles que cruzavam a *Underground Railroad* obtinham a comida, que recursos tinham para prepará-la, para pagar por ela, etc.

Não tenha medo de usar mnemônica

Muitos dos professores que eu conheço têm arrepios ao ouvir falar de mnemônica. Eles evocam imagens de salas de aula do século XIX com crianças entoando rimas sobre os estados e suas capitais. Por pior que possa ser uma sala de aula se o professor utilizar *apenas* mnemônica, ela tem de fato seu momento certo, e eu não acho que os professores devam manter-se afastados dessa técnica.

Quando é apropriado solicitar que os alunos memorizem algo antes que *esse algo* adquira algum significado? Provavelmente não com muita frequência. Entretanto, há ocasiões em que um professor sente que certos conteúdos — por menos significado que possam ter no momento — precisam ser aprendidos para que os alunos sigam adiante. Exemplos típicos são a aprendizagem das associações letra-som antes de se aprender a ler e a aprendizagem do vocabulário tanto em língua materna quanto em língua estrangeira.

Pode ser interessante memorizar um determinado conteúdo utilizando mnemônica paralelamente a um trabalho que enfatize o significado. Na minha época de ensino fundamental, não foi solicitado que eu memorizasse a tabuada; ao contrário, eu praticava com métodos e técnicas diferentes que ressaltavam o que a multiplicação realmente significa. Essa abordagem funcionou bastante bem e eu aprendi rapidamente o conceito. Mas no 5º ano, não saber a tabuada de cor me atrasou de fato porque as novas coisas que eu tentava aprender tinham muito de multiplicação; e todas as vezes em que via 8 × 7 em um problema eu precisava parar e calcular o resultado. No 6º ano, mudei para uma escola em que a professora prontamente identificou o problema e solicitou que eu memorizasse a tabuada. Isso tornou a matemática muito mais fácil para mim, mesmo tendo demorado algumas semanas para que eu admitisse isso.

Tente organizar um plano de aula em torno do conflito

Existe um conflito quase em qualquer plano de aula — se você procurar por ele. Essa é outra maneira de dizer que o conteúdo que queremos ensinar aos nossos alunos é a resposta para uma pergunta — e a pergunta é o conflito. A vantagem de ser bastante objetivo a respeito do conflito é que ele proporciona uma progressão natural para os assuntos. Nos filmes, tentar resolver um conflito conduz a novas complicações. Isso geralmente também se aplica aos conteúdos escolares.

Ao iniciar um assunto que deseja ensinar, pense sobre a questão intelectual que ele apresenta. Por exemplo, o Estado pode determinar que os alunos do 6º ano saibam os modelos de átomo que existiam na virada do século XX — as respostas. Qual seria a pergunta? Nessa história, o objetivo é compreender a natureza da matéria. O obstáculo é que os resultados de diferentes experimentos parecem conflitantes. Cada novo modelo proposto (Rutherford, Bohr) aparentemente resolve o conflito e então gera uma nova complicação — isto é, experimentos para testar o modelo parecem entrar em conflito com outros experimentos. Se essa organização lhe for útil, você pode passar um bom tempo pensando sobre como apresentar e explicar a questão "Qual a natureza da matéria?". Por que essa pergunta interessaria os alunos do 6º ano?

Conforme já foi enfatizado, estruturar um plano de aula em torno de um conflito pode ser um auxílio consistente para a aprendizagem. Outro aspecto interessante é o fato de que, se você for bem-sucedido, terá envolvido os alunos com a verdadeira essência da disciplina. Sempre fico incomodado com o conselho "torne as coisas relevantes para os alunos" por duas razões. Em primeiro lugar, frequentemente isso não me parece aplicável. É possível que os alunos compreendam, no 6º ano, a importância do épico Gilgamesh*? E da trigonometria? Fazer tais temas serem relevantes na vida dos alunos seria um esforço hercúleo, e provavelmente não funcionaria. Em segundo lugar, caso eu não consiga convencer meus alunos de que o conteúdo é relevante, isso significa que eu não deveria ensiná-lo? Se eu continuamente tentasse estabelecer relações entre o cotidiano e os assuntos escolares, os alunos poderiam compreender a mensagem de que esse é o único papel da escola; quando, na verdade, acredito que existe uma enorme valia em aprender sobre coisas que não tenham muito a ver com os universos individuais de cada estudante. Não estou dizendo que nunca é certo falar sobre assuntos que fazem parte dos interesses dos alunos. Estou sugerindo que isso não deve ser o principal direcionador de um plano de aula. De fato, esses interesses devem ser usados como um ponto inicial de contato para ajudar os alunos a apreender as ideias principais sobre as quais você deseja que eles reflitam, e não como a razão para eles considerarem essas ideias.

No Capítulo 2, afirmei que os alunos precisam ter conhecimento prévio para poderem pensar criticamente. Neste capítulo, discutimos como a memória funciona, na esperança de que compreendendo isso nós possamos maximizar a probabilidade de que os alunos apreenderão tal conhecimento prévio — grande parte da resposta sobre como podemos fazer isso se refere a pensar sobre significados. E se os alunos não compreenderem o significado? No próximo capítulo, observaremos por que é difícil para os alunos entender o significado de conteúdos complexos e o que é possível fazer para ajudar.

---

* N. de R. T. O épico Gilgamesh é um antigo poema da Mesopotâmia, uma das primeiras obras da literatura mundial.

NOTA

ᵃ Eu inventei essas estatísticas.

LEITURAS COMPLEMENTARES

Menos técnico

BADDELEY, A.; EYESENCK, M. W.; ANDERSON, M. C. *Memory*, 2. Hove: Psychology, 2015. Um livro didático bastante perspicaz que cobre toda a ciência básica da memória humana.

BROWN, P. C.; ROEDIGER, H. L. III; MCDANIEL, M. A. *Make it stick*. Cambridge: Belknap, 2014. De fácil leitura, este livro inclui informações sobre a ciência básica da memória e aplicações úteis dessa ciência.

DUNLOSKY, J. et al. What works, what doesn't? *Scientific American Mind*, 2013. Disponível em: https://wcer.wisc.edu/docs/resources/cesa2017/Dunlosky_SciAmMind.pdf. Acesso em: 20 abr. 2022. Uma versão breve e de fácil leitura de um artigo técnico muito mais longo que analisa as técnicas para guardar coisas na memória.

MCKEE, R. *Story*. New York: Harper Collins, 1997. Existem muitos manuais de instrução destinados a ajudá-lo a contar histórias de forma eficaz. Este é um dos mais conhecidos, baseado nos lendários *workshops* de McKee para roteiristas.

Mais técnico

ARYA, D. J.; MAUL, A. The role of the scientific discovery narrative in middle school science education: an experimental study. *Journal of Educational Psychology*, v. 104, n. 4, 2012. Relato de um experimento que mostra que os alunos do ensino fundamental se lembram melhor do conteúdo de ciências quando ele é enquadrado em uma narrativa de descoberta, em comparação com um formato tradicional não narrativo.

CHANG-KREDL, S.; COLANNINO, D. Constructing the image of the teacher on reddit: best and worst teachers. *Teaching and Teacher Education*, v. 64, 2017. Pesquisadores examinaram 600 respostas a perguntas sobre memórias do "melhor" e do "pior" professor no popular *site* de discussão *Reddit*. Temas comuns estão relacionados a conhecimento/organização dos assuntos e qualidades pessoais dos professores.

KIM, S-I. Causal bridgine inference: a cause of story interestingness. *British Journal of Psychology*, v. 90, 1999. Nesse estudo, o pesquisador variou a dificuldade da inferência que leitores precisavam fazer para entender o texto e concluiu que textos são classificados como mais interessantes quando as inferências têm um nível médio de dificuldade.

KLEEMANS, M.; SCHAAP, G.; SUIJKERBUIJK, M. Getting youngsters hooked on news. *Journalism Studies*, v. 19, 2018. KLEEMANS, M.; SCHAAP, G.; SUIJKERBUIJK, M. Getting youngsters hooked on news. Journalism Studies, v. 19, 2018. Esse estudo mostra que adultos de todas as idades lembram-se melhor das notícias quando são comunicadas em uma narrativa, e não no formato tradicional de "pirâmide invertida" para as notícias.

MARKMAN, A. B. Knowledge representation. In: HOLYOAK, K. J.; MORRISON, R. *The Oxford handbook of thinking and reasoning*. New York: Oxford University, 2012. p. 36-51. Uma abordagem profunda sobre como as memórias são representadas na mente e sobre o que representação realmente significa.

ROEDIGER, H.L. The effectiveness of four mnemonics in ordering recall. *Journal of Experimental Psychology*: Human Learning and Memory, v. 6, n. 5, 1980. Esse artigo avalia quatro estratégias mnemônicas diferentes (três das quais são mencionadas neste capítulo), mostrando que todas aumentam a memória.

SEIVER, J. G. et al. Retention of word pairs as a function of level of processing, instruction to remember, and delay. *Journal of Cognitive Psychology*, v. 31, n. 7, 2019. Exemplo recente de um estudo que mostra que o processamento mais profundo (baseado em significados) leva a uma memória melhor do que o processamento superficial, e que a intenção de aprender não tem impacto.

QUESTÕES PARA DISCUSSÃO

1. Carga emocional influencia positivamente a memória, mas induzir emoções de forma deliberada nos alunos para ajudá-los a lembrar parece manipulação. Existe uma maneira de usar as emoções na sala de aula?
2. A intenção de aprender tem efeito na memória. Mas certamente isso não significa que não importa se os alunos se preocupam ou não com a escola. Qual é a resolução para esse aparente paradoxo?
3. Sugeri que tentar vincular o conteúdo escolar aos interesses dos alunos é um risco; justamente devido ao Instagram ser tão interessante para minha filha, é mais provável que ela se perca em seus próprios pensamentos. Quais seriam algumas soluções para esse problema?
4. Sugeri que é útil pensar em ensinar em duas dimensões muito amplas: organização/conhecimento e carga emocional. Reflita um pouco... O que você vê como seus pontos fortes e fracos em cada um deles? No que você quer trabalhar? Quais recursos estão disponíveis para suporte?
5. Usar uma estrutura de história para organizar um plano de aula pode ajudar a manter o interesse dos alunos. Contudo, para que isso aconteça, eles devem compreender e se preocupar com o conflito que impulsiona a narrativa. Considere a próxima aula que você dará. (Ou escolha outra, se desejar.) Se o conteúdo desse plano de aula for a resposta, você acha que seus alunos sabem a pergunta? É fácil articular a questão de maneira apropriada para a idade deles? O que pode levá-los a se preocupar com a pergunta? Talvez um paralelo com suas próprias preocupações? Ou talvez um enigma que os atrairá no momento e os levará à próxima parte da pergunta?

6. Você exige que seus alunos aprendam conteúdos relativamente sem sentido? Como eu disse, acho que essa prática às vezes faz sentido, mas entendo por que as pessoas a criticam, então vale a pena refletir sobre isso. Se você pedir aos alunos que se engajem nesse tipo de memorização, poderá tornar isso muito mais fácil se usar estratégias mnemônicas. Em geral, sou um grande fã de deixar os alunos serem criativos sempre que podem, e você também pode tentar, mas esteja avisado de que há pesquisas mostrando que as pessoas não são muito boas em formular suas próprias estratégias mnemônicas. Uma solução pode ser verificar se os alunos criam boas estratégias e compartilhar as melhores com o grande grupo. E se nenhuma delas for muito boa, tenha algumas que você preparou.
7. Como você acha que seus alunos passam o tempo de lazer? Alguma das atividades comuns é enriquecedora para o tipo de trabalho cognitivo discutido neste capítulo? Existem atividades intimamente relacionadas que podem ser mais enriquecedoras? Em caso afirmativo, que caminhos estão abertos para os professores encorajá-las?
8. Eu sugeri tentar antecipar o que o conteúdo de uma lição irá realmente fazer os alunos pensarem. Quão difícil é fazer isso? Seria mais fácil fazer com o conteúdo de outra pessoa? E se você não pensar na lição por uma semana inteira e puder trazer um novo olhar para ela?

4

Por que é tão difícil os alunos entenderem ideias abstratas?

Pergunta: Certa vez, observei um professor ajudando um aluno a calcular área em problemas de geometria. Após algumas tentativas, o estudante resolveu com sucesso um problema que solicitava a área de uma mesa. Em seguida, havia um problema no qual era necessário calcular a área de um campo de futebol. Ele pareceu consternado e, mesmo com estímulo, não conseguiu ver como esse problema relacionava-se com o anterior. Na sua concepção, ele resolvera um problema sobre mesas, e esse último era sobre campos de futebol — completamente diferente. Por que ideias abstratas — o cálculo de áreas em geometria — são tão difíceis de serem compreendidas inicialmente e, uma vez entendidas, são tão difíceis de serem aplicadas quando expressadas de formas diferentes?

Resposta: Abstração é a meta da escolarização. O professor quer que os alunos sejam capazes de aplicar a aprendizagem de sala de aula em novos contextos, inclusive aqueles fora da escola. O desafio é que a mente parece não se interessar por abstrações, ela aparentemente prefere o concreto. É por isso que, quando encontramos um princípio abstrato — uma lei da física como *força = massa X aceleração* —, solicitamos um exemplo concreto para facilitar a compreensão. O princípio cognitivo que orienta este capítulo é:

> Compreendemos novas coisas no contexto de coisas que já sabemos, e a maioria daquilo que sabemos é concreto.

Assim, é difícil compreender noções abstratas e aplicá-las a novas situações. O caminho mais seguro para ajudar os alunos a entender uma abstração é expô-los a muitas e diferentes versões da mesma abstração — isto é, fazê-los calcular a área em problemas com mesas, campos de futebol, envelopes, portas, etc. Existem algumas novas e promissoras técnicas para acelerar esse processo.

A COMPREENSÃO É UMA LEMBRANÇA DISFARÇADA

No Capítulo 2, enfatizei que o conhecimento factual é importante para a escolarização. No Capítulo 3, descrevi como se certificar de que os alunos estão adquirindo tal conhecimento — isto é, dissertei sobre como as coisas são armazenadas na memória. Mas a suposição até aqui tem sido a de que os alunos entendem aquilo que tentamos ensinar a eles. Como você já sabe, não podemos confiar nisso. Geralmente, é difícil para os alunos compreender novas ideias, especialmente aquelas que são *de fato* novidades e não estão relacionadas com outras coisas que eles já aprenderam. O que os cientistas cognitivos sabem sobre como os alunos compreendem as coisas?

A resposta é que eles entendem novas ideias (coisas que eles não sabem) relacionando-as a ideias antigas (coisas que já sabem). Isso parece bastante simples. É mais ou menos parecido com o processo que ocorre quando você encontra uma palavra desconhecida. Caso não saiba, por exemplo, o significado de *ab ovo*, você procurará um dicionário e verá a definição "desde o início". A partir disso, você terá uma boa ideia do que significa *ab ovo*.[a]

O fato de compreendermos novas ideias relacionando-as a algo que já sabemos nos ajuda a entender alguns princípios familiares a qualquer professor. Um deles é a utilidade das analogias, que auxiliam o entendimento de algo novo relacionando-o a alguma coisa já conhecida. Digamos que eu esteja tentando explicar a Lei de Ohm para um aluno que não sabe nada sobre eletricidade. Eu digo a ele que eletricidade é a energia criada por um fluxo de elétrons e que a Lei de Ohm descreve algumas influências sobre esse fluxo. Em seguida, apresento a Lei de Ohm dessa forma:

$$I = V/R$$

I é a intensidade da corrente elétrica, isto é, o quão rápido os elétrons se movem. *V*, ou voltagem, é a diferença de potencial elétrico (que leva os elétrons a se moverem. Assim, se você tem uma diferença no potencial elétrico em dois pontos, essa diferença causa o movimento dos elétrons). *R* é a medida da resistência. Alguns objetos são excelentes condutores no que se refere à movimentação dos elétrons (baixa resistência) enquanto outros não são tão bons (alta resistência).

Embora precisa, a descrição anterior é bastante complicada, e os livros didáticos geralmente apresentam uma analogia com o movimento da água. Elétrons movendo-se através de um fio são como a água movendo-se através de um cano. Se houver alta pressão em uma das extremidades do cano (criada por uma bomba, por exemplo) e pressão mais baixa na outra, a água irá se mover, certo? Mas a velocidade da movimentação diminui por causa do atrito, e ela pode diminuir ainda mais se nós obstruirmos parcialmente o cano. Podemos descrever o quão rápido a água se move por uma medida como, por exemplo, galões por minuto. Assim, nos termos dessa analogia, a Lei de Ohm diz que a rapidez do fluxo depende da medida da pressão da água e da medida da resistência do cano. Esse exemplo é útil porque estamos acostumados a pensar sobre água se movendo em canos. Nós recorremos a esse conhecimento prévio para compreender a informação nova; o mesmo acontece quando recorremos ao conhecimento da palavra *início* a fim de entender o sentido de *ab ovo*.

Coisas novas são entendidas quando relacionadas a algo que já sabemos; por causa disso, as analogias são úteis (Figura 4.1). Outro fato que decorre da nossa dependência de conhecimento prévio é a necessidade de exemplos concretos. Como você sabe, os alunos têm dificuldade para compreender abstrações — por exemplo, a descrição da métrica poética em um pentâmetro iâmbico* —, mesmo se todos os termos forem definidos. Eles precisam de exemplos concretos para ilustrar aquilo que as abstrações significam. Eles necessitam ouvir:

> Is *this* the *face* that *launched* a *thousa*nd *ships?*
> And *burnt* the *top*less *towers* of *Illium?***

e

> Rough *winds* do *shake* the *dar*ling *buds* of *May*
> And *summer's lease* hath *all* too *short* a *date****

---

* N. de T. Um padrão métrico comum na poesia inglesa, no qual cada verso contém cinco pares de sílabas longas/curtas ou tônicas/átonas.
** N. de T. Poema de Christopher Marlowe. Em uma tradução livre: "Foi esta a face que mil navios lançou?/E que em Troia as torres inflamou?".
*** N. de T. Soneto de Shakespeare. Em uma tradução livre: "O vento esfolha maio inda em botão/Dura o termo estival um breve instante".

FIGURA 4.1 "Força = massa × aceleração" é difícil de se entender devido ao nível de abstração. A compreensão seria mais fácil com um exemplo concreto. Utilize a mesma força (um bastão em movimento) para atingir massas diferentes — uma bola de beisebol ou um automóvel. Compreenderemos que a aceleração da bola e a aceleração do carro serão completamente diferentes.
Fonte: Game © Getty Images/SAMURAI JAPAN; car © Getty Images/FilmMagic.

e outros exemplos antes que eles possam sentir que compreendem um pentâmetro iâmbico.

O fato de tornar concreta uma abstração não é o principal fator. Um exemplo concreto que não seja familiar não terá muito efeito. Imagine você e eu na seguinte conversa:

> **Eu:** Diferentes escalas de medida oferecem diferentes tipos de informação. Escalas ordinais apenas estabelecem posições em uma sequência, enquanto em uma escala intervalar, são as diferenças entre medidas que sinalizam magnitudes idênticas.
> **Você:** Isso foi completamente entediante.
> **Eu:** Ok. Observe esses exemplos concretos. A escala Mohs, sobre solidez mineral, é ordinal; um modelo de Rasch bem-sucedido apresenta medidas de intervalo. Entendeu?
> **Você:** Acho que vou buscar um café agora.

Então, ajudar não é simplesmente oferecer um exemplo concreto. (Uma explicação melhor sobre escalas de medida aparece na Figura 4.2.) Os exemplos precisam ser *familiares* — a escala Mohs e o modelo de Rasch não são familiares para a maioria das pessoas. Não é a concretude, mas a familiaridade que é importante; muito daquilo com que os alunos estão familiarizados é concreto, porque ideias abstratas são complicadas.

FIGURA 4.2 Existem quatro — e apenas quatro — maneiras pelas quais os números em uma escala relacionam-se entre si. Em uma escala *nominal*, cada número relaciona-se a algo, mas ele é arbitrário — por exemplo, o número em uma camisa de beisebol não diz nada sobre a qualidade do jogador. Em uma escala *ordinal*, os números são significativos, mas não dizem nada sobre a distância entre eles. Em uma corrida de cavalos, por exemplo, você sabe que o primeiro lugar fica na frente do segundo, mas não sabe o quanto. Em uma escala *intervalar*, os números não só estão ordenados como também os intervalos expressam quantidades precisas e idênticas — por exemplo, a diferença entre 10 e 20 graus é igual à do intervalo entre 80 e 90 graus. "Zero", em uma escala de intervalo, é arbitrário, ou seja, zero grau Celsius não significa ausência de temperatura. Uma escala de *razão*, como a idade, tem um verdadeiro ponto zero, ou seja, zero anos significa ausência de qualquer idade.

Fonte: Baseball © Shutterstock/Suzanne Tucker; horserace ©Shutterstock/Don Blaise; thermometer © Shutterstock/Flipser; generations © Getty Images/MNPhotoStudios.

Ludwig Wittgenstein especulou que "os problemas são resolvidos não a partir de novas informações, mas pela organização daquilo que sempre soubemos". Ele estava certo. A compreensão de *novas* ideias é mais uma questão de trazer as *antigas* ideias corretas na memória de trabalho e reorganizá-las — fazer comparações que não haviam sido experimentadas anteriormente ou pensar sobre algum aspecto que havia sido ignorado. Observe a explicação sobre força na Figura 4.1. Você sabe o que acontece quando acerta uma bola e o que acontece quando acerta um carro com um bastão; mas você já esteve com essas ideias em mente ao mesmo tempo e considerou que a diferença no resultado das ações é devido à diferença de massa?

Agora você entendeu porque eu afirmei que a compreensão é uma lembrança disfarçada. Ninguém consegue incutir novas ideias na cabeça de um aluno diretamente. Cada nova ideia deve ser construída sobre aquelas que o aluno já conhece. Para haver compreensão efetiva, um professor (um pai, um livro, um vídeo ou um colega) deve assegurar-se de que as ideias corretas foram buscadas na memória de longo prazo e colocadas na memória de trabalho. Além disso, os aspectos adequados dessas memórias é que devem ser observados, ou seja, comparados, combinados ou manipulados de alguma forma. Para que você compreenda a diferença entre uma escala ordinal e outra intervalar, não é suficiente que eu diga "Pense em uma corrida de cavalos e em um termômetro". Isso faria os conceitos entrarem na sua memória de trabalho, mas eu ainda teria que me certificar de que eles seriam comparados da maneira correta.

Todos sabemos, contudo, que as coisas não são assim tão simples. Quando damos aos alunos alguma explicação e um conjunto de exemplos, eles prontamente entendem? Geralmente não. Depois de observar a Figura 4.2, você poderia dizer que "compreende" escalas de medida? Você sabe mais do que sabia antes, mas seu conhecimento provavelmente não lhe parece muito profundo nem lhe faz sentir confiante para identificar a escala de medida em um exemplo novo, como, digamos, os centímetros em uma régua (Figura 4.3).

Para nos aprofundarmos naquilo que auxilia a compreensão dos alunos, temos que abordar duas questões. Primeiro, mesmo quando há "entendimento", existem ainda graus de compreensão. A compreensão de um aluno pode ser superficial enquanto a de outro é mais profunda. Segundo, ainda que os alunos compreendam as ideias na sala de aula, esse conhecimento pode não ser transferido adequadamente para o mundo fora da escola. Isto é, quando veem uma nova versão de algum problema cuja essência já conhecem, eles podem ficar confusos, mesmo tendo resolvido recentemente o mesmo tipo de questão. Os alunos não sabem que sabem a resposta! Nas próximas duas seções, discuto essas duas questões — conhecimento superficial e ausência de transferência.

QUAIS AS RAZÕES DA SUPERFICIALIDADE?

Todo professor já teve a seguinte experiência: uma pergunta é feita a um aluno (em aula ou em uma prova) e ele responde utilizando as mesmas palavras que ouviu quando o conteúdo foi explicado ou as que leu no livro didático. Apesar de

FIGURA 4.3 Aqui há outros três exemplos de escalas de medida: centímetros (medidos em uma régua), uma classificação de 1 a 7, que mostra o quanto as pessoas gostam de café expresso, e o número de faixas em uma *playlist*. Que tipo de escala cada um desses exemplos utiliza?

Fonte: Ruler © Shutterstock/Olga Kovalenko; espresso © Getty Images/Guido Mieth; playlist © Daniel Willingham.

a resposta estar obviamente correta, o professor não pode evitar pensar que o aluno simplesmente memorizou a definição mecanicamente sem fazer ideia do que está dizendo (Figura 4.4).

Isso traz à mente um famoso problema proposto pelo filósofo John Searle.[1] Ele argumentou que um computador pode aparentar comportamento inteligente sem real *compreensão* daquilo que está fazendo. Searle apresentou a seguinte questão: suponha que uma pessoa está sozinha em um quarto. Por debaixo da porta, nós passamos pedaços de papel com escritos em chinês. A pessoa que está no quarto não fala chinês, mas responde cada mensagem. Ela tem um enorme livro cujas páginas são divididas em duas colunas; há conjuntos de caracteres chineses em cada uma das duas colunas. A pessoa examina o livro até encontrar caracteres da coluna à esquerda que correspondam aos da folha passada por debaixo da porta. Ela então copia cuidadosamente os caracteres da coluna à

FIGURA 4.4 O medo de que os alunos apenas repitam ideias que eles não entendem não é novo; esta imagem é da França de meados do século XIX. (Também não é muito elogiosa para os professores.)
Fonte: © Getty Images/DEA/ICAS94.

direita sobre o pedaço de papel e o envia de volta por debaixo da porta. Nós propusemos uma pergunta em chinês e a pessoa no quarto respondeu em chinês. Ela compreende chinês por isso?

Quase todos respondem não. A pessoa deu respostas corretas, mas elas foram simplesmente copiadas do livro. Searle criou esse exemplo para argumentar que computadores, mesmo demonstrando comportamentos sofisticados, não pensam da maneira pela qual nós entendemos o termo. Poderíamos dizer o mesmo a respeito dos alunos. Conhecimento decorado pode levar a respostas corretas, mas não significa que o aluno está pensando.[b]

Podemos observar exemplos de "respostas sofisticadas" sem compreensão em erros que os alunos cometem, os quais, por sua vez, aparecem comumente na minha caixa de entrada de *e-mails*. Alguns são ótimas ilustrações de pura "decoreba", tais como estes exemplos: "Os apóstrofos eram os amigos de Jesus que se reuniram naquela jantinha que Michelangelo fotografou" ou, em inglês, "I would always read the works of the Cavalier poets, whose works always reflected the sentiment 'Cease the day!'" (Eu leria sempre as obras dos poetas cavaleiros, cujo trabalho sempre refletia o sentimento de "Termine o dia!"), em que "Cease the day" é uma corruptela de "Seize the day", tradução inglesa do aforisma latino de Horácio "Carpe diem" ("Aproveite o dia"). Além de proporcionar algumas risadas, esses exemplos mostram que o aluno simplesmente memorizou uma "resposta" sem compreensão.

O medo de que os alunos acabem com nada além daquilo que decoraram tem sido quase uma fobia entre alguns educadores, mas a verdade é que esse tipo de conhecimento é relativamente raro. *Decoreba* (tal como venho utilizando) significa que *não há* compreensão do conteúdo. Você apenas memoriza as palavras, de modo que não lhe pareça estranho que os poetas cavaleiros, conhecidos por seu lirismo e pela visão romântica da vida, pregassem a filosofia "Termine o dia!".*

Muito mais comum do que a decoreba é o que eu chamo de *conhecimento superficial*, o que significa que os alunos têm algum entendimento do conteúdo, mas tal entendimento é limitado. Foi dito que os alunos compreendem novas ideias relacionando-as a antigas ideias. Se o conhecimento for superficial, o processo para aqui. O conhecimento fica vinculado à analogia ou à explicação que foi oferecida — e os estudantes somente compreendem o conceito naquele contexto. Por exemplo, você sabe que "Aproveite o dia!" significa "Aproveite cada momento sem se preocupar com o futuro", e lembra que, em relação a isso, o professor recitou o trecho de um poema de Herrick como um exemplo desse sentimento. Mas você não sabe muito mais do que isso. Se o professor propusesse um novo poema, seria difícil dizer se ele pertence ou não ao estilo de um poeta cavaleiro (Figura 4.5).

Nós podemos contrastar o conhecimento superficial com o conhecimento aprofundado. Um aluno com conhecimento mais aprofundado sabe mais sobre o assunto e cada parcela de conhecimento está mais ricamente interconectada. O estudante não compreende apenas partes, mas o *todo*. Isso permite a ele aplicar esse conhecimento em diversos contextos, falar sobre ele de diversas formas, imaginar como o sistema do todo mudaria caso uma parte sofresse alguma alteração, e assim por diante. Esse mesmo aluno é capaz de reconhecer os elementos dos ideais dos poetas cavaleiros em outras literaturas, como na poesia chinesa antiga, mesmo que as duas formas pareçam muito diferentes à primeira vista. Além do mais, esse aluno seria capaz de avaliar questões hipotéticas, por exemplo, "Como seriam os poetas cavaleiros caso a situação política da Inglaterra tivesse sido alterada?". Ele pode pensar sobre esse tipo de pergunta porque as parcelas do seu conhecimento estão densamente ligadas. Elas estão inter-relacionadas como as partes de uma máquina, e essas questões hipotéticas sugerem a substituição de uma dessas partes por outra, e alunos com conhecimento mais profundo podem prever como a máquina operaria caso uma parte sua fosse modificada.

---

* N. de T. Esse exemplo só tem sentido em língua inglesa. O autor quer mostrar que o aluno trocou o lema dos poetas cavaleiros, a expressão latina "Carpe diem" ("Aproveite o dia"), em inglês "Seize the day", por "Cease the day" ("Termine o dia").

FIGURA 4.5 Folha de rosto de *Fragmenta Aurea* de Sir John Suckling. Mesmo que uma aluna não esteja familiarizada com esta obra em particular, se ela tiver profundo conhecimento do trabalho dos poetas cavaleiros, não se surpreenderia ao ver termos como "maravilha e deleite" e "novo espírito".
Fonte: © Getty Images/Culture Club.

Obviamente, os professores desejam que seus alunos tenham conhecimento profundo, e a maioria tenta inculcar esse tipo de aprendizagem. Por que, no entanto, os alunos acabam com um conhecimento superficial? Uma razão evidente é a possibilidade de o estudante não estar prestando atenção na aula. Mencionar "botões de rosa" pode fazer uma aluna se lembrar da vez em que caiu de *skate* no jardim de rosas do vizinho, e o resto do poema estará perdido. Ainda há outras e menos óbvias razões que fazem os alunos adquirirem conhecimento superficial.

Vejamos uma maneira de pensar sobre isso. Suponha que você planeja introduzir a noção de governo em um 1º ano. O ponto principal a ser compreendido pelos alunos é o de que pessoas que vivem ou trabalham juntas convencionam regras que tornam as coisas mais fáceis para todos. Você usará exemplos familiares — a sala de aula e a casa dos alunos —, assim, apresentará a ideia de que existem outras regras que grupos maiores de pessoas concordam seguir. Seu plano é solicitar que os alunos listem algumas das regras da sala de aula e avaliem por que motivo elas existem. Ao fim de tudo, você pede que eles identifiquem algumas regras que existem fora da sala de aula e de suas famílias; você sabe que isso precisará de muito mais estímulo. O seu desejo é que os alunos observem que as regras de cada grupo de pessoas — sala de aula, família e comunidades maiores — se prestam a funções similares (Figura 4.6).

Um aluno que tenha decorado a lição pode relatar mais tarde que "o governo é como a sala de aula porque ambos têm regras". Ele não compreende quais propriedades os dois grupos têm em comum, simplesmente entende que governo

FIGURA 4.6 A maioria das salas de aula possui regras, algumas vezes tornadas públicas em uma lista como esta. Compreender a necessidade das regras na sala de aula pode ser um trampolim para entender por que razão um grupo de pessoas que trabalham ou jogam juntas beneficia-se por causa de um conjunto de regras.
Fonte: © Frank Hebbert Creative Commons CC BY 2.0.

e sala de aula são parecidos porque ambos representam uma comunidade de pessoas que precisa concordar a respeito de um conjunto de regras que faça as coisas correrem bem e de maneira segura. O aluno compreende o paralelo existente, mas não pode ir além. Portanto, por exemplo, se fosse perguntado "No que o governo é *diferente* da nossa escola?", ele ficaria atônito, sem saber o que responder. Um aluno com conhecimento aprofundado seria capaz de responder essa questão e estender com sucesso a analogia a outros grupos de pessoas que necessitassem organizar regras, como, por exemplo, seu grupo de amigos enquanto jogam basquete.

Essa cena pode nos ajudar a entender por que nem todos os alunos podem alcançar um conhecimento aprofundado. O alvo a ser compreendido — que grupos de pessoas precisam de regras — é bastante abstrato. Fica aparente, portanto, que a estratégia correta seria ensinar esse conceito diretamente, afinal, essa é a aprendizagem desejada. Entretanto, como dito antes, os alunos não compreendem abstrações de maneira rápida e fácil. Eles precisam de exemplos — o que em geral é bastante útil —, tal como aquele sobre as regras na sala de aula. Na verdade, um aluno pode ser capaz de dizer "Quando pessoas se reúnem, elas normalmente precisam de algumas regras", mas se ele não entende como uma sala de aula, uma família e uma comunidade exemplificam esse princípio, dificilmente terá havido compreensão total. Conhecimento profundo, portanto, significa compreender *tudo* — tanto a abstração quanto os exemplos e como eles se encaixam. Dessa forma, é muito mais fácil observar por que motivo a maioria dos estudantes tem conhecimento superficial, ao menos quando começam a estudar algum novo assunto. Conhecimento profundo é mais difícil de se obter do que o superficial.

POR QUE NÃO HÁ TRANSFERÊNCIA DO CONHECIMENTO?

Este capítulo versa sobre a compreensão dos alunos a respeito de abstrações. Se alguém entende um princípio abstrato, esperamos que seja capaz de mostrar *transferência*. Quando o conhecimento é transferido, significa que um antigo saber é aplicado para resolver um novo problema. Ora, em certo sentido, *todo* problema é novo. Mesmo quando encontramos o mesmo problema duas vezes, tendemos a vê-lo em uma configuração diferente. Na maioria das vezes em que psicólogos falam sobre transferência, eles dizem que o novo problema parece diferente do antigo, mas nós temos de fato um conhecimento aplicável que nos ajuda a resolvê-lo. Por exemplo, observe os dois problemas a seguir:

Jayden comprou três potes de molho e uma bandeja de camarões gigantes por um total de R$ 40,00. Se o preço de uma bandeja de camarões gigantes é R$ 25,00, qual o valor de um pote de molho?

Na semana passada, Julia dirigiu para o trabalho e de volta para casa três vezes, e fez uma viagem para ver sua amiga, totalizando 130 km. Sua amiga mora a 80 km de distância, ida e volta. A que distância Julia mora do trabalho?

Os dois problemas exigem uma subtração (bandeja de camarão ou viagem até a casa de uma amiga) e a divisão do resultado para obter o valor unitário (preço do molho ou o número de km até o trabalho). Os dois problemas são diferentes naquilo que os psicólogos chamam de *estrutura de superfície* — isto é, o primeiro é estruturado em relação a comprar comida; o segundo é sobre quilometragem. A *estrutura profunda* é exatamente a mesma: ambos requerem os mesmos passos para a solução. A estrutura de superfície de cada problema é uma forma de tornar uma abstração concreta.

É evidente que a estrutura de superfície de um problema é pouco importante para sua solução. Seria de esperar que o aluno que pudesse resolver o primeiro problema fosse capaz de resolver o segundo, visto que é a estrutura profunda o que realmente importa. Ainda assim, as pessoas parecem ser mais influenciadas pela estrutura de superfície do que deveriam. Em um clássico estudo que mostra essa influência,[2] os pesquisadores solicitaram que estudantes universitários resolvessem a seguinte questão:

Suponha que você é um médico diante de um paciente com um tumor maligno no estômago. É impossível operá-lo, mas a menos que o tumor seja eliminado, o paciente morrerá. Existe um tipo de radiação que pode ser utilizado para destruir esse tumor. Caso as ondas atinjam o tumor com uma intensidade suficientemente alta, ele será eliminado. Infelizmente, a essa intensidade, o tecido saudável através do qual a radiação passaria até chegar ao tumor também seria destruído. A uma intensidade mais baixa, as ondas seriam inofensivas para o tecido saudável, mas igualmente não afetariam o tumor. Que tipo de procedimento deve ser usado para destruir o tumor com radiação e, ao mesmo tempo, evitar danos ao tecido saudável?

Se um participante não conseguisse resolver — e muitos não conseguiram —, os pesquisadores diziam a resposta: enviar um número de ondas de baixa intensidade de diferentes direções e fazê-las convergir até o tumor; dessa forma, cada onda fraca poderia passar em segurança através do tecido saudável, e toda a radiação seria encaminhada para o tumor, que terminaria por ser destruído. Os pesquisadores asseguravam-se de que os participantes haviam compreendido a solução e, então, apresentavam este outro problema:

> *Um ditador governou um pequeno país de uma fortaleza. Ela estava localizada no meio do país, e diversas estradas partiam dela, como raios em uma roda. Um grande general prometeu invadir a fortaleza e libertar o país do regime ditatorial. O general sabia que se seu exército atacasse a fortaleza de uma só vez, eles seriam capturados. Um espião relatou que o ditador havia enterrado minas em cada uma das estradas, porém, elas foram organizadas de modo a permitir que homens pudessem passar à salvo por elas, porque era necessária a passagem de tropas e trabalhadores. Contudo, qualquer movimento maior detonaria as minas. Isso não apenas resultaria na explosão da estrada como também faria com que o ditador destruísse vários povoados em retaliação. Como o general poderia atacar a fortaleza?*

Os dois problemas apresentam a mesma estrutura profunda: quando forças combinadas causarão danos colaterais, disperse suas forças e faça-as convergir a partir de diferentes direções até o ponto a ser atacado. A solução pode parecer óbvia, mas não foi tão óbvia para os participantes. Apenas 30% resolveram o segundo problema, embora tivessem ouvido um problema conceitualmente idêntico e sua solução *pouco tempo antes* (Figura 4.7).

Um fenômeno semelhante foi observado no Capítulo 1. Descrevi o problema dos discos e das hastes e, em seguida, introduzi um problema com a mesma estrutura profunda, mas com estrutura superficial diferente — uma cerimônia de chá, em que as tarefas deveriam ser transferidas do anfitrião para o convidado mais velho. Se você é como a maioria das pessoas, não percebeu que os dois problemas compartilhavam a mesma estrutura profunda.

Por quê? A resposta retorna ao modo como nós compreendemos as coisas. Ao lermos ou escutarmos alguém falando, interpretamos o que é escrito ou dito à luz daquilo que já sabemos sobre assuntos similares. Por exemplo, suponha que você leia: "Felix, a segunda tempestade da estação a se tornar um furacão, ganhou força com espantosa velocidade durante a noite, apresentando ventos com uma velocidade de 240 km/h e fortes rajadas. Os meteorologistas preveem que o curso da tempestade pode levá-la à costa de Belize nas próximas 12 horas".

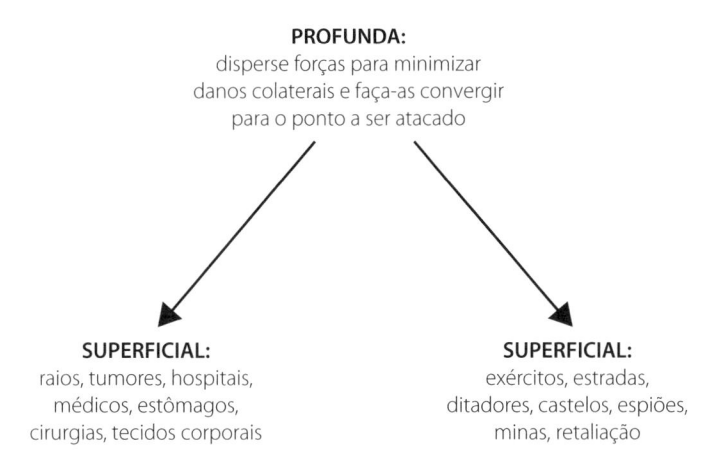

```
                    PROFUNDA:
         disperse forças para minimizar
         danos colaterais e faça-as convergir
           para o ponto a ser atacado


   SUPERFICIAL:                    SUPERFICIAL:
  raios, tumores, hospitais,     exércitos, estradas,
   médicos, estômagos,          ditadores, castelos, espiões,
  cirurgias, tecidos corporais    minas, retaliação
```

FIGURA 4.7 A relação das estruturas profunda e superficial nos problemas raios-tumor e exércitos-fortaleza.
Fonte: © Greg Culley.

No Capítulo 2, enfatizei o fato de o conhecimento prévio ser necessário para a compreensão desse tipo de texto. Se você não sabe que tipo de tempestades recebe nomes nem onde fica Belize, não compreenderá completamente essas frases. Além disso, seu conhecimento prévio dará forma a como você interpretará *o que vem depois*. A interpretação dessas frases limita de fato como você compreenderá um novo texto. Por exemplo, ao ver a palavra *olho*, você não pensará no órgão da visão, em vez disso, pensará no centro de um furacão. Da mesma forma, se vir a palavra *pressão*, imediatamente pensará em pressão atmosférica, não em pressão social ou política.

Portanto, nossa mente presume que as novas coisas que lemos (ou ouvimos) estarão relacionadas àquilo que acabamos de ler (ou ouvir). Isso torna a compreensão mais rápida e fácil. Infelizmente, isso também torna mais difícil observar a estrutura profunda dos problemas devido ao fato de que nosso sistema cognitivo está sempre operando para buscar sentido naquilo que lemos ou ouvimos, de modo a encontrar conhecimento prévio relevante que possa nos ajudar a interpretar palavras, frases e orações. Mas o conhecimento prévio que parece aplicável quase sempre diz respeito à estrutura superficial. Quando as pessoas leem o problema sobre o tumor e a radiação, seu sistema cognitivo restringe a interpretação (assim como no texto sobre o furacão) de acordo com o tipo de conhecimento prévio que o leitor tem, o que provavelmente será algo sobre tumores, radiação, médicos, etc. Mais tarde, ao ler a outra versão do problema, o conhecimento que parece relevante diz respeito a ditadores, exércitos e fortalezas. Por essa razão a transferência é tão pobre. O primeiro problema é interpretado como sendo sobre tumores, e o segundo, sobre exércitos.

A solução para isso parece evidente. Por que não dizer às pessoas para pensar sobre a estrutura profunda enquanto leem? O problema com esse conselho é que esse tipo de estrutura não é tão óbvio. Ainda pior, um quase ilimitado número de estruturas profundas *pode ser* aplicável. Enquanto se está lendo sobre o ditador e a fortaleza, fica difícil pensar simultaneamente "A estrutura profunda é a forma lógica *modus tollens*? É um exercício para encontrar o mínimo múltiplo comum? É sobre a terceira lei de Newton?". Para encontrar a estrutura profunda, você precisa compreender todas as partes do problema relacionadas umas às outras, e deve saber quais partes são importantes e quais não são. A estrutura de superfície, por sua vez, é plenamente óbvia: esse problema é sobre exércitos e fortalezas.

Os pesquisadores que realizaram o experimento sobre os problemas citados também tentaram dizer aos participantes "Veja, o problema sobre o tumor pode ajudá-lo a resolver esse sobre exércitos". Ao ouvirem isso, quase todos puderam resolver o segundo problema. A analogia era de fácil compreensão. A fortaleza representa o tumor, os exércitos representam a radiação, e assim por diante. Consequentemente, o problema é o fato de que as pessoas simplesmente não perceberam que os dois eram análogos.

Algumas vezes, há uma transferência inadequada mesmo quando os alunos sabem que o novo problema compartilha a estrutura profunda com outro que já foi resolvido. Imagine um estudante que sabe que o problema de álgebra em que está trabalhando é uma atividade de resolução de equações simultâneas com duas incógnitas, e que há diversos exemplos no livro didático destacando esse processo. A estrutura de superfície dos problemas resolvidos e do novo problema é diferente — uma é sobre lojas de computador e a outra, sobre planos de telefonia móvel —, mas o aluno sabe que deve ignorar isso e concentrar-se na estrutura profunda. Para utilizar os exemplos do livro, ele precisa descobrir como essa estrutura superficial de cada problema mapeia a estrutura profunda. É como se ele compreendesse o problema do tumor e sua solução, mas, ao se deparar com o problema da fortaleza, não fosse capaz de imaginar se os exércitos desempenham o papel da radiação, do tumor ou do tecido saudável. Como você pode adivinhar, quando um problema apresenta vários componentes e diversos passos na sua solução, é mais provável que a transferência sofra um entrave por causa da dificuldade no mapeamento de um problema resolvido que sirva de exemplo para um novo. Ocasionalmente, os resultados podem ser cômicos (Figura 4.8).

FIGURA 4.8 As comédias às vezes fazem uso de falhas na transferência de soluções conhecidas para novos problemas. Em *Office Space*, os personagens principais planejam se vingar de sua empresa usando um plano que funcionou bem no filme *Superman III*, mas sua versão não consegue ser transferida para seu contexto porque eles não levaram em conta diferenças relevantes nas empresas.
Fonte: © Getty Images/Handout.

Essa discussão faz parecer impossível que o conhecimento seja transferido, como se fôssemos incapazes de ver além da estrutura superficial daquilo que lemos ou ouvimos. Obviamente isso não é verdade. *Algumas das pessoas* que participaram do experimento descrito realmente utilizaram o problema que haviam ouvido anteriormente, ainda que esse percentual tenha sido surpreendentemente baixo. Além disso, ao deparar-se com uma situação completamente nova, um adulto tende a abordá-la de maneira mais frutífera do que uma criança. De certa forma, o adulto faz uso da sua experiência, de modo que o conhecimento sofre transferência. Em outras palavras, é enganoso pensar na transferência do conhecimento "velho" para um novo problema somente quando a origem de tal conhecimento prévio é evidente. Quando vemos pela primeira vez o problema da radiação, não dizemos simplesmente "Eu nunca vi esse problema antes e nenhum outro parecido, então eu desisto". Nós temos estratégias para encontrar as soluções, ainda que, por fim, elas possam não funcionar. Tais estratégias podem basear-se em nossa experiência — em outros problemas que resolvemos, em coisas que nós sabemos sobre tumores e radiação, etc. Nesse sentido, estamos *sempre* transferindo conhecimento de fatos e conhecimento sobre soluções de problemas, mesmo quando sentimos que nunca vimos certos tipos de questões. Contudo, pouco é sabido sobre esse tipo de transferência precisamente porque é complicado traçar de onde ela vem.

No próximo capítulo, entre outras coisas, abordo como maximizar as chances de o conhecimento ser transferido.

RESUMO

A compreensão ocorre quando reorganizamos ideias presentes em nossa memória de novas maneiras, por exemplo, quando comparamos vencedores em uma corrida de cavalos a leituras em um termômetro como forma de compreender escalas de medição. Ideias abstratas são difíceis porque contamos com o que já está na memória para entender novas ideias, e muito do que está na memória é concreto. Nosso entendimento de novas ideias é inicialmente superficial porque o entendimento profundo requer mais conexões entre seus componentes. Requer mais experiência e, portanto, mais tempo para desenvolver uma compreensão profunda. Depois de trabalharmos com a mesma ideia de várias formas, podemos apreciar sua estrutura profunda — as relações funcionais entre os componentes da ideia. Porém, até então, nosso entendimento se apegará aos exemplos que vimos, e a transferência será incerta.

IMPLICAÇÕES PARA A SALA DE AULA

A mensagem deste capítulo parece um pouco desanimadora: é difícil compreender as coisas, e quando conseguimos, essa compreensão não é transferida para novas situações. As coisas não são assim tão ruins, mas a dificuldade de compreender profundamente não deve ser subestimada. Se a compreensão fosse fácil para os alunos, o ensino seria fácil para você. Eis algumas ideias de como lidar com esse desafio na sala de aula.

Desconfie das promessas de ampla transferência

A história da educação está repleta de tentativas abandonadas de ensinar aos alunos uma habilidade que irá "treinar a mente" e ajudá-los a pensar mais criticamente sobre tudo.

No século XIX, os alunos estudavam latim na esperança de que a estrutura lógica da gramática tornasse habitual o pensamento lógico. Em um dos primeiros (e notáveis) sucessos da psicologia educacional, Edward Thorndike mostrou que os alunos que estudaram latim não se saíram melhor nas outras disciplinas do que aqueles que não o fizeram. A lógica do latim não era contagiosa.[3]

A esperança de uma transferência muito ampla foi reacendida na década de 1960, quando alguns teóricos da educação argumentaram que programação exigia pensamento lógico e o uso de alguns conceitos amplamente aplicáveis (por exemplo, recursão). Talvez se as crianças aprendessem a programar, essas habilidades de pensamento fossem aplicáveis de maneira ampla. Funciona um pouco melhor do que ensinar latim, mas só um pouco.

Algumas pessoas acham que aprender xadrez tornará as crianças hábeis em pensamento lógico, outras defendem que isso pode ser alcançado ao ensiná-las a tocar um instrumento musical. O que foi visto neste capítulo é a especificidade persistente da aprendizagem. Acredito que jogar xadrez é algo maravilhoso, assim como tocar um instrumento, mas se você quiser que as crianças pensem logicamente sobre a ciência, ensine-as como a ciência funciona. Se você quiser que elas aprendam a avaliar um argumento em prosa expositiva, ensine isso. Não ensine uma habilidade diferente na vã esperança de que irá aprimorar alguma outra habilidade.

Para auxiliar a compreensão dos alunos, dê exemplos e solicite que eles os comparem

Conforme observado anteriormente, a experiência ajuda os alunos a ver a estrutura profunda, então ofereça essa experiência por meio de vários exemplos. Outra estratégia que pode funcionar (apesar de não ter sido extensivamente testada) é solicitar que comparem diferentes exemplos. Assim, um professor de português tentando auxiliar seus alunos a compreender o conceito de *ironia* pode apresentar os seguintes exemplos:

- Em *Édipo Rei*, o Oráculo de Delfos prevê que Édipo mataria seu pai e casaria com sua mãe. Em um esforço de proteger aqueles que acreditava serem seus pais, Édipo deixa sua casa e acaba desencadeando eventos que finalmente fazem a previsão se cumprir.
- Em *Romeu e Julieta*, Romeu comete suicídio por acreditar que Julieta está morta. Quando Julieta acorda, fica tão perturbada por causa da morte de Romeu que acaba cometendo suicídio.
- Em *Otelo*, o nobre Otelo confia cegamente em Iago, seu conselheiro, quando este lhe diz que sua mulher é infiel, enquanto quem conspira contra ele é o próprio Iago.

Os alunos (com algum incentivo) podem enxergar o que os exemplos têm em comum. Um personagem age de certa forma esperando certo resultado, mas o oposto acontece porque falta uma parte crucial de informação: Édipo é adotado; Julieta está viva; Iago é um traidor. Os espectadores conhecem essa parte de informação que falta e, por conseguinte, identificam qual será o resultado. O desenlace é ainda mais trágico porque, enquanto os espectadores assistem o desenrolar dos eventos, eles sabem que o final infeliz poderia ser evitado se o personagem tivesse conhecimento total dos fatos.

A ironia dramática é um conceito abstrato de difícil compreensão; comparar diversos exemplos, porém, pode ajudar os alunos ao forçá-los a pensar sobre a estrutura profunda. Os alunos sabem que o objetivo do exercício não é fazer comparações superficiais, como "Cada história contém homens e mulheres". Conforme discutido no Capítulo 2, nós lembramos aquilo sobre o que pensamos. Esse método de fazer os alunos pensarem sobre a estrutura profunda deve funcionar.

Enfatize o conhecimento profundo tanto verbal quanto não verbalmente

É muito provável que você permita que seus alunos saibam que você espera que eles aprendam o significado das coisas — isto é, aprendam a estrutura profunda. Você também deve se perguntar se envia mensagens não verbais que reafirmem essa ênfase. Que tipo de pergunta você propõe em aula? Alguns professores apresentam predominantemente perguntas factuais, do tipo que exige respostas prontas: "O que o *b* representa nesta fórmula?". Os fatos são importantes, conforme dito anteriormente, porém, se isso for a única coisa a ser perguntada, os alunos recebem a mensagem de que isso é tudo.

Tarefas e avaliações representam outra fonte de mensagens implícitas sobre o que é importante. Quando uma tarefa é proposta, ela demanda compreensão profunda ou é possível completá-la apenas com um conhecimento superficial acerca do conteúdo? Se seus alunos já tiverem idade suficiente para lidar com um *enigma* ou com uma prova, certifique-se de que eles testam o conhecimento profundo. Eles retiram uma forte mensagem implícita a partir do conteúdo dos testes: se cai na prova, então é importante.

Torne realistas as suas expectativas a respeito do conhecimento profundo

Apesar de o conhecimento profundo ser seu objetivo, você precisa manter uma clara visão daquilo que seus alunos podem alcançar e de quão rapidamente isso pode acontecer. O conhecimento profundo é de difícil aquisição, sendo produto de extensa prática. Não se aflija se seus alunos ainda não tiverem uma compreensão profunda sobre um assunto complexo. Um entendimento superficial ainda é melhor do que nenhum entendimento. Pode levar anos até que seus alunos desenvolvam um verdadeiro conhecimento profundo, e o melhor que qualquer professor pode fazer é colocá-los no caminho ou manter seu progresso em um bom ritmo.

Neste capítulo, descrevi por que ideias abstratas são tão difíceis de compreender e de aplicar em situações pouco familiares. Também foi dito que a prática em pensar sobre a utilização de uma ideia abstrata é primordial para que seja possível aplicá-la. No próximo capítulo, falaremos bastante sobre a importância da prática.

NOTAS

[a] Você deve ter observado um problema. Se nós entendemos coisas relacionando-as àquilo que já sabemos, como entendemos a primeira coisa que aprendemos na vida? Em outras palavras, como aprendemos o que significa *desde o início*? Se procurarmos a definição dessa palavra, veremos que ela significa "um começo". E se procurarmos a palavra *começo*, veremos que ela significa "um início". Parece, então, que definir palavras com outras palavras não funciona muito bem, por que nós rapidamente incorremos em definições circulares. Essa é uma questão fascinante, mas não para a discussão deste capítulo. Uma rápida resposta é que alguns significados são facilmente compreensíveis a partir de nossos sentidos. Por exemplo, você sabe o que *vermelho* significa sem recorrer ao dicionário. Esses significados podem servir como âncora para outros, além de nos ajudar a evitar o problema da circularidade, conforme vimos no exemplo sobre *ab ovo*.

[b] Nem todos são convencidos pelo argumento de Searle. Diferentes objeções têm sido propostas, mas a mais comum é que o exemplo da pessoa sozinha em uma sala não captura aquilo que os computadores são capazes de fazer.

LEITURAS COMPLEMENTARES

Menos técnico

DE BRUYCKERE, P.; KIRSCHNER, P. A.; HULSHOF, C. D. If you learn A, will you be better able to learn B? *American Educator*, v. 44, n. 1, 2020. Disponível em: https://www.aft.org/ae/spring2020/debruyckere_kirschner_hulshof. Acesso em: 21 abr. 2022. Dado o que se sabe sobre transferência, considere a questão "todos os alunos devem aprender a tocar um instrumento musical? Ou aprender a jogar xadrez?".

HOFSTADTER, D.; SANDER, E. *Surfaces and essences*: analogy as the fuel and fire of thinking. New York: Basic Books, 2013. Esse livro é "menos técnico", mas está longe de ser displicente: são 500 páginas sobre a centralidade da analogia para o pensamento humano. É denso, mas o vencedor do Prêmio Pulitzer, Hofstadter, escreve lindamente.

Mais técnico

CAREY, S. The origin of concepts: a précis. *Behavioral and Brain Sciences*, v. 34, n. 3, 2011. Resumo de um livro bem mais extenso, esse artigo descreve a teoria de Carey de como crianças (e adultos) compreendem novos conceitos, com particular ênfase na ideia de que existe um ponto de partida inato para o desenvolvimento conceitual humano.

GOLDSTONE, R.; DAY, S.B. New conceptualizations of transfer of learning. *Educational Psychologist*, v. 47, n. 3, 2012. A edição inteira desse importante periódico foi dedicada à transferência, incluindo artigos sobre o que a torna difícil e as melhores maneiras de promovê-la.

HOLYOAK, K. J. Analogy and relational reasoning. *In*: HOLYOAK, K. J.; MORRISON, R. *The Oxford handbook of thinking and reasoning*. New York: Oxford University, 2012. p. 234-259. Uma visão geral muito útil da psicologia subjacente às analogias.

HOYOS, C.; GENTNER, D. Generating explanations via analogical comparison. *Psychonomic Bulletin & Review*, v. 24, 5, 2017. Um exemplo do poder da comparação como recurso para compreender novas ideias, aplicado aqui com crianças de 6 anos.

MAYER, R. E. Teching of subject matter. *Annual Review of Psychology*, v. 55, 2004. Uma visão abrangente de temas específicos, com especial atenção à transferência.

SALA, G.; GOBET, F. Does far transfer exist? Negative evidence from chess, music, and working memory training. *Current Directions in Psychological Science*, v. 26, n. 6, 2017. Esse artigo resume um bom número de pesquisas, concluindo que estudar xadrez ou aprender a tocar um instrumento musical torna você proficiente nessas atividades, mas essas habilidades não se transferem para a acuidade mental em geral.

SCHERER, R.; SIDDIQ, F.; VIVEROS, B. S. The cognitive benefits of learning computer programming: a meta-analysis of transfer effects. *Journal of Educational Psychology*, v. 111, n. 5, 2018. Um artigo mostrando que ensinar programação a alunos leva a alguma transferência positiva para medidas de pensamento criativo, matemática, metacognição, habilidades espaciais e raciocínio. Não há transferência para testes verbais, o que é consistente com a ideia de que a transferência pode não ser uma questão de raciocínio lógico generalizado, mas sim de sobreposição do treinamento e dos testes de transferência.

QUESTÕES PARA DISCUSSÃO

1. É difícil adquirir conhecimento mais profundo, por isso leva tempo para desenvolvê-lo. Nem todo conhecimento será profundo. Quão importante é para os adultos — professores e pais — decidir que conhecimento deve ser aprofundado, em comparação com os próprios alunos decidirem? Quais são as vantagens e desvantagens?
2. Qual é a perspectiva do aluno sobre "decoreba"? Por que adquirir "decoreba" pode parecer atraente? Mencionei o papel dos testes como um exemplo do que um professor pode (involuntariamente) fazer para encorajar os alunos a aprender por memorização. Que outros fatores podem desempenhar um papel importante?
3. Parece que o problema da transferência pode ser muito complexo na formação de professores. Futuros educadores frequentemente estudam em salas de aula universitárias sobre como ser um professor e, então, espera-se que implementem esse conhecimento em suas próprias salas de aula. Quão bem esse conhecimento é transferido em sua própria experiência? Reflita sobre quais características de sua formação docente levaram a uma transferência boa ou ruim.
4. Quais são algumas das "estruturas profundas" mais profundas e úteis da sala de aula que você aprendeu? O que você aprendeu sobre os alunos ou sobre as situações ou as dinâmicas de sala de aula que podem parecer diferentes na superfície, mas refletem uma verdade mais profunda em todas as situações?
5. Eu disse que o conhecimento profundo é difícil de ser conquistado: requer trabalhar com ideias em muitos contextos, e isso geralmente leva um tempo significativo. Isso torna provável que, em sua sala de aula, haja algumas ideias com as quais os alunos terão alguma familiaridade do ano anterior, mas ainda precisam trabalhar mais, e outras ideias que você apresentará, entendendo que o conhecimento do aluno provavelmente será raso no final do ano, mas você sabe que será revisitado no próximo ano. Quão confiante você está sobre a comunicação em sua escola sobre o que é esse conhecimento e a comunicação sobre a competência de cada aluno em torno desse conhecimento? Se você não está confiante, o que pode ser feito para melhorar a comunicação?
6. Parece que o conhecimento superficial pode andar de mãos dadas com reações em piloto automático, conforme descrito no Capítulo 1. Você

percebe a situação X e sabe que a resposta Y geralmente leva a um bom resultado, então você não pensa mais profundamente sobre X, por exemplo, se outras situações que parecem diferentes na superfície têm a mesma estrutura profunda de X. Dois resultados podem se seguir. Você não vê que Y pode ser útil em outras situações e, como você nunca pensa muito sobre X, nunca chega a um entendimento mais profundo sobre ele. Todo mundo tem Xs e Ys em sua prática. Quais são os seus? Quais são as situações que você resolve no piloto automático e pode se beneficiar de uma reflexão mais profunda?

5

Vale a pena fazer exercícios?

Pergunta: Os exercícios têm má reputação. Esse termo militar, em lugar de um mais neutro, como *prática*, implica algo automático e desagradável que é feito mais em razão da disciplina do que pelo benefício do aluno. Assim, a expressão "treinar e matar"* tem sido utilizada como uma crítica a alguns tipos de ensino; o professor treina os alunos, o que, por sua vez, mata sua motivação inata para aprender. Do outro lado do debate estão os tradicionalistas educacionais argumentando que os alunos *precisam* praticar a fim de aprender alguns fatos e algumas habilidades que representam conhecimento básico — por exemplo, fatos matemáticos, tais como 5 + 7 = 12. Poucos professores afirmariam que o treinamento aumenta a motivação e a sensação de diversão dos alunos. A vantagem cognitiva vale o potencial custo da motivação?

Resposta: O obstáculo do nosso sistema cognitivo é a capacidade de manipular simultaneamente certa quantidade limitada de ideias em nossa mente. Por exemplo, é fácil multiplicar mentalmente 19 × 6, mas praticamente impossível multiplicar 184,930 × 34,004. O processo é o mesmo, mas no último caso você usa todo o espaço na sua mente para acompanhar os números. A mente tem alguns truques para resolver esse problema. Um dos mais eficazes é a prática,

---

* N. de T. No original, *drill and kill*. No caso, os exercícios aos quais o autor se refere em inglês chamam-se *drills*, daí a expressão.

porque ela reduz a quantidade de recursos de processamento que o esforço mental requer. O princípio cognitivo que orienta este capítulo é:

> É praticamente impossível tornar-se proficiente em uma tarefa mental sem uma prática extensiva.

Você não pode se tornar um bom jogador de futebol se, enquanto tenta controlar a bola e correr, estiver concentrado na força com a qual deve acertar a bola, em qual parte do pé utilizar, etc. Processos nem tão sofisticados como esses devem se tornar automáticos, abrindo espaço para preocupações mais sofisticadas, como estratégias de jogo. Da mesma forma, você não pode ser bom em álgebra sem conhecer de cor fatos matemáticos. Os alunos precisam de certa prática. Mas não é todo conteúdo que precisa ser praticado. Neste capítulo, discutirei por que motivo a prática é tão importante, qual tipo de material merece ser praticado e como implementar isso de maneira que os alunos o julguem, tanto quanto possível, útil e interessante.

Por que praticar? Uma razão é ganhar um nível mínimo de competência. Uma criança pratica amarrar os cadarços do tênis com a ajuda de um adulto até que ela mesma possa fazer isso sem supervisão. Nós também praticamos tarefas que conseguimos realizar, mas que gostaríamos de melhorar. Um jogador profissional de tênis pode facilmente acertar um saque na quadra adversária, mesmo assim, ele pratica em um esforço para aumentar a velocidade e refinar a direção da bola. Em um ambiente educacional, os dois motivos — desenvolvimento da habilidade e domínio — parecem razoáveis. Os alunos devem praticar extensivamente divisão até que dominem o processo, isto é, até que possam trabalhar com segurança em problemas maiores de divisão. Outras habilidades, como escrever um ensaio persuasivo, devem ser exercitadas adequadamente; porém, mesmo quando dominam relativamente bem os rudimentos, os estudantes devem continuar praticando a habilidade de modo a refiná-la.

Essas duas razões em prol da prática — ganhar competência e aperfeiçoá-la — são autoevidentes e provavelmente pouco discutíveis. Menos óbvias são as razões para praticar habilidades quando aparentemente você já dominou algo e a prática não parece trazer nenhum benefício evidente. Por mais incrível que possa parecer, esse tipo de prática é essencial para a escolarização. Ela proporciona três importantes benefícios: reforçar a proficiência necessária para aprender habilidades mais avançadas, proteger contra os esquecimentos e melhorar a transferência.

A PRÁTICA POSSIBILITA NOVAS APRENDIZAGENS

Para compreender por que a prática é tão importante para o progresso dos alunos, vou retornar a dois fatos sobre como o pensamento funciona. A Figura 5.1 (que você já viu no Capítulo 1) mostra que a memória de trabalho é o lócus do pensamento. O pensamento ocorre quando você combina informações de uma maneira nova. Essa informação pode ser apreendida do ambiente, recuperada da memória de longo prazo ou ambos. Por exemplo, quando você tenta responder a uma pergunta como "Em que se parecem uma borboleta e uma libélula?", seus pensamentos sobre as características de cada um dos insetos ficam na sua memória de trabalho enquanto você procura encontrar os pontos comparáveis que podem ser importantes.

Um aspecto significativo da memória de trabalho, contudo, é o fato de ela ter uma capacidade limitada de armazenamento e processamento. Se você tentar lidar com muitos fatos ou compará-los de muitas maneiras, perderá o controle daquilo que estiver fazendo. Suponha que eu diga "O que uma borboleta, uma libélula, os pauzinhos de comida japonesa, uma caixa de pílulas e um espantalho têm em comum?".[a] São itens demais para serem comparados simultaneamente. Enquanto pensa sobre como relacionar uma caixa de pílulas a um pauzinho de comida japonesa, você já esqueceu quais são os outros itens.

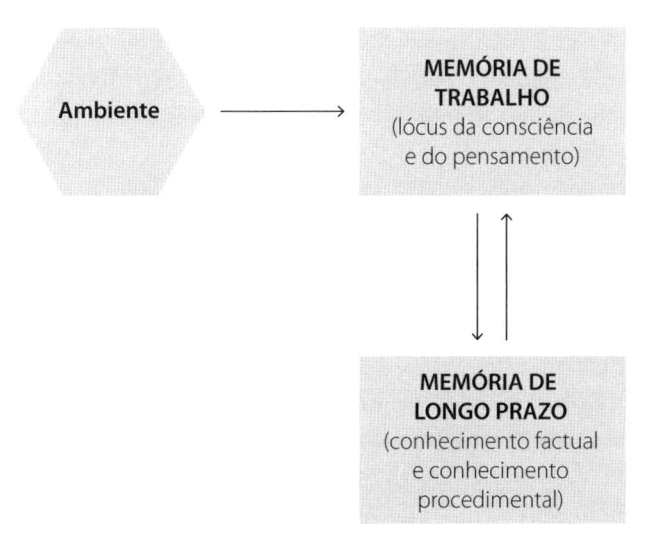

FIGURA 5.1 Nosso modelo simples da mente.
Fonte: © Greg Culley.

Essa falta de capacidade na memória de trabalho é um obstáculo fundamental da cognição humana. Você pode imaginar variadas maneiras pelas quais seu sistema cognitivo pode ser aprimorado — memória mais precisa, maior capacidade de atenção, visão mais nítida, etc. —, mas se um gênio sair de uma lâmpada e lhe oferecer uma maneira de melhorar sua mente, peça por mais capacidade na memória de trabalho. Pessoas com essa capacidade aumentada são melhores pensadores, ao menos no que se refere ao tipo de pensamento realizado na escola. Existe uma significativa evidência de que essa conclusão seja verdadeira, e grande parte deve-se a uma lógica muito simples: pegue 100 pessoas, meça a capacidade de memória de trabalho de cada uma delas, meça a sua capacidade de raciocínio[b] e, depois, verifique se seus escores em cada teste tendem a ser os mesmos. Em um grau surpreendente, um bom escore em um teste de memória de trabalho prediz um escore igualmente bom em um teste de raciocínio, e um escore baixo em um teste de memória de trabalho prediz um escore baixo em raciocínio (ainda que memória de trabalho não seja tudo — lembre-se de que no Capítulo 2 eu enfatizei a importância do conhecimento prévio).

Você não vai observar mais capacidade na memória de trabalho em um gênio. E, sendo este capítulo sobre prática, você deve estar pensando que eu irei sugerir que os alunos façam exercícios que beneficiem sua memória de trabalho. Infelizmente, tais exercícios não existem. Até onde se sabe, a memória de trabalho é mais ou menos fixa — você tem aquilo que tem, e a prática não poderá mudar isso. No últimos 10 anos, foram feitas muitas tentativas de desenvolver um regime de treinamento para melhorar a memória de trabalho, e tem havido muito entusiasmo em torno desses programas, mas as pesquisas mostram que ainda não foi desenvolvido um eficaz.

Embora não seja possível aumentar a capacidade da memória de trabalho, existem algumas maneiras de contornar essa limitação. No Capítulo 2, foi longamente exposto como manter mais informação na memória de trabalho comprimindo ou condensando os dados. Por meio de um processo chamado *agrupamento*,* você lida com alguns itens separados como se fossem um única unidade. Em vez de manter na memória de trabalho as letras *c*, *o*, *g*, *n*, *i*, *ç*, *ã* e *o*, você as agrupa em uma única unidade — a palavra *cognição*. Uma palavra inteira ocupa praticamente o mesmo espaço na memória de trabalho que uma única letra ocuparia. Porém, agrupar letras em uma palavra requer que você conheça o termo. Se as letras fossem *p*, *a*, *z*, *z*, *e*, *s*, *c* e *o*, você poderia agrupá-las de maneira ade-

---

* N. de T. No original, *chunking*.

quada se soubesse que *pazzesco* é uma palavra italiana que significa *louco*. Caso contrário, se você não tiver essa palavra na memória de longo prazo, não será possível agrupar as letras.

Portanto, a primeira maneira de contornar a capacidade limitada da sua memória de trabalho é por meio do conhecimento factual, que possibilita o agrupamento. Há ainda uma segunda maneira: você pode tornar mais eficientes os processos de manipular informação na memória de trabalho. Na realidade, pode torná-los tão eficientes que eles podem ocorrer sem maiores esforços. Pense sobre aprender a amarrar os cadarços. Inicialmente, isso requer total atenção e, por isso, ocupa totalmente a memória de trabalho, mas com prática é possível amarrá-los *automaticamente* (Figura 5.2).

Aquilo que costumava ocupar toda a memória de trabalho, atualmente ocupa quase nenhum espaço. Como adulto, você pode amarrar seus cadarços enquanto mantém uma conversação ou mesmo enquanto trabalha mentalmente em um problema matemático. Outro exemplo clássico, como eu já disse, é dirigir um carro. Quando você aprende a dirigir, isso toma totalmente a sua memória de trabalho. Da mesma forma que ocorre com amarrar os cadarços, são as coisas que você está *fazendo* que ocupam o espaço mental — processos como checar os espelhos, observar o quanto você pressiona o acelerador ou frear para ajus-

FIGURA 5.2 Existe uma forma correta e uma incorreta de amarrar os cadarços. É tudo uma relação entre os laços de cima e os de baixo, assim como a diferença entre um nó duplo (que é firme) e um falso (que não é). Pesquisadores demonstraram, por meio de simulação de caminhada, que o nó correto se mantém por muito mais tempo. Se um processo vai se tornar automático, certifique-se de fazê-lo corretamente.

Fonte: DAILY-DIAMOND, C. A.; GREGG, C. E.; O'REILLY, O. M. The roles of impact and inertia in the failure of a shoelace knot. *Proceedings of the Royal Society A: Mathematical, Physical and Engineering Sciences*, 473(2200), p. 20160770, figura 14b, 2017. © Creative Commons CC BY 4.0.

tar a velocidade, olhar para o velocímetro, julgar a distância dos outros carros. Note que você não está tentando manter simultaneamente várias coisas (como letras) em mente; quando você faz isso, ganha espaço mental por meio do agrupamento. Na ocasião de dirigir, você tenta fazer várias coisas em uma rápida sucessão. Obviamente, um motorista experiente não parece ter problemas em realizar todas essas tarefas, e consegue até fazer outras coisas, como falar com um passageiro.

Processos mentais podem se tornar automatizados. Processos automáticos requerem pouca capacidade da memória de trabalho. Eles também tendem a ser bastante rápidos, de modo que você parece simplesmente saber o que faz sem mesmo ter de tomar uma decisão consciente. Um motorista experiente olha rapidamente para o espelho e checa o ponto cego antes de mudar de pista, sem pensar consigo "Ok, eu vou mudar de pista, então o que preciso fazer é checar meus espelhos e dar uma olhada no ponto cego".

Para um exemplo de um processo automático, observe a Figura 5.3 e diga o que cada um dos desenhos representa. Ignore o que está escrito e diga o nome das figuras.[1]

Como você sem dúvida observou, às vezes as palavras combinam com as figuras e às vezes não. Provavelmente é mais difícil nomear as figuras quando há um desencontro. Isso acontece porque, quando um leitor com bastante prática vê uma palavra impressa, é relativamente impossível não lê-la. Ler é um processo automático. Assim, a palavra impressa *calça* conflita com aquela que você está tentando lembrar, *camiseta*. Isso retarda sua resposta. Uma criança que tenha recentemente aprendido a ler não demonstra essa interferência, porque para ela a leitura não é automática. Ante as letras *c*, *a*, *l*, *ç* e *a*, a criança precisa meticulosamente (e lentamente) lembrar os sons associados com cada letra, ligá-los e reconhecer que a combinação resultante de sons forma a palavra *calça*.

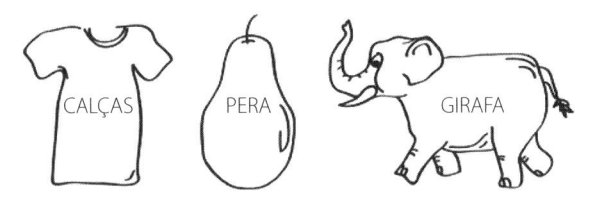

FIGURA 5.3 Nomeie cada figura ignorando o texto. É difícil fazer isso quando o texto não combina com a imagem, pois a leitura é um processo automático.
Fonte: © Anne Carlyle Lindsay.

A automaticidade pode ocorrer não apenas por processos mentais aprimorados em sua eficiência, mas também por meio do desenvolvimento de representações mentais. Em vez de emitir *c, a, l, ç, a*, você localiza uma representação visual na memória que corresponde àquela sequência de letras. Como observado no Capítulo 1, confiar na memória é muito mais rápido do que confiar no processamento mental — esse é um aspecto crucial para aprender a ler.

Os fatos matemáticos que se tornam automáticos funcionam da mesma maneira. Quando os alunos iniciam com a aritmética, geralmente resolvem problemas utilizando algumas estratégias. Por exemplo, eles calculam 5 + 4 começando com 5 e contando mais quatro números acima até chegarem à resposta 9. Isso é suficiente para resolver problemas simples, mas não é difícil imaginar o que ocorre com problemas mais complexos. Por exemplo, em um problema com 97 + 89, o aluno que não memorizou fatos matemáticos pode somar 7 e 9 pela contagem e obter 16 como resultado. Então ele precisa lembrar de trazer o 6 para baixo, calcular 9 + 8 pela contagem, sem esquecer de acrescentar o 1 ao resultado.

Fica muito mais simples se o aluno tiver memorizado o fato de que 7 + 9 = 16; essa é uma forma de chegar à resposta correta do subcomponente do resultado do problema de forma menos custosa para a memória de trabalho. Encontrar um fato na memória de longo prazo e trazê-lo à memória de trabalho implica quase nenhum trabalho para esta última. Não é de admirar que estudantes que tenham memorizado fatos matemáticos saem-se melhor em todos os tipos de tarefas matemáticas do que aqueles cujo conhecimento seja ausente ou incerto. E tem sido mostrado que a prática de fatos matemáticos ajuda alunos com baixo desempenho a se saírem melhor em matemática mais avançada.

Tanto a leitura quanto a matemática oferecem bons exemplos das propriedades de um processo automático: 1) ocorre muito rapidamente; 2) é ativado por um estímulo do ambiente e, se esse estímulo estiver presente, o processo ocorrerá (ou a memória relevante será recuperada), quer você queira, quer não queira. Assim, você sabe que seria fácil não ler as palavras na Figura 5.3, mas não consegue evitar fazê-lo. Se você é um motorista experiente viajando como passageiro de um carro que se encontra em uma situação perigosa, estenderá o pé para empurrar um pedal de freio fantasma — a resposta é automática; 3) você não está ciente dos componentes do processo automático. Isto é, os componentes do processo de leitura (por exemplo, identificar letras) nunca são conscientes. A palavra *calça* chega até a consciência, mas o processo mental necessário para concluir que a palavra é *calça* não é consciente. Isso é muito diferente no caso de um leitor iniciante, que está consciente de cada passo do processo.

A Figura 5.3 oferece uma ideia de como um processo automático opera, mas ele é um exemplo atípico, porque o processo automático interfere naquilo que você está tentando fazer. Na maioria das vezes, os processos automáticos ajudam em vez de atrapalhar. Isso porque eles produzem espaço na memória de trabalho. Processos que anteriormente ocupavam recursos de processamento passam a utilizar menos essa capacidade, abrindo margem para *outras* atividades. No que se refere à leitura, estas "outras" atividades poderiam incluir pensar sobre o que as palavras realmente significam. Os leitores menos experientes lenta e meticulosamente observam o som de cada letra para então combiná-los em palavras; assim, não há espaço para pensar sobre o significado (Figura 5.4).

O mesmo pode acontecer com leitores mais avançados. Uma professora do ensino médio pediu que um amigo meu lesse um poema em voz alta. Quando ele terminou a leitura, ela pediu que ele pensasse sobre o significado do poema. Ele pareceu atônito por um momento e então admitiu que havia se concentrado tanto em ler sem cometer erros que não observou sobre o que tratava o poema. Igual a um estudante de 1º ano, a mente dele estava focada na pronúncia das palavras, não no significado. Previsivelmente, a classe riu, mas o que aconteceu é compreensível.

Em resumo, eu disse que a memória de trabalho é o lugar da mente onde o pensamento ocorre — onde juntamos ideias e as transformamos em algo novo. A dificuldade é que existe pouco espaço na memória de trabalho e, se tentarmos colocar muita coisa lá ou fazer coisas demais com ela, tudo se mistura e nós perdemos o fio da meada. Pessoas com mais capacidade na memória de trabalho são melhores em tarefas mentais. Apesar de não podermos aumentar a capacidade da nossa memória de trabalho, nós *podemos*, conforme já dito, tornar o conteúdo menor de duas maneiras: a) agrupando fatos para que eles ocupem menos

4 1 22 9
5 19 20 21 4 1
16 19 9 3 15 12 15 7 9 1

FIGURA 5.4 Esta frase está escrita em um código simples: 1 = A; 2 = B; 3 = C, e assim por diante. Cada nova linha denota uma nova palavra. Os esforços de um leitor iniciante são um pouco parecidos aos seus esforços para decodificar esta frase, porque o valor de cada letra precisa ser descoberto. Se você fizer o exercício de decifrar a sentença, tente fazê-lo sem escrever abaixo a solução; como leitor iniciante, você provavelmente esquecerá o início da frase quando estiver decodificando o final.[c,2]

Fonte: © Greg Culley.

espaço, o que requer conhecimento na memória de longo prazo — conforme discutido no Capítulo 2; b) tornando mais eficientes os processos que usamos para trazer informações para a memória de trabalho ou para remover a necessidade desses processos, criando uma representação de memória.

A pergunta óbvia é: o que é necessário para tornar esses processos eficientes ou para criar essas representações de memória? Você sabe a resposta: prática. Pode haver um truque ou uma artimanha por meio da qual você experimentaria os benefícios do automatismo sem pagar o preço da prática. Pode haver uma maneira, mas se há, nem a ciência nem o conhecimento acumulado nas culturas do mundo revelaram. Até onde se sabe, o único modo de desenvolver habilidade mental é realizar o processo-alvo de novo, de novo e de novo. Nós podemos ver por que motivo eu disse que a prática possibilita novas aprendizagens. Você pode ter "dominado" a leitura no sentido de saber quais sons se relacionam com quais letras e transformar isso em palavras. Então por que continuar praticando se você conhece as letras? Não apenas para ficar mais rápido. O importante é tornar-se tão bom em reconhecer as letras que a identificação do som se torna automática. Assim, você libera o espaço na memória de trabalho que costumava servir para trazer os sons da memória de longo prazo — espaço que agora pode ser utilizado para pensar sobre o significado das sentenças e dos parágrafos.

O que vale para a leitura vale para a maioria ou para todos os assuntos escolares e para as habilidades que desejamos que nossos alunos desenvolvam. Elas são hierárquicas. Existem processos básicos (como recuperar fatos matemáticos) que inicialmente ocupam a memória de trabalho, mas que, com o tempo, se tornam automáticos a fim de que os alunos possam avançar seus raciocínios ao próximo nível. O filósofo Alfred North Whitehead expressou o fenômeno nesta fala: "É um truísmo profundamente errôneo, repetido por todas as cartilhas* e por discursos de pessoas eminentes, o de que devemos cultivar o hábito de pensar sobre aquilo que fazemos. O exato oposto é o caso. A civilização avança por estender o número de operações importantes que podem ser realizadas sem ser necessário pensar sobre elas".[3]

A PRÁTICA TORNA A MEMÓRIA DURADOURA

Alguns anos atrás, aconteceu comigo algo que eu aposto que também já aconteceu com você: encontrei algumas provas de matemática do ensino médio.

---

* N. de T. Livros utilizados antigamente pelas crianças na escola. Eles continham exemplos de escrita que as crianças deviam copiar.

Eu não acho que possa lhe dizer três coisas sobre geometria atualmente, ainda que ali estivessem diversos problemas, todos com a minha letra e mostrando soluções detalhadas e evidências de conhecimento factual.

Esse tipo de experiência pode fazer um professor desanimar. O conhecimento e as habilidades que a minha professora de geometria a muito custo me ajudou a adquirir desapareceram. Isso acaba dando crédito à queixa comum dos alunos de que "Nós nunca *usaremos* essas coisas". Se os alunos vão simplesmente esquecer aquilo que ensinamos, o que diabos nós professores estamos fazendo?

A verdade é que eu lembro *um pouco* de geometria. Certamente, hoje eu sei muito menos do que sabia logo após as aulas — mas sei mais do que sabia antes de assisti-las. Pesquisadores que examinaram mais formalmente a memória de estudantes chegaram à mesma conclusão: nos esquecemos rapidamente de muito (mas não de tudo) do que aprendemos.

Em uma pesquisa, os examinadores localizaram estudantes que tiveram, entre 3 e 16 anos antes, um único semestre de um curso universitário de psicologia do desenvolvimento.[4] Os estudantes fizeram um teste sobre o conteúdo do curso e a Figura 5.5 mostra os resultados separadamente para os alunos

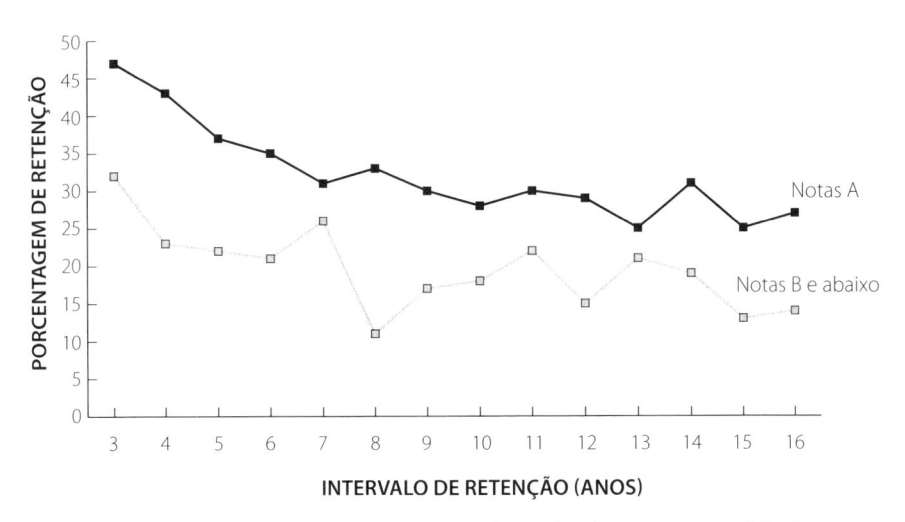

FIGURA 5.5 Gráfico mostrando o quanto estudantes lembraram o conteúdo de um semestre de um curso de psicologia do desenvolvimento, frequentado entre 3 e 16 anos antes. As linhas separadas mostram os resultados dos estudantes que obtiveram A e daqueles que obtiveram B ou menos.

Fonte: ELLIS, J. A.; SEMB, G. B.; COLE, B. Very long-term memory for information taught in school. *Contemporary educational psychology*, 23(4), 419–433, Figura 1, p. 428, 1998. Copyright © 1998. Reproduzida com permissão de Elsevier.

que obtiveram A e para aqueles que obtiveram B ou menos. De modo geral, o resultado não foi uma maravilha. Três anos após o curso, os alunos lembravam metade ou menos do que haviam aprendido, e essa porcentagem caiu até o ano 7, quando estabilizou. Os alunos que tiveram A lembraram mais, o que não surpreende — eles sabiam mais desde o início —, mas eles esqueceram da mesma forma que os outros estudantes e na mesma velocidade.

Aparentemente, estudar muito não protege contra o esquecimento. Se presumirmos que os estudantes que obtiveram A estudaram muito, teremos de reconhecer que eles esqueceram no mesmo ritmo dos demais estudantes. Contudo, existe algo capaz de evitar o esquecimento: a prática *continuada*. Em outro estudo, pesquisadores localizaram pessoas de várias idades e as submeteram a um teste de álgebra básica.[5] Mais de mil participantes fizeram parte do experimento, portanto, havia muitas pessoas com variados *backgrounds*. O mais importante era que eles variavam em relação a quanto de matemática haviam estudado.

Observe a Figura 5.6. Ela mostra escores em um teste de álgebra.[d] Todos fizeram o teste ao mesmo tempo. Os escores estão separados em quatro grupos com base em quanta matemática as pessoas estudaram na escola e na faculdade.

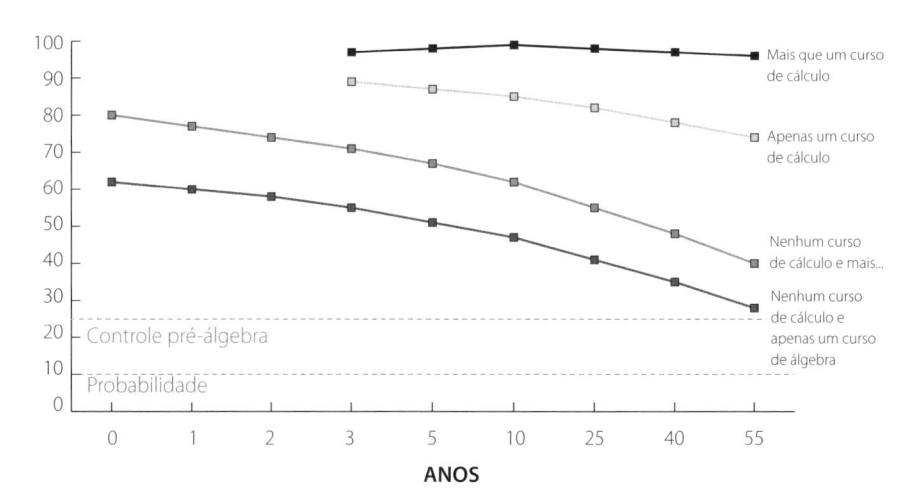

FIGURA 5.6 O desempenho em um teste de álgebra básica de pessoas que frequentaram o curso entre 1 mês e 55 anos atrás. As quatro linhas correspondem a quatro grupos, separados por quanta matemática estudaram *além* de álgebra básica.

Fonte: "Lifetime maintenance of high school mathematics content", de H.P. Bahrick e L.K. Hall em *Journal of Experimental Psychology: General, 120*, p. 20–33, Figura 1, p. 25. Copyright © 1991 by the American Psychological Association.

A curva mais abaixo mostra os escores de pessoas que tiveram apenas um curso de álgebra. Conforme você observa da esquerda para a direita, o tempo desde que elas frequentaram o curso aumenta, de modo que o ponto da extrema esquerda (cerca de 60% de acerto) refere-se a pessoas que terminaram *recentemente* um curso de álgebra; o ponto mais à direita representa as pessoas que estudaram álgebra há 55 anos! Essa curva tem o aspecto esperado: quanto mais tempo se passou desde que se estudou álgebra, piores os resultados no teste.

A próxima curva acima mostra os escores de pessoas que tiveram mais de um curso de álgebra. Como era de se esperar, elas se saíram melhor no teste, mas mostraram evidências de esquecimento, exatamente como o outro grupo. Agora observe a linha mais acima. Esses são os escores das pessoas que cursaram cursos de matemática além de cálculo. O interessante sobre essa linha é que ela é plana! Pessoas que estudaram álgebra há 55 anos ainda sabem tão bem quanto as que estudaram há 5 anos!

O que acontece aqui? Esse efeito *não* se deve ao fato de que pessoas que frequentam mais cursos de matemática são mais inteligentes ou melhores em matemática. Isso não é mostrado no gráfico. Contudo, da mesma forma que ocorreu no estudo anteriormente citado, separar os estudantes entre os que obtiveram A, B ou C em seu primeiro curso de álgebra não faz diferença — todos eles esquecem no mesmo ritmo. Dito de outra forma, um estudante que obteve C no seu primeiro curso de álgebra, mas que continuou a frequentar mais alguns cursos de matemática recordará melhor a álgebra, ao passo que um estudante que obteve A, mas não continuou a estudar, irá esquecer o conteúdo. Isso porque frequentar mais cursos de matemática garante que você continuará pensando a respeito e *praticando* álgebra básica. Se praticar álgebra o suficiente, você efetivamente não irá esquecê-la. Outras pesquisas mostraram exatamente o mesmo resultado com diferentes assuntos, como um estudo de espanhol como língua estrangeira e sobre nomes das ruas das vizinhanças de infância dos participantes.

Uma coisa que esses estudos não esclarecem é se a memória duradoura advém de praticar *mais* ou de praticar continuadamente ao longo do tempo. É provável que ambos os aspectos sejam determinantes.

Também é provável que a prática beneficie a memória no curto prazo. É bastante óbvio que revisar ajuda: se quero saber que a palavra francesa para "guarda-chuva" é *parapluie*, é melhor revisar esse fato cinco vezes, em vez de apenas uma. Suponha que eu saiba desse fato e tenha uma longa lista de palavras português-francês com a qual enfrento certa dificuldade. Mas nas duas últimas vezes em que percorri a lista, ao ler "guarda-chuva", fui capaz de responder *parapluie*.

Há algum motivo para continuar estudando ou essa palavra deveria ser descartada da minha lista de prática?

A resposta parece ser "continuar estudando". Esse tipo de revisão é chamado de *superaprendizagem* — estudo contínuo após atingir o conhecimento sobre algo. É exatamente o tipo de prática que estamos discutindo e que parece não produzir resultado: continuo lendo "guarda-chuva", dizendo *parapluie* e pensando "qual é o sentido disso?".

Mas pensemos da seguinte maneira: suponha que eu conheça cada um dos itens do vocabulário tão bem quanto conheço guarda-chuva/*parapluie* e acertei cada um dos itens da lista duas vezes seguidas. Se for testado daqui a três dias, como vou me sair? Vou acertar 100%?

Provavelmente não. Ao longo de três dias, esquecerei alguns. E esse é o benefício da superaprendizagem: proteção contra o esquecimento. Porém, é difícil nos obrigarmos a isso, porque esse tipo de prática parece inútil, uma vez que revisamos um conteúdo que aparentemente já sabemos. No entanto, estamos garantindo que, mais tarde, ainda saberemos. Uma estratégia óbvia que poderíamos utilizar para tornar a superaprendizagem menos enfadonha e sem sentido seria particionar o estudo ao longo do tempo. Posso estar mais inclinado a estudar guarda-chuva/*parapluie* se, daqui a alguns dias, tiver dificuldade em lembrar a tradução correta.

Os estudiosos também investigaram a importância de *quando* você estuda. Esse *quando* não se refere ao momento do dia, mas como você organiza seu tempo de estudo. Deixe-me dizer de outra forma: estudar durante 2 horas é melhor do que estudar durante 1 hora. Suponha que você decida estudar algo por 2 horas. Como você deveria distribuir esses 120 minutos? Você deveria estudar sem parar? Ou 60 minutos em um dia e mais 60 no outro? Quem sabe 30 minutos por semana durante quatro semanas?

Estudar muito um dia antes de uma prova, nos Estados Unidos, é comumente chamado de *cramming* (maratonar).* Eu me lembro de, na época da escola, alunos se gabarem de fazer isso e se saírem bem nos testes sem conseguirem lembrar de nada do conteúdo uma semana mais tarde. (Algo muito estranho do qual se orgulhar, eu sei.) As pesquisas confirmam essa ostentação. Se você estuda grande quantidade de conteúdo em pouco tempo, poderá se sair bem em um teste imediato, mas irá rapidamente se esquecer do conteúdo. Se, por outro lado, você dividir seu estudo em algumas seções com pausas entre elas, pode não se

---

* N. de T. Do verbo *cram* que, informalmente, significa forçar a aprendizagem de certa quantidade de conteúdo pouco tempo antes de uma prova.

sair completamente bem em um teste imediato, mas se lembrará do conteúdo por mais tempo (Figura 5.7).

O efeito do espaçamento provavelmente não surpreende muito os professores; certamente todos sabemos que "maratonar" não leva a uma memória duradoura. É possível observar que dividir o tempo de estudo pode ser melhor para a memória do que abarrotar a mente de conteúdos antes de uma prova. É importante, contudo, deixar explícitas duas importantes implicações desse efeito do

Domingo	Segunda-feira	Terça-feira	Quarta-feira	Quinta-feira	Sexta-feira	Sábado
	1	2	3	4	5	
6	7 Estudar	8 Estudar	9 Estudar	10 Estudar **ESTUDAR** **ESTUDAR** **ESTUDAR** **ESTUDAR**	11 Prova **PROVA**	12
13	14	15	16	17	18 Prova **PROVA**	19
20	21	22	23	24	25	26
27	28	29	30	31		

FIGURA 5.7 Essa figura simples ilustra o que os cientistas cognitivos chamam de efeito de espaçamento na memória. O Aluno 1 (em letras maiúsculas) estudou durante 4 horas antes do primeiro teste, enquanto o Aluno 2 (em minúsculas) estudou durante 1 hora em cada um dos quatro dias anteriores ao teste. O Aluno 1 provavelmente se sairá um pouco melhor nesse teste, mas o Aluno 2 se sairá muito melhor no segundo, uma semana mais tarde.
Fonte: © Greg Culley.

espaçamento. Nós falamos sobre a importância da prática, e acabamos de dizer que ela funciona melhor no decorrer do tempo. Distribuí-la da maneira descrita permite que você tenha êxito com *menos prática* em comparação com longas sessões de uma só vez. O espaçamento da prática tem outro benefício: o tipo de atividade que estamos discutindo neste capítulo significa continuar a trabalhar em algo que você já domina. Em geral, isso soa um pouco tedioso, mesmo que traga benefícios cognitivos. Seria um pouco mais fácil para um professor tornar esse tipo de tarefas interessantes para os alunos se elas estiverem espaçadas ao longo do tempo de aula.

A PRÁTICA MELHORA A TRANSFERÊNCIA

No Capítulo 4, eu falei extensamente sobre os desafios de transferir aquilo que você já sabe para novas situações. Você se lembra do problema sobre a fortaleza e os exércitos? Mesmo quando os participantes tinham acabado de ouvir uma história análoga que continha a solução do problema (atacar um tumor com radiação), eles não transferiam o conhecimento para o outro problema. Conforme eu disse, a transferência *de fato* ocorre, ainda que não haja nenhuma similaridade superficial óbvia entre as situações. Ela ocorre, apesar de raramente. O que podemos fazer para aumentar as chances? Quais fatores tornam um aluno mais propenso a dizer "Eu já vi problemas como esse antes e lembro como resolvê-los!"?

Muitos fatores contribuem para uma transferência bem-sucedida, mas poucos são especialmente importantes. Conforme eu disse, a transferência é mais provável quando a estrutura superficial do novo problema é similar à dos problemas vistos anteriormente. Isto é, um colecionador de moedas tem mais probabilidade de reconhecer que pode trabalhar em um problema envolvendo frações se ele for estruturado em termos de intercâmbio de moedas em vez de um matematicamente idêntico sobre o cálculo da eficiência de um motor.

A prática é outro fator significativo para uma boa transferência. Trabalhar em diversos problemas de um tipo específico torna mais provável que você reconheça a estrutura subliminar, mesmo que nunca tenha visto um problema em particular anteriormente. Portanto, ler o problema sobre o tumor e a radiação aumenta um pouco as chances de você saber o que fazer quando encontrar o problema da fortaleza e dos exércitos. Mas caso tivesse lido *várias* histórias nas quais uma força é dispersada para então convergir em um ponto alvo, seria muito mais provável que você reconhecesse a estrutura profunda do problema.

Dizendo de outra forma, suponha que você lesse o seguinte problema:

> Você mora no Canadá e está planejando fazer uma viagem ao México. Você sabe que poderá economizar uma boa quantia se levar dólares canadenses, trocá-los por pesos mexicanos quando chegar e pagar o hotel em dinheiro. Sua estadia de quatro noites mais as taxas custa 100 pesos mexicanos por noite. Que outra informação você precisa a fim de calcular quantos dólares levar e que cálculo você deve fazer?

Por que um adulto vê imediatamente a estrutura profunda desse problema e um aluno do 4º ano não?

Os pesquisadores acreditam que há algumas razões para isso. A primeira é que a prática faz com que seja mais provável que você tenha compreendido o problema antes dessa leitura e lembre-se da solução que usou. Se você não compreender ou não lembrar, não existe muita esperança de que haja transferência para uma nova situação. Isso é bastante óbvio. Mas suponha que um aluno do 4º ano realmente compreenda a matemática básica do problema. Por que ele não percebe que ela seria útil para resolver o cálculo dólares/pesos? E como você percebe?

Lembre-se de que no Capítulo 4 eu disse que, enquanto você lê, as possíveis interpretações daquilo que vem depois ficam bastante restritas. Utilizei o exemplo de uma breve descrição de um furacão e disse que se você visse mais tarde a palavra *olho*, ela não o faria pensar sobre o olho com o qual você vê. A questão é que enquanto está lendo (ou ouvindo alguém falar), você interpreta o que está escrito com base nas suas associações com assuntos similares. Você sabe a respeito de muitas coisas que podem estar associadas à palavra *olho*, e sua mente escolhe as associações corretas de acordo com o contexto daquilo que você está lendo. Não é necessário fazer essa seleção conscientemente, pensando "Hum... agora, qual seria o significado apropriado de *olho* aqui?". O significado correto simplesmente surge em sua mente.

As informações contextuais podem ser utilizadas não somente para compreender palavras individuais com diversos significados possíveis, mas também para entender as *relações* de diferentes coisas naquilo que você lê. Por exemplo, suponha que eu comece a lhe contar uma história: "Minha esposa e eu tiramos férias em uma pequena ilha, e havia uma lei bastante peculiar lá. Se duas ou mais pessoas estiverem caminhando à noite, cada uma deve levar consigo uma caneta. O hotel tinha um lembrete na porta e canetas por toda parte. Mas, quando nós saímos para jantar na primeira noite, eu esqueci de levar a minha".

Ao ler essa história, você facilmente compreende: eu violei uma regra. Observe que você não tem conhecimento prévio relevante a respeito da estrutura superficial — você nunca ouviu uma regra como essa antes e ela não faz muito sentido. Mas você tem diversas experiências com a relação funcional entre os elementos da história, isto é, a história centra-se em uma *permissão*. Em uma relação de permissão, você deve cumprir uma precondição antes de poder realizar algo. Por exemplo, para consumir bebidas alcoólicas, nos Estados Unidos, você precisa ter ao menos 21 anos. Para sair à noite com outra pessoa em uma pequena ilha, cada um de vocês precisa carregar uma caneta. Você também sabe que quando existe uma regra sobre permissão, geralmente existem consequências ao descumpri-la. Portanto, quando eu comecei a contar minha história esquisita, você pode provavelmente prever para onde a história iria depois: se eu fui pego sem minha caneta, e se fui, quais foram as consequências. Um ouvinte simpático poderia me ironizar dizendo "Oh, não! Você foi pego sem sua caneta?". Se, ao contrário, o ouvinte dissesse "Sério? Que tipo de caneta o hotel oferecia?", eu pensaria que ele não compreendeu do que se tratava a história.

Quando eu contei a história sobre a caneta, a ideia de uma "regra de permissão" brotou em sua mente automaticamente da mesma forma que ocorreu com o significado "centro de um furacão" no momento em que você leu *olho* na história sobre o furacão. Você compreende esse contexto por já ter visto diversas vezes a palavra *olho* sendo utilizada para se referir ao centro de um furacão. Igualmente, a estrutura profunda de uma regra de permissão surge em sua mente quando você ouve a história sobre as canetas, e pela mesma razão — você tem muita prática em pensar sobre regras de permissão (Figura 5.8). A única diferença entre regra de permissão e olho é que o último é uma palavra simples e a primeira é uma ideia composta pela relação entre alguns conceitos. Sua mente armazena relações funcionais entre conceitos assim como armazena o significado de palavras individuais.

A primeira vez que alguém lhe diz que *olho* pode significar "centro de um furacão", você não tem problemas para compreender, mas isso não quer dizer que da próxima vez que encontrar essa palavra o significado correto irá brotar em sua mente. É mais provável que você fique um pouco confuso e precise extrair do contexto a significação correta. Para que *olho* seja interpretado automaticamente de maneira correta, precisa encontrá-lo algumas vezes — em outras palavras, você precisa praticar. Isso também vale para identificar estruturas profundas.

FIGURA 5.8 Quando se pensa sobre isso, o entendimento profundo das permissões é algo complicado. Não é que você esteja proibido de brincar com um tanquinho, e não é que você seja obrigado a usar uma roupa de proteção. Mas, se você decidir brincar, seria bom usar um avental. Ainda assim, crianças de apenas 3 anos mostram um bom entendimento dessas regras, provavelmente porque as encontram com muita frequência.
Fonte: © Shutterstock/DGLimages.

Você pode compreender uma estrutura profunda na primeira vez que encontrá-la, mas isso não significa que irá reconhecê-la automaticamente quando encontrá-la de novo. Em suma, a prática ajuda a transferência porque torna mais óbvia a estrutura profunda.

No próximo capítulo, falarei sobre o que acontece quando temos muita prática em alguma coisa. Compararemos especialistas e iniciantes e descreveremos as diferenças radicais entre eles.

RESUMO

Iniciei este capítulo apontando que existem duas óbvias razões para praticar: obter o mínimo de competência (como quando um adolescente pratica direção com câmbio manual até que possa usá-lo adequadamente) e adquirir proficiência (como quando um golfista pratica tacadas para aperfeiçoar sua precisão). Eu sugeri que há razões para prosseguir praticando as habilidades mentais, mesmo quando não ocorrem avanços evidentes nas nossas capacidades. Tal prática origina três benefícios: 1) pode ajudar os processos mentais a se tornarem automáticos, oportunizando novas aprendizagens; 2) torna a memória mais duradoura; e 3) aumenta a probabilidade de a aprendizagem transferir-se a novas situações.

IMPLICAÇÕES PARA A SALA DE AULA

Vimos três benefícios, mas o lado ruim desse tipo de prática é bastante óbvio: sem dúvida, é maçante praticar algo se nós não adquirimos nenhuma melhora. Mais do que maçante, é desanimador! Eis algumas ideias sobre como podemos colher alguns benefícios da prática minimizando os custos.

O que deve ser praticado?

Nem tudo pode ser praticado extensamente. Simplesmente não dá tempo, mas felizmente nem tudo precisa ser praticado. Os benefícios já citados resultantes da prática oferecem certo direcionamento sobre qual tipo de coisas deve ser praticado. Se a prática faz os processos mentais se tornarem automáticos, podemos perguntar *que processos precisam se tornar automáticos*. A recuperação de fatos numéricos parece um bom candidato, assim como a identificação dos sons das letras. Um professor de ciências pode decidir que seus alunos precisam ter internalizados alguns fatos sobre evolução. Em geral, os processos que necessitam se tornar automáticos são a base das habilidades que proporcionarão o máximo de benefícios. Essa base é o que precisa ser praticado repetidamente em uma matéria específica; e é o pré-requisito para o avanço na aprendizagem. Dados os outros benefícios da prática, também podemos nos perguntar "Que problemas surgem repetidamente nesta disciplina, tornando importante que os alunos reconheçam sua estrutura profunda?". E podemos perguntar "Que informação factual é tão central para o campo que deveria ser superaprendida, para que os alunos tenham a certeza de que se lembrarão dela?".

Intervale a prática

Não há razão para que a prática em conceitos específicos ocorra em um curto espaço de tempo. Na realidade, existe uma boa razão para fazer intervalos. Conforme salientado anteriormente, a memória fica mais duradoura quando há intervalos na prática, e trabalhar insistentemente nas mesmas habilidades acaba sendo tedioso. Outro benefício dos intervalos pode ser o fato de os alunos obterem mais habilidade em pensar sobre como aplicar o que sabem. Se toda a prática acontecer de uma só vez, os alunos saberão que cada problema que encontrarem deverá ser uma variante daquilo que estão estudando. Porém, se o conteúdo de uma semana, um mês ou três meses atrás for incluído algumas vezes, os alunos precisarão pensar mais cuidadosamente sobre como lidar com o problema e quais conhecimentos e habilidades deverão aplicar. Lembre-se também de que você não é o único professor que os estudantes encontrarão. Um professor de inglês pode pensar que é muito importante para seus alunos compreender o uso de figuras de linguagem em poesia; mas esse conhecimento e essa habilidade, necessários para apreciar essa característica, serão adquiridos no decorrer de anos de aprendizagem.

Envolva a prática em habilidades mais refinadas

Você pode ter como meta uma habilidade básica que precisa ser praticada até que seja dominada, mas isso não significa que os alunos não possam praticá-la em um contexto de habilidades mais refinadas. Por exemplo, os alunos podem precisar praticar a relação entre som e letra, mas uma vez que estejam prontos, por que não trabalhar isso com uma leitura interessante? Um bom jogador de *brigde* precisa ser capaz de contar os pontos de uma rodada para orientar sua próxima jogada, mas se eu fosse um instrutor de *bridge*, faria meus alunos contarem pontos até que eles pudessem fazê-lo automaticamente. Automatização requer *muita prática*. A maneira mais adequada é distribuir a prática não apenas no tempo, mas também nas atividades. Pense nas muitas maneiras criativas de praticar as habilidades básicas, mas lembre-se que os alunos podem praticá-las enquanto trabalham em outras mais avançadas.

Certifique-se de que há variedade

Afirmei que a prática ajuda a ver a estrutura profunda, mas devo ser um pouco mais preciso. Há evidências crescentes de que a prática com variação na estrutura superficial ajuda a ver a estrutura profunda. Um experimento recente testou pessoas que passam muito tempo pensando sobre os prováveis vencedores de jogos profissionais de basquete: treinadores, comentaristas e outros.[6] Essas pessoas são muito boas em um tipo específico de cálculo de probabilidade: se você acha que o time A vencerá o time B, digamos, 60% das vezes, quais são as chances de o time A vencer uma série de sete jogos em exatamente quatro jogos? Ou que o time B vai vencer em exatamente cinco jogos? Os pesquisadores descobriram que os observadores experientes de jogos de basquete profissionais eram excelentes nesse tipo de cálculo, mas não podiam realizar o mesmo cálculo com uma estrutura superficial diferente — por exemplo, o velho favorito dos especialistas em probabilidade, tirar bolas de gude de cores diferentes de uma urna. A lição para nós é que os alunos não precisam apenas praticar em problemas com uma estrutura profunda particular para reconhecer essa estrutura em diferentes disfarces, eles precisam praticar o problema de maneiras diferentes em primeiro lugar. Podemos dizer que o aluno aprende, com a prática, quais aspectos do problema são irrelevantes e, assim, valoriza melhor aquilo que importa.

NOTAS

[a] Esses itens podem ter outros aspectos em comum, mas eu os selecionei porque todos eles são palavras compostas.

[b] A capacidade da memória de trabalho geralmente é testada ao se solicitar que as pessoas realizem qualquer tarefa mentalmente enquanto tentam simultaneamente manter alguma informação na memória de trabalho. Por exemplo, um teste seria solicitar que o participante ouvisse uma mistura de letras e números (digamos, 3T41P8) e os repetisse, números seguidos das letras, em ordem (isto é, 1348PT). Essa tarefa requer que o participante recorde quais números e quais letras foram ditas enquanto os compara simultaneamente para obter a ordem correta. O pesquisador testa várias vezes, variando a quantidade de números e letras para obter uma estimativa do máximo que o participante consegue acertar. Existem várias maneiras de medir o raciocínio, testes padronizados de QI são algumas vezes utilizados, ou mesmo testes mais especificamente centrados no raciocínio, com problemas como "Se P é verdadeiro, então Q é verdadeiro. Q não é verdadeiro. O que decorre daí?". Há também uma significativa relação entre memória de trabalho e compreensão de leitura.

[c] Esse exercício pode ser entendido com um outro exemplo de como o conhecimento prévio pode ajudá-lo a aprender. A frase traduz-se "Imagine esta cena comum", que é a primeira frase de outro livro que eu escrevi — *The Reading Mind*. Imagine como teria sido mais fácil decodificá-la — e também lembrar-se da tradução — se a frase codificada estivesse na sua memória de longo prazo, como, por exemplo, "No início, Deus criou o céu e a terra".

[d] Você notará que as curvas do gráfico parecem bastante regulares e consistentes. Existem, na verdade, muitos fatores que contribuem para a memorização da álgebra. O gráfico mostra o desempenho depois que esses fatores foram estatisticamente removidos, de modo que ele é uma idealização que torna mais fácil visualizar o efeito do número de cursos de matemática frequentados. Você não vê o escore bruto nesse gráfico, mas uma representação estatisticamente precisa dos dados.

LEITURAS COMPLEMENTARES

Menos técnico

PASHLER, H. *et al. Organizing instruction and study to improve student learning*: IES practice guide. Washington: National Center for Education Research, 2007. Disponível em: https://ies.ed.gov/ncee/wwc/PracticeGuide/1. Acesso em: 13 jul. 2021. Embora tenha mais de 10 anos, esse livro oferece conselhos sólidos sobre como organizar a prática dos alunos para tornar a aprendizagem o mais fácil possível.

WILLINGHAM, D. T. Do students remember what they learn in school? *American Educator*, v. 39, n. 3, 2015. Uma consideração mais aprofundada de por que os educadores não devem se sentir desencorajados quando os alunos se esquecem.

Mais técnico

KIM, A. S. N. *et al*. The spacing effect stands up to big data. *Behavior Research Methods*, v. 51, n. 4, 2019. Muitos estudos laboratoriais mostram uma vantagem para a aprendizagem se a prática for espaçada. Esse estudo aproveitou a variação natural no tempo das sessões de treinamento no local de trabalho e observou uma vantagem do espaçamento nesse ambiente.

NELSON, P. M.; PARKER, D. C.; ZASLOFSKY, A. F. The relative value of growth in math fact skills across late elementary and middle school. *Assessment for Effective Intervention*, v. 41, n. 3, 2016. Um dos muitos estudos mostrando que conhecer fatos matemáticos está associado ao sucesso na matemática em geral, ao menos no ensino médio.

SOVERI, A. *et al*. Working memory training revisited: a multi-level meta-analysis of n-back training studies. *Psychonomic Bulletin & Review*, v. 24, n. 4, 2017. Uma das muitas revisões publicadas na última década que resume as pesquisas sobre o treinamento da memória de trabalho. Como a maioria, esse artigo conclui que tal treinamento o torna melhor nas tarefas que você praticou, mas não em outras. Em suma, o treinamento da memória de trabalho não funciona.

SWANSON, H. L.; ALLOWAY, T. P. Working memory, learning, and academic achievement. In: HARRIS, K. APA *Educational psychology handbook*: theories, constructs, and critical issues. Washington: American Psychological Association, 2012. v. 1, p. 327-366. Uma ampla revisão do papel crucial que a memória de trabalho desempenha no rendimento acadêmico.

QUESTÕES PARA DISCUSSÃO

1. O que você faria se alguns de seus alunos *tivessem* algo automatizado, mas muitos não? É difícil não ficar frustrado por seus ex-professores não terem garantido que eles obtivessem esse conhecimento... mas agora o que fazer?
2. Um problema com o espaçamento da prática é que causa nos alunos o efeito de "já fizemos isso!". Como evitar?
3. Uma característica fundamental do tipo de armazenamento permanente discutido para álgebra é que ele requer prática repetida ao longo dos anos e, portanto, não é da competência de um único professor. Os educadores devem se coordenar para garantir essa prática. Como esse consenso deve ser alcançado? Se, no seu contexto, os professores não têm voz nesse tipo de decisão curricular, quem está fazendo isso e como os docentes podem ter uma voz mais determinante?

4. Neste capítulo, discuti a prática de um tipo específico: aquela que parece não ajudar na aprendizagem. Eu presumi que, se os alunos praticam uma habilidade que ainda não dominaram (como divisão longa) ou que pode ser desenvolvida posteriormente (como escrever um texto persuasivo), a necessidade de prática é evidente. Certamente é para você, mas e para seus alunos? Você pode identificar aqueles que não veem o valor da prática? Que crenças ou experiências podem estar por trás dessa atitude? O que pode mudar isso?
5. Neste capítulo, usamos o termo automaticidade, o que é adequado, mas parece intimamente relacionado ao que comumente chamamos de hábitos. Podemos pensar em outras instâncias em que um estímulo no ambiente leva automaticamente a uma resposta. Por exemplo, seu telefone apita (estímulo) e você redireciona a atenção do que está fazendo para seu telefone (resposta). Ou talvez um aluno tenha um gatilho específico — quando provocado, digamos, por seu peso (estímulo), ele automaticamente sente raiva (resposta). Enquadrar o que poderiam ser comportamentos inadequados em sala de aula (desatenção, raiva) como automático faz você se sentir diferente em relação a isso? Isso muda a maneira como você pensa em tentar ajudar o aluno a superar essas respostas?
6. O fato cruel da memória e do esquecimento é que muito do que ensinamos aos alunos será esquecido. Em um mundo ideal, os estudantes teriam exposição repetida a certas ideias centrais e as reteriam. Mas nem tudo pode ser repetido, e muitas coisas, como meu conhecimento de geometria, serão esquecidas. Eu sempre me consolava pensando "ao menos os alunos foram expostos a esse conteúdo e, para alguns, talvez isso tenha acendido uma chama de interesse, e eles seguirão o assunto por conta própria, mesmo que não seja repetido na escola". Qual é a sua opinião sobre esse problema? Deveríamos ficar mais incomodados com o esquecimento dos alunos? Em caso afirmativo, o que devemos fazer sobre isso?
7. Especificamente sobre o conteúdo, quando os alunos chegam até você, quais conhecimentos e/ou habilidades você espera que sejam automáticos? E que novos conhecimentos ou habilidades você espera que sejam automáticos quando eles o deixarem?

6

Qual é o segredo para fazer os alunos pensarem como verdadeiros cientistas, matemáticos e historiadores?

Pergunta: Educadores e legisladores não raro expressam frustração pelo fato de os currículos parecerem tão distantes dos assuntos que se propõem a cobrir. Por exemplo, os currículos de história enfatizam fatos e datas. Os bons currículos tentam proporcionar aos alunos algum sentido a respeito dos debates em história. (Certa vez, ouvi um educador posicionando-se veementemente contra a ideia de um livro didático resumir "as causas da guerra civil norte-americana" como se tais causas fossem uma questão resolvida.) Pouquíssimos currículos estimulam os alunos a pensar como historiadores — isto é, analisar documentos e evidências para, então, construir uma interpretação da história. Da mesma forma, em ciências, os alunos memorizam fatos e realizam experimentos nos quais fenômenos previsíveis são observados, em vez de praticar o real pensamento científico, a exploração e a resolução de problemas — que *são* ciência. O que pode ser feito para que os alunos pensem como cientistas, historiadores e matemáticos?

Resposta: Esse protesto contra os currículos escolares tem certa plausibilidade: como esperamos preparar a próxima geração de cientistas se não a capacitamos para fazer aquilo que cientistas realmente fazem? Porém, uma falsa suposição é subjacente a essa lógica — que os alunos são cognitivamente capazes de fazer o que cientistas ou historiadores fazem. O princípio cognitivo que orienta este capítulo é:

> A cognição no início do treinamento é fundamentalmente diferente da cognição no final do treinamento.

Isso não significa apenas que os alunos sabem menos do que os especialistas; há também o fato de que aquilo que eles sabem está organizado de maneira diferente em sua memória. Cientistas especializados não pensavam como especialistas durante o treinamento quando começaram. Pensavam como novatos. De fato, ninguém pensa como um cientista ou um historiador sem uma grande quantidade de treinamento. Essa conclusão não significa que os alunos nunca devam tentar escrever um poema ou conduzir um experimento científico, mas que os professores devem ter uma ideia clara do que tais atividade farão para os estudantes.

Relembre suas aulas de ciências na época da escola. Elas possivelmente eram estruturadas mais ou menos assim: 1) em casa, você lia um livro didático que falava sobre algum princípio da biologia, da química ou da física; 2) no dia seguinte, o professor explicava o princípio; 3) com um colega, você conduzia um exercício no laboratório que ilustrasse esse princípio; 4) à noite, você completava um conjunto de problemas a fim de praticar as aplicações do princípio.

Essas atividades não parecem oferecer aos alunos qualquer prática naquilo que cientistas *fazem*. Por exemplo, cientistas não sabem o resultado de um experimento antes de realizá-lo — eles conduzem a experiência para descobrir o que acontece e, após, interpretam os resultados que, frequentemente, são surpreendentes ou contraditórios. Na verdade, os estudantes do ensino médio sabem que os exercícios de laboratório têm resultados previsíveis, por isso sua preocupação comumente não está naquilo que o laboratório deveria representar, mas no fato de se eles "fizeram corretamente". Da mesma forma, historiadores não leem e memorizam livros — eles trabalham com fontes originais (certidões de nascimento, diários, jornais, etc.) para construir interpretações narrativas adequadas a respeito dos eventos históricos. Se não estamos proporcionando aos nossos alunos a prática em fazer aquilo que cientistas e historiadores fazem, em que sentido estamos ensinando história ou ciências?

Cientistas reais são especialistas. Eles trabalharam com ciência por 40 horas (provavelmente muito mais) a cada semana durante anos. Todos esses anos de prática fizeram uma diferença qualitativa, e não quantitativa, na forma como pensam os cientistas em comparação a como pensa um amador bem informado. Pensar como um cientista, um historiador ou um matemático é, de fato, algo bastante difícil. Iniciarei essa discussão dando a você uma ideia daquilo que pensadores experientes fazem e como fazem.

O QUE CIENTISTAS, MATEMÁTICOS E OUTROS ESPECIALISTAS FAZEM?

É evidente que aquilo que os especialistas fazem depende do seu campo de atuação. Ainda assim, existem similaridades importantes entre eles, não somente em campos como história, matemática, literatura ou ciências, mas também em campos como medicina, operações bancárias e atividades recreativas como xadrez, *bridge* e dança.

As capacidades dos especialistas são frequentemente bem ilustradas na série de televisão *House*, na qual o mal-humorado e brilhante Dr. House (Figura 6.1) resolve misteriosos casos que deixam outros médicos atônitos.

A seguir uma sinopse de um dos casos de House que nos ajudará a compreender como os especialistas pensam.[1]

1. House recebe um menino de 16 anos que se queixa de visão dupla e terrores noturnos. Ele observa que se não houver trauma cerebral, terrores

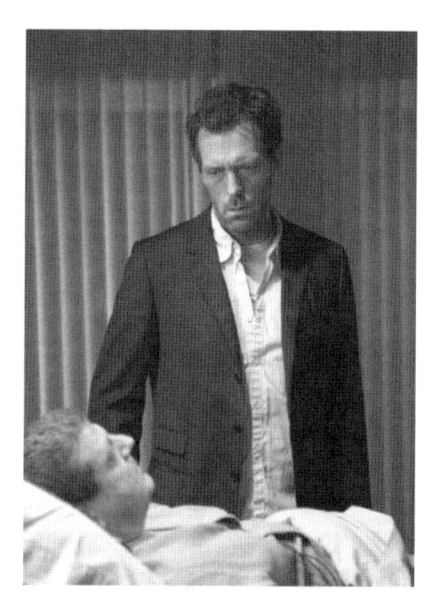

FIGURA 6.1 Hugh Laurie interpreta o médico especialista Gregory House.
Fonte: © Getty Images/NBC.

noturnos em adolescentes são comumente associados a intenso estresse, como testemunhar um assassinato ou sofrer abuso sexual. *Primeira hipótese diagnóstica: abuso sexual.*
2. House descobre que o cérebro do garoto *sofreu* um trauma — ele foi atingido na cabeça durante uma partida de lacrosse. Irritado por ter descoberto isso tardiamente, o médico conclui que o garoto tem uma concussão e insolentemente diz que o profissional da emergência que o examinou após o jogo obviamente havia "ferrado" com tudo. *Segunda hipótese diagnóstica: concussão.*
3. O garoto está sentado em um balcão balançando sua perna enquanto House sai. House observa o balançar da perna do garoto e identifica esse tipo de movimento como o movimento que nosso corpo faz quando estamos adormecendo, entretanto, o garoto não estava adormecendo. Essa observação muda tudo. *Terceira hipótese diagnóstica: House suspeita de uma doença degenerativa e ordena que o garoto seja internado.*
4. House solicita um teste do sono (que parece confirmar os terrores noturnos), um exame de sangue e um exame de imagem do cérebro, no qual os outros médicos não veem nada, mas House observa que uma estrutura do cérebro está ligeiramente deformada, o que ele imagina dever-se a um aumento de pressão do líquido cerebrospinal. *Quarta hipótese diagnóstica: um bloqueio na circulação do líquido cerebrospinal (hidrocefalia) causa aumento da pressão intracraniana, originando os sintomas.*
5. House solicita um exame para analisar a circulação do líquido cerebrospinal. O teste revela bloqueios, e a cirurgia é agendada.
6. Durante a operação, são descobertos alguns marcadores neuroimunológicos associados à esclerose múltipla no líquido cerebrospinal — mas o dano cerebral associado a essa doença não é observado. *Quinta hipótese diagnóstica: esclerose múltipla.*
7. O paciente tem alucinações. House deduz que o garoto tem sofrido de alucinações, e não de terrores noturnos. Isso torna improvável que ele tenha esclerose múltipla, mas é possível que haja infecção cerebral. Testes não mostram evidência de infecção, mas o médico comenta que falsos negativos para neurossífilis ocorrem em 30% das vezes. *Sexta hipótese diagnóstica: neurossífilis.*
8. O paciente apresenta outras alucinações que levam House a crer que ele não tem neurossífilis; se tivesse, estaria melhorando com o tratamento. O médico descobre que o garoto é adotado — os pais esconderam o fato,

até mesmo do garoto. House considera a possibilidade de a mãe biológica do garoto não ter sido vacinada contra sarampo e de que ele tenha contraído a doença em algum momento após os seis meses. Apesar de o garoto ter se recuperado, o vírus sofreu mutação, locomoveu-se até o cérebro e ficou latente por 16 anos. *Diagnóstico final: panencefalite esclerosante subaguda.*

Naturalmente, eu suprimi grande parte de informação desse episódio — que é muito mais interessante do que esse resumo —, mas ainda assim é possível observar alguns comportamentos típicos de um especialista.

House, assim como qualquer médico, é bombardeado por informações: seu próprio exame, resultados de vários testes laboratoriais, dados do histórico médico, etc. Costumamos pensar que maior quantidade de informação é melhor, mas isso não é completamente verdadeiro — leve em consideração a sua reação quando faz uma busca no Google e obtém 5.000.000 de resultados. Estudantes de medicina passam um longo tempo separando o joio do trigo, mas médicos experientes parecem ter um sexto sentido a respeito daquilo que é importante e daquilo que deve ser ignorado. Por exemplo, House mostra pouca preocupação em relação à visão dupla do paciente. (Ele inicialmente diz "Arranje um par de óculos!".) O médico concentrou sua atenção nos terrores noturnos. A experiência também faz House ser mais sensível a pistas sutis que outros desconsideram; é ele quem observa o estranho balançar da perna do garoto e, mais tarde, a ligeira deformação em uma estrutura durante o exame no cérebro.

Como já era de se supor após a discussão no Capítulo 2, os especialistas têm um enorme conhecimento prévio a respeito de seus campos. Mas é preciso mais do que conhecimento para ser um especialista. Especialistas em treinamento geralmente sabem tanto (ou quase tanto) quanto os especialistas estabelecidos. Os médicos sob supervisão de House raramente ficam surpresos quando ele dá um diagnóstico ou chama a atenção para um sintoma. Porém, House pode acessar as informações *corretas* da memória com grande velocidade e precisão — informações que os médicos menos experientes têm em sua memória, as quais, porém, não consideram.

O conhecimento especializado tem impacto até mesmo nos tipos de erros cometidos. Quando especialistas falham, eles falham com estilo. Isto é, quando um especialista não chega à resposta certa, a errada costuma ser um palpite excelente. House frequentemente aparece errando no seu caminho até o diagnóstico correto (a série duraria apenas 5 minutos se ele nunca cometesse erros), mas suas hipóteses são tratadas como se fizessem sentido, enquanto as avaliações do restante da equipe frequentemente não. House ainda irá apontar (geralmente com um notável sarcasmo) que um importante sintoma do paciente (ou a ausência dele) torna impossível o diagnóstico proposto.

Um último aspecto a respeito do desempenho de um especialista não foi ilustrado no exemplo, apesar de ser bastante importante. Os especialistas mostram uma transferência melhor em domínios similares do que os novatos. Por exemplo, um historiador pode analisar documentos fora da sua área de atuação e, ainda assim, chegar a uma conclusão razoável. A análise poderá levar tempo e não ser completamente detalhada ou precisa como seria se o material fosse sobre história, mas ainda será mais parecida com a análise de um especialista do que com a de um novato. Imagine o que poderia acontecer se alguém que tivesse resenhado filmes para a revista *Time* nos últimos 10 anos fosse solicitado a escrever uma coluna de aconselhamento financeiro para o *Wall Street Journal*. Muito da sua perícia poderia estar limitada à escrita sobre filmes, mas grande parte das habilidades (como escrever sentenças coerentes e parágrafos bem estruturados) *seria* transferida, e o resultado certamente seria mais profissional do que o trabalho de um amador.

Comparados aos inexperientes, os especialistas são mais capazes de salientar detalhes importantes, de chegar a soluções sensatas e de transferir seu conhecimento para áreas afins. Essas habilidades são observadas não somente em médicos, mas também em escritores, economistas, paisagistas — e em professores. Por exemplo, professores inexperientes com frequência têm dificuldades em notar maus comportamentos, enquanto especialistas os identificam facilmente. (Não é de se admirar que os alunos comumente imaginem que um professor bastante calejado pareça ter "olhos atrás da cabeça"!) Assim como House, esses professores também recuperam a informação rapidamente. Comparando os experientes aos novatos, os primeiros conseguem pensar em diversas formas de explicar um conceito, e podem pensar nessas alternativas de maneira mais imediata.

O QUE HÁ NA CAIXA DE FERRAMENTAS MENTAL DE UM ESPECIALISTA?

Eu descrevi o que os profissionais experientes são capazes de fazer. Mas o que os torna capazes de fazer o que fazem? Que capacidade de solucionar problemas e que conhecimento especializado são necessários? E como garantir que os alunos obtenham o que é preciso?

Os mecanismos com os quais os especialistas contam são um pouco parecidos com aqueles já descritos. No Capítulo 1, identifiquei a limitação de capacidade na memória de trabalho como um importante obstáculo para o raciocínio bem-sucedido. Ela é o espaço de trabalho em que o pensamento ocorre. Esse espaço, porém, é limitado e, se fica sobrecarregado, perdemos o foco naquilo que estamos fazendo e o pensamento falha. Eu identifiquei duas maneiras de contornar a limitação da memória de trabalho: conhecimento prévio (Capítulo 2) e prática (Capítulo 5). Os principiantes podem ter alguma vantagem por meio desses mecanismos. Os especialistas também utilizam os mesmos recursos, mas sua extensa experiência torna essas estratégias ainda mais eficientes.

Lembre-se de que o conhecimento prévio nos ajuda a superar a limitação da memória de trabalho, pois permite que agrupemos partes das informações — por exemplo, lidar com as letras *B*, *B* e *C* como a unidade *BBC*. Certamente, não é novidade para você que os especialistas têm grande quantidade de conhecimento prévio na sua área de atuação (mas suas mentes têm outra vantagem sobre as nossas). Não significa apenas que existem muitas informações na memória de longo prazo de um especialista, mas que elas estão organizadas diferentemente em relação à memória de longo prazo de um principiante.

Especialistas não pensam em termos de aspectos superficiais, eles pensam em termos de *funções* ou estrutura profunda. Por exemplo, um experimento comparou jogadores de xadrez experientes e novatos.[2] Os participantes observaram brevemente um tabuleiro com as peças em posição de um jogo em andamento. Depois, eles receberam um tabuleiro vazio para tentar recriar o jogo que haviam acabado de ver. Os pesquisadores deram especial atenção à ordem em que os participantes dispuseram as peças. Eles observaram que as pessoas colocavam rapidamente quatro ou cinco peças de volta ao tabuleiro, pausavam, colocavam então outras três ou quatro peças, pausavam, e assim por diante. A pausa era um momento para lembrar a disposição das próximas peças. Os pesquisadores descobriram que os novatos se baseavam na posição — por exemplo, eles primeiro dispunham todas as peças que estavam em um canto do tabuleiro, depois aquelas que estavam em outro canto, e assim sucessivamente. Os especialistas, em contrapartida, baseavam-se em unidades *funcionais*, isto é, as peças eram dispostas não porque estavam próximas uma da outra, mas porque ameaçavam ou protegiam os próximos movimentos (Figura 6.2).

Podemos generalizar dizendo que especialistas pensam de maneira abstrata. Lembre-se de que, no Capítulo 4, eu disse que as pessoas acham as ideias abstratas de difícil compreensão por concentrarem-se na estrutura superficial em

FIGURA 6.2 Nesse experimento, as pessoas observavam rapidamente um tabuleiro de xadrez e deviam repetir a disposição das peças em um tabuleiro vazio. Especialistas e principiantes fizeram isso em etapas — eles colocavam algumas peças, pausavam enquanto se lembravam das próximas posições, então posicionavam mais algumas peças. Os principiantes tendiam a agrupar as peças baseando-se na proximidade (peças próximas ficavam no mesmo agrupamento e na mesma etapa, conforme mostra o tabuleiro da esquerda), enquanto os especialistas agrupavam as peças de acordo com sua função — as que se relacionavam estrategicamente eram posicionadas na mesma etapa, conforme mostra o tabuleiro da direita.
Fonte: © Daniel Willingham.

vez de observarem a estrutura profunda. Os especialistas não têm problemas em compreender abstrações; eles observam a estrutura profunda das questões. Em uma clássica demonstração disso, físicos inexperientes (estudantes que haviam frequentado um curso) e físicos especialistas (estudantes e professores de pós-graduação) receberam 24 problemas de física que deveriam dividir em categorias.[3] Os mais inexperientes criaram categorias baseadas nos objetos contidos nos problemas — aqueles que utilizavam molas eram colocados em uma categoria e os que utilizavam planos inclinados, em outra. Os especialistas, ao contrário, dividiram os problemas de acordo com os princípios da física que importavam para a solução — por exemplo, todos os problemas que se baseavam em conservação de energia eram colocados no mesmo grupo mesmo que usassem molas ou planos (Figura 6.3).

Essa generalização — de que especialistas têm conhecimento abstrato a respeito de tipos de problemas e novatos não — parece ser aplicável aos professores também. Ao se depararem com alguma questão típica de sala de aula, os professores inexperientes geralmente tentam resolver o problema, mas os especialis-

Novato 2: *"Velocidade angular, momento*, coisas circulares."

Novato 3: "Cinemática *rotacional*, velocidades *angulares*."

Novato 6: "Problemas que têm alguma *rotação*: velocidade *angular*."

Equilíbrio

Especialista 2: *"Conservação de energia."*

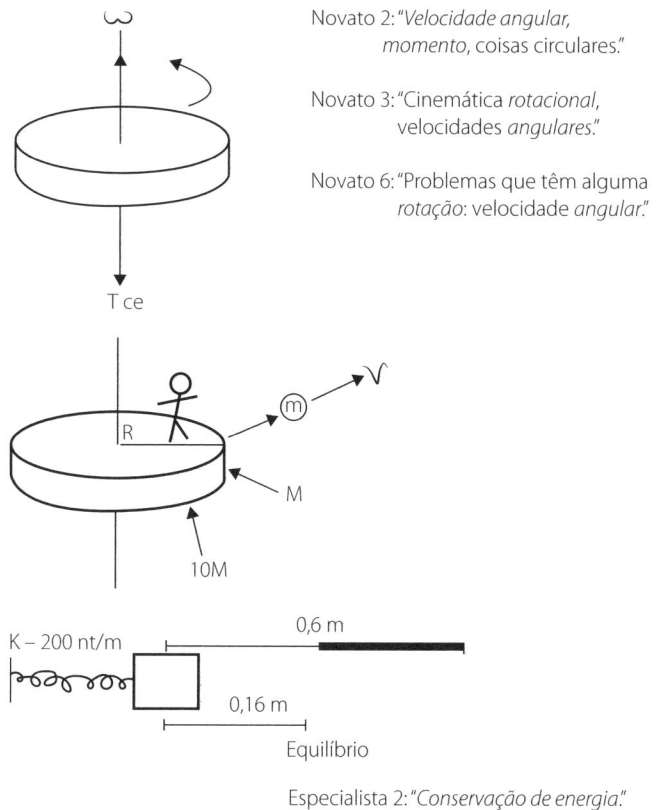

Especialista 3: *"Teorema energia-trabalho.* São todos problemas fáceis de compreender."

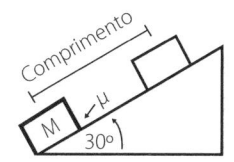

Especialista 4: "Eles podem ser resolvidos a partir de considerações sobre energia. Você deve conhecer *o princípio de conservação de energia*, caso contrário, o trabalho estará de certa forma perdido."

FIGURA 6.3 Novatos tendem a agrupar as duas primeiras figuras na mesma categoria porque ambas envolvem a rotação de um disco. Especialistas tendem a agrupar as duas figuras abaixo na mesma categoria porque ambas utilizam o princípio de conservação de energia em suas soluções.

Fonte: CHI, M. T. H.; FELTOVICH, P. J.; GLASER, R. Categorization and representation of physics problems by experts and novices. *Cognitive Science*, 5, p. 121-152, 1981, Figura 1, p. 126. Copyright © 1981 Lawrence Erlbaum Associates. Reproduzida com permissão de John Wiley and Sons, via Copyright Clearance Center.

tas primeiro procuram definir o problema, reunindo mais informação se necessário. Portanto, professores experientes têm conhecimento sobre diferentes *tipos* de problemas de sala de aula. Não surpreende que os especialistas, nesse caso, resolvam as questões de forma a tratar as causas e não simplesmente o incidente comportamental. Por exemplo, é provável que um professor mais experiente faça uma mudança permanente na disposição dos assentos em sala de aula.

No Capítulo 4, eu disse que a transferência é dificultada porque os principiantes tendem a se concentrar nos aspectos superficiais e não são muito bons em observar as relações abstratas e funcionais que são a chave para resolver problemas. Ora, *isso* é o que os especialistas são peritos em fazer. Eles contam com representações de problemas e situações em sua memória de longo prazo, e essas representações são abstratas. É por isso que os especialistas são capazes de ignorar detalhes pouco importantes e focarem nas informações úteis; pensar de maneira funcional torna óbvio o que é importante — razão pela qual eles também mostram melhor transferência em relação a novos problemas. Questões que diferem superficialmente são reconhecidas a partir de sua estrutura profunda e abstrata. Assim, as conclusões dos especialistas são geralmente sensatas, ainda que não completamente corretas. Por exemplo, um médico experiente pensa em termos de fisiologia. Ele conhece o funcionamento do corpo suficientemente bem para intuir como essa fisiologia está se comportando por trás de sintomas externos; seu conhecimento é muito rico a ponto de ele raramente, se ocorrer, dizer algo autocontraditório ou absurdo. Em contraste, estudantes de medicina podem reconhecer padrões de sintomas que tenham memorizado. Contudo, ao não pensar de maneira funcional, quando encontram um padrão pouco familiar, eles não têm certeza de como interpretá-lo.

A segunda maneira de contornar a capacidade limitada da memória de trabalho é praticar procedimentos até que eles se tornem automáticos e não ocupem espaço na memória de trabalho. Amarre seus cadarços algumas centenas de vezes e você não precisará mais pensar ao fazer isso — seus dedos simplesmente repetem a rotina sem nenhum encargo de processo mental que possa ocupar a memória de trabalho. Especialistas têm automatizadas diversas rotinas utilizadas frequentemente em procedimentos que, no início da sua formação, demandavam um pensamento concentrado. Cirurgiões experientes podem suturar um corte automaticamente. Professores experientes têm rotinas com as quais começam e terminam as aulas, chamam a atenção, lidam com perturbações, e assim por diante. É interessante observar que professores iniciantes com frequência planejam suas aulas, estruturando exatamente o que dirão. Os mais experientes não fazem isso. Eles planejam diferentes maneiras pelas quais discutirão ou demonstrarão um conceito, mas não escrevem *scripts*; isso sugere que traduzir ideias abstratas em palavras que seus alunos possam entender é um processo que se tornou automático.

Portanto, os especialistas economizam espaço na memória de trabalho adquirindo *background* extensivo e funcional e tornando automáticos certos processos mentais. O que eles fazem com esse espaço extra na memória de trabalho? Ora, uma coisa que eles fazem é falar consigo mesmos. Que tipo de conversa um especialista tem internamente? Com frequência, ele fala sobre um problema em que está trabalhando — e faz isso no nível abstrato que acabou de ser descrito. O especialista em física diz coisas como "Este provavelmente será um problema de conservação de energia. Iremos converter a energia potencial em energia cinética".[4]

O interessante sobre essa fala interior é que o especialista delineia implicações a partir dela. O físico recém citado delineou uma hipótese sobre a natureza do problema e, à medida que continuar lendo, irá avaliar se sua ideia era correta. De fato, esse especialista disse depois "Agora tenho total certeza. Nós iremos comprimir a mola e isso resultará em mais energia potencial". Assim, os especialistas não narram simplesmente aquilo que estão fazendo. Eles geram hipóteses e testam sua própria compreensão pensando sobre as implicações das possíveis soluções. Pensar consigo mesmo ocupa a memória de trabalho, por isso é bem menos provável que iniciantes façam isso. Se conversarem internamente, aquilo que disserem presumivelmente será mais superficial do que a fala de um especialista. Eles refraseiam o problema ou o mapeiam de maneira familiar. Quando os iniciantes falam para si mesmos, eles narram o que estão fazendo, mas isso não tem o valor benéfico de autotestagem que o diálogo interior de um especialista tem.

COMO FAZER OS ALUNOS PENSAREM COMO ESPECIALISTAS?

Eu comentei as capacidades de cientistas, historiadores, matemáticos e outros especialistas. Os problemas e as situações que eles observam na sua área de atuação são avaliados de maneira funcional em vez de em um nível superficial. Ver as coisas dessa maneira permite que eles capturem importantes detalhes entre uma grande quantidade de informações, produzam soluções que sempre são sensatas e consistentes (mesmo que não estejam sempre certos) e mostrem alguma transferência de conhecimento a campos correlatos. Além disso, muitas das tarefas que os especialistas rotineiramente realizam tornaram-se automáticas devido à prática.

Parece ótimo. Como podemos ensinar nossos alunos a fazer isso? Infelizmente, a resposta não é exatamente animadora. Sem dúvidas, oferecer aos iniciantes conselhos como "fale consigo mesmo" ou "pense de maneira funcional" não funciona. Os especialistas fazem isso apenas porque sua caixa de ferramentas mental permite. O único caminho para a perícia, até onde se sabe, é a prática (Figura 6.4).

Diversos pesquisadores tentaram compreender a perícia (*expertise*) examinando as vidas dos especialistas e comparando-as àqueles que podemos chamar de quase-especialistas. Por exemplo, um grupo de pesquisadores solicitou que violinistas fizessem uma estimativa do número de horas diárias que praticavam o instrumento em diferentes idades.[6] Alguns dos participantes (profissionais) já faziam parte de orquestras conhecidas internacionalmente. Outros eram estudantes de música com vinte e poucos anos. Alguns estudantes (os melhores violinistas) foram considerados por seus professores como tendo potencial para carreira de solista internacional; outros (os "bons" violinistas) estudavam com o

FIGURA 6.4 O Carnegie Hall, em Nova York, é um renomado local de concertos. Uma antiga piada falava sobre um jovem que parou uma senhora em uma rua de Manhattan e perguntou "Por obséquio, minha senhora, como eu chego ao Carnegie Hall?", ao que a mulher calmamente respondeu "Pratique, pratique, pratique". A seção de perguntas frequentes do *site* do Carnegie Hall faz menção a essa piada, e a pesquisa em psicologia indica que isso é verdade.[5] Perícia requer, de fato, prática extensiva.
Fonte: © Getty Images/Roy Rochlin.

mesmo objetivo, mas seus professores achavam que eles tinham menos potencial. Os participantes de um quarto grupo estudavam não para serem profissionais, mas para serem professores de música. A Figura 6.5 mostra a média cumulativa do número de horas que cada um dos quatro grupos praticou entre os 5 e os 20 anos. Embora os bons e os melhores violinistas estudassem na mesma academia, houve uma significativa diferença na quantidade de prática desde a infância. Outras pesquisas mostram a importância da prática para uma ampla gama de habilidades, desde esportes até jogos como xadrez.

Outros estudos adotaram uma abordagem biográfica mais detalhada. Nos últimos 50 anos, houve alguns poucos exemplos nos quais um pesquisador obteve acesso a um bom número (dez ou mais) de eminentes cientistas que concordaram em submeter-se a longas entrevistas, testes de personalidade e de inteligência, etc. O pesquisador, então, buscava similaridades no *background*, nos interesses e nas habilidades. Os resultados desses estudos são bastante consistentes em uma descoberta surpreendente. As grandes mentes da ciência não eram distinguidas

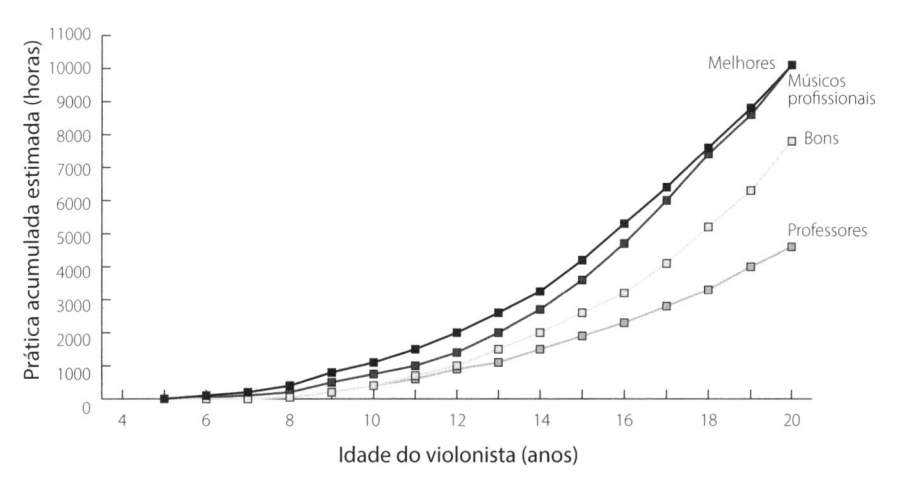

FIGURA 6.5 Pesquisadores perguntaram a violinistas quantas horas por semana (em média) eles praticaram em diferentes idades. Este gráfico mostra o total de horas acumuladas ao longo dos anos, tornando mais fácil observar tendências. Os melhores alunos relataram praticar tanto quanto os profissionais de meia idade; isso é mais do que os bons violinistas disseram praticar. De fato, aos 20 anos, os melhores violinistas tinham acumulado quase 50% a mais de tempo do que os bons violinistas. Não surpreende o fato de que os futuros professores de música tenham praticado muito menos (apesar de serem, obviamente, violinistas bastante competentes pela maioria dos padrões).

Fonte: ERICSSON, K. A.; KRAMPE, R. T.; TESCH-RÖMER, C. The role of deliberate practice in the acquisition of expert performance. *Psychological Review*, 100, p. 363–400, 1993, Figura 9, p. 379. Copyright © 1993 by the American Psychological Association.

como excepcionalmente brilhantes, conforme as medidas dos testes padronizados de QI. Elas eram de fato muito inteligentes, mas não no grau de excelência que sua importância em suas áreas poderia sugerir. O mais singular foi a capacidade desses cientistas de manter-se no trabalho. Grandes nomes da ciência são quase sempre viciados em trabalho *(workaholics)*. Cada um de nós conhece seu limite; em certo ponto, necessitamos parar para assistir a algum programa de TV, checar o *Instagram* ou algo do tipo. Os grandes cientistas têm uma notável persistência e seu limiar de exaustão mental é bastante alto (Figura 6.6).

Angela Duckworth examinou essa qualidade não apenas em cientistas, mas também em músicos, cadetes de West Point, competidores de concursos de soletração e outros. Assim como os cientistas mais bem-sucedidos não são necessariamente aqueles com o QI mais alto, os pesquisadores também tiveram dificuldade em identificar características de pessoas muito bem-sucedidas em outros campos, além de "eles se dedicaram mais a isso do que outros". Duckworth identificou dois componentes essenciais da personalidade — persistência e paixão por um objetivo de longo prazo — e chamou essa combinação de "garra".

O conceito capturou a imaginação popular em muitos países e foi descaracterizado de várias maneiras. Acho útil como uma construção científica — ou seja,

FIGURA 6.6 Thomas Alva Edison é famoso por ter inventado ou melhorado significativamente a lâmpada, o fluoroscópio, o fonógrafo e os filmes. Ele também se tornou famoso pelos seus hábitos de trabalho: 100 horas por semana não eram incomuns, e ele frequentemente cochilava no seu laboratório em vez de dormir em casa.
Fonte: © Getty Images/Bettmann.

ajuda os cientistas a entender por que algumas pessoas trabalhariam muito diligentemente por *anos* em um único objetivo —, mas acredito que é errado supor que podemos produzir isso nos alunos, muito menos a partir de um tópico de *nossa* escolha (trabalhos escolares). Metade da garra é paixão — trata-se daquilo que o aluno ama.

Persistente e passional ou não, ninguém se torna especialista a não ser que dedique tempo a isso — outra implicação da importância da prática. Diversos pesquisadores endossaram a "regra dos 10 anos": não se pode vir a ser um especialista em qualquer campo em menos de 10 anos, não importa se o objetivo é ser um físico, um golfista ou um matemático.[7] Essa regra foi aplicada a diversos campos, como composição musical, matemática, poesia, natação e venda de carros. Argumentou-se que prodígios, como Mozart — que começou a compor aos 5 anos —, não são exceções à regra dos 10 anos, porque suas primeiras produções eram geralmente imitativas e não reconhecidas como excepcionais por seus pares. Mesmo que admitamos alguns prodígios a cada século, a regra dos 10 anos sustenta-se bastante bem.

Não há nada de mágico a respeito de uma década; parece apenas ser esse o tempo para adquirir conhecimento e desenvolver o automatismo do qual falamos neste capítulo.[a] De fato, tem sido mostrado que aqueles com menos tempo para praticar levam mais do que uma década; em campos em que há menos para aprender — por exemplo, corrida ou levantamento de peso —, pode se chegar à excelência em poucos anos de prática. Na maioria dos campos, entretanto, 10 anos é uma excelente regra a ser seguida. Além disso, o estudo e a prática não acabam quando se atinge o *status* de especialista. O trabalho deve continuar se o *status* tiver que ser mantido (Figura 6.7).

RESUMO

Começamos analisando quatro características dos especialistas. Primeiro, eles parecem ter um sexto sentido sobre quais informações podem ignorar com segurança e quais informações são importantes. Em segundo lugar, eles percebem aspectos sutis dessas informações (imperceptíveis aos novatos) porque prestam muita atenção a características particularmente importantes, de modo que as sutilezas são mais óbvias para eles. Terceiro, eles falham com estilo, o que significa que, mesmo quando cometem um erro, seu curso de ação foi, em retrospecto, sensato. Quarto, em comparação aos novatos, o conhecimento dos especialistas se transfere melhor para novas situações. Eles são capazes de

FIGURA 6.7 Especialistas continuam praticando. (A) O grande pianista de jazz Hank Jones no dia em que recebeu o Grammy de Contribuição em Vida. Aos 87 anos, um entrevistador perguntou se Jones ainda praticava. Ele respondeu: "Oh! Mas é claro! É claro que sim. Eu não vejo como alguém poderia chegar lá sem praticar. Eu pratico as escalas, faço exercícios...".[8] (B) O lendário perito em artes marciais Pan Qingfu, mostrado aqui em uma cena do filme *Iron & Silk*, manifestou de forma mais direta sua opinião sobre a prática: "Mestres saboreiam o amargor todos os dias de suas vidas, ponto final".[9] Nesse contexto, "saborear o amargor" significa suportar o sofrimento que vem da prática incansável.
Fonte: Jones © Getty Images/Rick Diamond; Qingfu © Getty Images/Michael Ochs Archives.

fazer essas quatro coisas porque sua experiência lhes permite ver a estrutura profunda. Por fim, revisamos pesquisas mostrando que o ingrediente-chave para se tornar um especialista é a prática estendida.

IMPLICAÇÕES PARA A SALA DE AULA

Os especialistas não são melhores do que os iniciantes em simplesmente pensar sobre seus campos, na verdade, eles pensam de maneiras qualitativamente diferentes. Seus alunos não são especialistas, são novatos. Como isso deve ter impacto em sua prática pedagógica?

Os alunos estão prontos para compreender, mas não para criar conhecimento

Após ler este capítulo, você deve ter uma boa ideia de como matemáticos, cientistas e historiadores diferem dos principiantes. Eles trabalharam em seus campos de atuação durante anos; o conhecimento e a experiência que acumularam permitem que eles pensem de maneiras às quais o resto de nós não está apto.

Portanto, tentar fazer seus alunos pensarem como especialistas não é um objetivo realista. Sua reação pode ser "Ora, certo. Eu nunca esperei realmente que meus alunos fossem ganhar um Nobel! Eu só quero que eles compreendam um pouco de ciências". Esse é um objetivo válido, *e é bastante diferente de querer que os alunos pensem como cientistas.*

Estabelecer uma distinção entre *compreensão de conhecimento* e *criação de conhecimento* pode ajudar. Especialistas criam. Por exemplo, cientistas criam e testam teorias sobre fenômenos naturais; historiadores criam interpretações narrativas sobre eventos históricos; matemáticos criam provas e descrições de matrizes complexas. Especialistas não somente compreendem seu campo, como também lhe fornecem novos conhecimentos.

Um objetivo mais modesto e realista para seus alunos seria a *compreensão do conhecimento*. Um aluno pode não ser capaz de desenvolver sua própria teoria científica, mas ele pode desenvolver uma compreensão profunda de uma teoria existente. Uma aluna pode não ser capaz de escrever uma nova narrativa sobre um fato histórico, mas ela pode acompanhar e compreender uma narrativa que outra pessoa escreveu.

A aprendizagem não precisa parar aqui. Os alunos também podem entender como a ciência funciona e progride, *mesmo que ainda não sejam capazes de utilizar esse processo muito bem*. Por exemplo, os estudantes poderiam aprender sobre as principais descobertas científicas como um meio de compreender a ciência enquanto um método de contínuo refinamento de teorias, e não como "descobertas" de leis imutáveis. Eles podem ler diferentes descrições sobre a Conferência de Ialta como uma maneira de aprender como os historiadores desenvolvem narrativas.

Você pode achar útil pensar no desenvolvimento da *expertise* em etapas. Primeiro, entenda e aprecie o que os especialistas alcançam e por que isso é especial. Segundo, entenda os métodos dos especialistas analisando como eles realizam seus objetivos. Terceiro, trabalhe para que os alunos utilizem os métodos, mesmo que eles não tenham o conhecimento e a experiência necessários, como forma de aprofundar sua compreensão.

Só porque os alunos não conseguem criar como especialistas, não significa que não devam fazê-lo

Eu disse que uma diferença fundamental entre um especialista e um amador muito bem informado reside na capacidade do especialista de criar novos conhecimentos *versus* a capacidade do amador de compreender conceitos criados por outras pessoas. Ora, o que acontece se você solicitar que seus alunos criem novos conhecimentos? Qual será o resultado se você pedir que eles desenvolvam um experimento científico ou analisem um documento histórico? Nada terrível aconteceria, obviamente. O resultado mais provável seria eles não obterem grande êxito — por razões já descritas neste capítulo e no Capítulo 2: seria necessária uma quantidade expressiva de conhecimento prévio e experiência.

No entanto, um professor deve ter outras razões para pedir que os alunos façam essas coisas. Por exemplo, ele poderia pedir que os estudantes interpretassem os resultados de um experimento laboratorial não com a expectativa de ensiná-los a pensar como cientistas, e sim para enfatizar um fenômeno em particular ou para direcionar a atenção deles para a necessidade de intensa observação do resultado de uma experiência.

Propostas que requeiram criatividade também podem ser motivadoras. Uma aula de música pode enfatizar prática e técnica acurada, mas também pode encorajar os alunos a compor suas próprias obras simplesmente porque eles acharão isso interessante e divertido. Tal prática é necessária ou útil para que os alunos acabem pensando como músicos? Possivelmente não. Os estudantes ainda não têm o equipamento cognitivo pronto para compor, mas isso não significa que eles não tirarão proveito tentando, e essa é uma razão suficientemente boa.

O mesmo vale para feiras de ciências. Eu fui jurado de diversas feiras e os projetos eram, em sua maioria, — não querendo exagerar — terríveis. As questões que os estudantes tentam responder são geralmente simplórias, uma vez que não são fundamentais para o campo; os alunos aparentam não terem aprendido muito sobre o método científico, porque seus experimentos são estruturados de maneira superficial e sua análise das informações parece pouco razoável. Alguns deles, porém, ficam bastante orgulhosos do que fazem e seu interesse em ciências ou engenharia recebe um impulso. Portanto, apesar de o aspecto *criativo* do projeto ser comumente um fiasco, feiras de ciências parecem ser um bom caminho para a motivação. (E nem sempre é um fiasco. De vez em quando, os alunos fazem algo realmente criativo!)

O principal a saber é que apresentar aos alunos desafios que requerem a criação de algo novo é uma tarefa além do alcance deles — mas isso não quer dizer que você não deve propor essas tarefas. Apenas mantenha em mente o que os alunos irão ou não ganhar com isso.

Encorage e aconselhe: "praticar produz avanços"

As pesquisas sobre a prática podem nos fazer repensar as maneiras como conversamos com os alunos sobre suas esperanças e seus sonhos. Por um lado, esses trabalhos oferecem uma mensagem esperançosa: biologia não é destino — se por "biologia" queremos dizer talento herdado. Veremos essa questão mais detalhadamente no Capítulo 8, mas já observamos que o diferencial entre o extremamente bem-sucedido e o comum é o trabalho árduo e contínuo. Assim, podemos e devemos incentivar o aluno que quer ser um grande cientista ou romancista, mesmo que ele não demonstre um talento excepcional. As pesquisas que analisamos indica que o aluno deve ser informado de que pode ter sucesso se trabalhar muito.

Ainda assim, esse tipo de incentivo vem com seu próprio conjunto de problemas. O incentivo não equivaleria a dizer "Sim, você certamente pode ser um grande cientista! Basta ser um *workaholic* por no mínimo 10 anos!". Você não deve oferecer esse conselho desanimador. Existe uma maneira mais sensata de pensar sobre a prática e o futuro dos alunos?

Lembre-se de que a regra dos 10 anos se aplica a realizações *excepcionais*: não apenas ser bom em alguma coisa, mas ser de alguma forma um pioneiro. Seu aluno pode não ser um *workaholic* e pode não alcançar esse *status*, mas ainda pode contribuir para seu campo e ficar muito feliz em fazê-lo.

Mesmo esse objetivo mais modesto ainda exige muito trabalho duro por um longo período. Felizmente, o aluno pode ver evidências de progresso no decorrer do caminho, e acho que essa é a chave para manter a motivação por bastante tempo. Não se concentre tanto na meta ambiciosa em si, mas nas estações de passagem, nos estágios intermediários do sucesso. Substitua o mantra "a prática leva à perfeição" por "a prática produz avanços".

Não espere que novatos aprendam fazendo aquilo que especialistas fazem

Ao pensar sobre como ajudar os alunos a obter alguma habilidade, parece bastante natural encorajá-los a seguir alguém que já sabe fazer aquilo que você deseja que eles façam. Portanto, se você quer que seus alunos saibam programar Python, encontre alguém que seja bom nisso e treine sua turma com métodos que essa pessoa usa. Por mais lógica que essa técnica pareça, ela pode ser um erro porque, conforme eu enfatizei, existem diferenças significativas entre o modo como especialistas e aprendizes pensam.

Considere este exemplo: como devemos ensinar leitura? Se você observar um leitor experiente, ao ler, ele faz menos movimentos oculares do que um leitor menos habilidoso. Assim, poderia ser dito que a melhor maneira de ler é reconhecendo palavras inteiras e que os alunos devem ser ensinados por meio desse método desde o início, pois é assim que bons leitores leem. De fato, um antigo livro de psicologia educacional que tenho em minha estante cita os dados mostrados na Figura 6.8 e sustenta exatamente esse argumento.[10]

Tais argumentos deveriam ser analisados com cautela. Nesse caso, sabemos a partir de outros dados que leitores experientes conseguem focar em uma palavra inteira de uma só vez, mas eles não começaram lendo dessa forma. Da mesma maneira, tenistas profissionais passam grande parte do seu tempo durante uma partida pensando sobre a estratégia e tentando antecipar as jogadas do seu oponente. Porém, não podemos dizer a amadores para pensarem sobre a estratégia, pois eles precisam pensar a respeito do movimento dos pés e sobre os fundamentos de suas batidas.

Sempre que observar um especialista fazendo algo de maneira diferente da de um não especialista, pode ser que o especialista costumasse fazê-lo da mesma

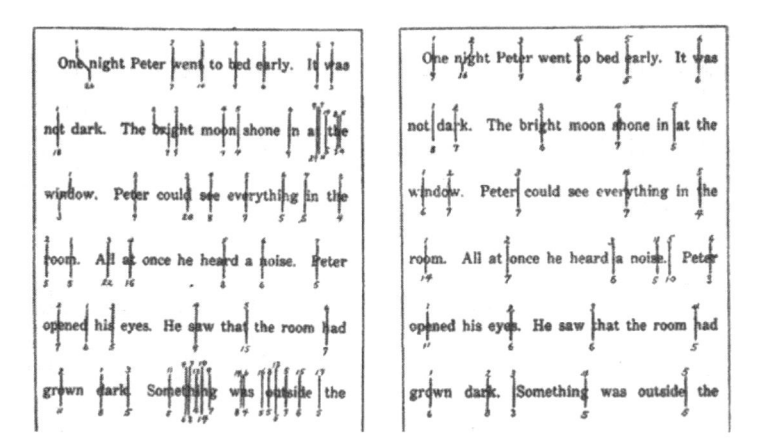

FIGURA 6.8 Cada linha mostra onde os olhos do leitor pousaram quando leram um parágrafo. À esquerda resultados típicos de um leitor iniciante e à direita resultados de um leitor experiente. É verdade que os olhos de um leitor experiente param menos frequentemente quando comparado aos de um novato (se você nunca fez isto antes, observe os olhos de alguém enquanto lê — é interessante), mas isso não significa que a estratégia do especialista seja aquela que o iniciante pode usar.

Fonte: BUSWELL, G. T. Fundamental reading habits: a study of their development. *Supplemental Educational Monographs*, publicado em conjunto com *The School Review and The Elementary School Journal*, v. 23, n. 3, p. 231-232, 1922. Copyright © 1922 by The University of Chicago.

maneira que o aprendiz, e isso seja um passo necessário no caminho para se tornar um especialista. Ralph Waldo Emerson expressou isso mais artisticamente: "Todo artista foi primeiro um aprendiz".[11]

NOTA

[a] Você pode ter ouvido o número de 10.000 horas, em vez de uma década, como o tempo necessário para adquirir *expertise*. Esse número veio do livro *Outliers*, de Malcolm Gladwell. E Anders Ericsson, em seu próprio livro *Peak*, aborda várias maneiras pelas quais esse cálculo é impreciso. A principal coisa a se ter em mente é que, quando você visa à especialização, está olhando para um processo que leva anos.

LEITURAS COMPLEMENTARES

Menos técnico

BLOOM, B. S. *Developing talent in young people*. Nova York: Ballantine Books, 1985. Essa obra é produto de uma pesquisa com 100 destacados especialistas em diversos campos: atletas, cientistas, músicos, etc. A mensagem do livro é a de que especialistas não nascem, mas são feitos; são também descritos os métodos pelos quais os especialistas são treinados.

DUCKWORTH, A. *Grit*: the power of passion and perseverance. New York: Scribner, 2016. Além de uma visão geral da "garra" como um construto científico, esse livro tem uma narrativa maravilhosa.

ERICSSON, A.; POOL, R. *Peak*: secrets from the new science of expertise. Houghton: Mifflin Harcourt, 2016. Livro de fácil leitura sobre como especialistas se tornam especialistas. Ericsson é amplamente considerado pioneiro nesse campo.

SIMON, H. A.; CHASE, W. G. Skill in chess. *American Scientist*, v. 61, n. 4, p. 394-403, 1973. Um artigo clássico que inclui a proposta da regra dos 10 anos e a estimativa de que 50 mil posições de jogo são armazenadas na mente de um jogador de xadrez profissional.

Mais técnico

ERICSSON, K. A.; HOFFMAN, R. R.; KOZBELT, A. *The cambridge handbook of expertise and expert performance*. Cambridge: Cambridge University, 2018. v. 2. Manual abrangente de pesquisa em psicologia sobre como especialistas se tornam especialistas.

HOGAN, T.; RABINOWITZ, M.; CRAVEN, J. A. Representation in teaching: inferences from research of expert and novice teachers. *Educational Psychologist*, v. 38, p. 235-247, 2003. Esse artigo revisa a pesquisa sobre as diferenças entre professores experientes e iniciantes a partir de uma perspectiva cognitiva.

KÖNIG, J. et al. Is teachers' general pedagogical knowledge a premise for noticing and interpreting classroom situations? A video-based assessment approach. *Teaching and Teacher Education*, v. 38, p. 76-88, 2014. Esse estudo mostra que a interpretação das situações de sala de aula é influenciada pelo conhecimento pedagógico dos professores.

MO, Y.; TROIA, G. A. Predicting students' writing performance on the NAEP from student- and state-level variables. *Reading and Writing*, v. 30, n. 4, p. 739-770, 2017. Esse estudo mostrou que os alunos que escreviam mais na escola tendiam a pontuar melhor na parte escrita da National Assessment of Educational Progress (o "boletim da nação"). Esse é um daqueles estudos cujo resultado parece uma obviedade. Contudo, ainda é importante fazer essa pesquisa, apesar da previsibilidade. Como você já viu a essa altura do livro, às vezes nos surpreendemos!

WOLFF, C. E. et al. Teacher vision: expert and novice teachers' perception of problematic classroom management scenes. *Instructional Science*, v. 44, n. 3, p. 243-265, 2016. Estudo dos movimentos oculares em professores iniciantes e experientes. Assim como os especialistas em xadrez se concentram nas partes do tabuleiro que contêm mais informações, os professores especialistas observam principalmente as partes da sala de aula que contêm muitas informações.

QUESTÕES PARA DISCUSSÃO

1. Pesquisas mostram que professores de pré-escola tendem a descrever a ciência como uma identidade ("hoje vamos agir como cientistas"). Em um estudo, os pesquisadores a descreveram como uma atividade ("hoje vamos fazer ciência") e descobriram que as crianças persistiam por mais tempo em tarefas científicas dias depois. Esse foi apenas um estudo, que está longe de ser definitivo, mas vale a pena pensar sobre a questão de forma mais ampla. Como podemos fazer a perícia — de um cientista, de um historiador, de um escritor — parecer mais acessível aos estudantes, mais próxima, mais possível?

2. Revisamos várias diferenças na cognição de novatos e especialistas: especialistas automatizaram partes rotineiras de tarefas comuns, têm conhecimento amplo que permite agrupamento e seu conhecimento é organizado funcionalmente. Pense na sua prática pedagógica, talvez considerando a gestão da sala de aula e a instrução separadamente. (Ou da maneira que achar melhor.) Você sente que tem essas três capacidades cognitivas em sua prática? (Ou, se você é relativamente novo no ensino, você as vê se desenvolvendo?) Qual das três valeria maior esforço? Você pode imaginar uma maneira de obter maior prática ou melhor *feedback* enquanto trabalha para desenvolvê-la?

3. Os alunos obviamente não se tornarão especialistas em tudo — examinamos como é difícil se tornar um verdadeiro especialista em apenas uma coisa. Supomos que as escolas devem ter como meta que cada aluno seja um especialista em *alguma* coisa? Outro objetivo plausível é que os alunos não precisam ser especialistas em nada, mas devem ser competentes em uma

série de coisas. Simplesmente por causa do tempo e dos recursos, há uma tensão entre esperar que os alunos sejam capazes em muitas disciplinas *versus* serem capazes em menos, mas no caminho da especialização em alguma coisa. O que sua escola está fazendo? Como seria se a meta mudasse?

4. "Garra" refere-se à paixão e à persistência em perseguir um objetivo de longo prazo. Nem todo aluno vai ser especialmente apaixonado e persistente, e daqueles que o são, pode ser não mais do que um punhado que se interesse sobre coisas relacionadas ao trabalho escolar: um pode ser curioso sobre apicultura, outro sobre pesca e um terceiro sobre escalada. Que responsabilidade, se houver, uma escola tem para incentivar e capacitar nos alunos as paixões que estão fora das disciplinas escolares típicas?

5. Uma das razões pelas quais a "garra" tem sido tão controversa é que ela pode ser interpretada como uma carga jogada sobre a criança como única responsável pela aprendizagem. Ou seja, se a criança não aprende, não é porque sua família luta contra a pobreza, nem porque seu professor é desqualificado, nem porque o currículo é desorganizado, nem porque sua escola é subfinanciada... ela simplesmente não é suficientemente aplicada. Por mais ridícula que seja essa posição, pode-se ir longe demais na outra direção. Existem desafios além do controle de um aluno que devemos reconhecer que afetam seu sucesso (e que devemos tentar remediar), mas à medida que os estudantes crescem, começamos a esperar que eles assumam mais responsabilidade por sua própria aprendizagem. Eles são solicitados a ler em casa, a se prepararem para os testes por conta própria, e assim por diante. Existe uma maneira sensata de pensar sobre essa tensão? Podemos ir além da conclusão de que a resposta está em algum lugar no meio?

6. Adotei o que pode ser considerada uma visão extrema sobre a questão da criatividade dos alunos, alegando que poucos têm as habilidades e o conhecimento para realmente pensar como um cientista, um historiador ou outro especialista. Você pode argumentar, por sua vez, que muito pouco esforço é necessário para identificar as crianças que podem se destacar nesse nível. "Dotados" ou "laureados" geralmente é apenas outro nome para uma classe monitorada, voltada para um número relativamente grande de alunos bem-sucedidos academicamente. E o que fazer em relação àquele 1 em 100 ou 1 em 1000 que ainda está meio entediado nessa classe porque pode realmente se sobressair? A escola deve-lhe um tutor? Uma oportunidade de frequentar uma faculdade local? Ou é suficiente imaginar que isso acontecerá com o tempo?

7

Como ajustar o ensino aos diferentes tipos de aprendizagem?

Pergunta: Todas as crianças são diferentes. É verdade que alguns alunos aprendem melhor de maneira visual (precisam ver para aprender) e outros de maneira auditiva (precisam ouvir para aprender)? O que dizer sobre pensadores holísticos *versus* lineares? Parece-me que adaptar o ensino a cada estilo cognitivo seria de enorme significado; talvez alunos problemáticos se saíssem muito melhor com outros métodos de ensino. Ao mesmo tempo, oferecer múltiplos estilos de aprendizagem na mesma sala de aula implica um enorme fardo para o professor. Quais diferenças são importantes?

Resposta: É importante manter-se atento ao que significa realmente *estilos de aprendizagem*. A previsão de qualquer teoria sobre estilos de aprendizagem é a de que o método de ensino A pode ser bom para Javier e ruim para Daiana, enquanto o método B pode ser bom para Daiana e ruim para Javier. Além disso, essa diferença entre Javier e Daiana persiste — isto é, Javier prefere consistentemente um tipo de ensino e Daiana prefere outro. Uma quantidade significativa de pesquisas explorando tal ideia tem sido conduzida nos últimos 50 anos. Encontrar a diferença entre Javier e Daiana, que poderia ajustar-se a um padrão, tem sido o Santo Graal da pesquisa educacional. Mas não foi encontrada evidência consistente capaz de sustentar uma teoria que descreva tal diferença. O princípio cognitivo que orienta este capítulo é:

> As crianças são mais semelhantes do que diferentes em termos de como pensam e aprendem.

Observe que o que se diz não é que todas as crianças são semelhantes, nem que os professores devam tratá-las como se fossem idênticas. Naturalmente, algumas gostam de matemática enquanto outras são melhores em inglês. Algumas crianças são tímidas e outras são extrovertidas. Os professores interagem com cada uma delas de maneira diferente, assim como interagem com seus amigos, mas devem estar conscientes de que, até onde os cientistas puderam determinar, não existem, categoricamente, diferentes tipos de aprendizes.

ESTILOS E CAPACIDADES

Comecemos com algumas questões. Suponha que você é um professor de biologia do ensino médio. Você tem uma aluna, Kathy, que é bastante problemática. Ela parece dar o seu melhor, e você passa um tempo extra com essa aluna, mas os resultados continuam sendo os mesmos. Você discute o problema com alguns amigos professores e descobre, entre outras coisas, que Kathy é considerada uma poeta talentosa. Você consideraria o fato de pedir ao professor de português para trabalhar em conjunto, relacionando poesia às aulas de biologia, no desejo de que ela apreendesse melhor os conceitos?

Eis outro caso. Assim como Kathy, Leo está enfrentando problemas em sua aula de biologia. Ele gosta de ciências, mas tem sérias dificuldades em compreender o ciclo de Krebs. Sua baixa pontuação em uma prova fez com que seus pais solicitassem uma reunião. Eles acreditam que o problema reside na maneira como o material é apresentado — o ciclo de Krebs tem sido ensinado de maneira linear e Leo costuma pensar holisticamente. Os pais do garoto perguntam gentilmente se existe uma maneira de proporcionar ao filho um novo material em uma forma holística, em vez de em uma forma sequencial, e colocam-se à disposição para contribuir com essa aprendizagem em casa. O que você responderia a eles?

É óbvio que os alunos são diferentes. As histórias apenas exemplificam a grande esperança inerente: os professores podem utilizar as diferenças para atingir os alunos. Por exemplo, um professor pode aproveitar um aspecto forte do aluno para trabalhar um aspecto fraco (como o conhecimento de Kathy sobre poesia pode ajudá-la a compreender ciências). Uma segunda possibilidade é a de que os educadores podem valer-se das diferenças de aprendizagem entre os alunos — por exemplo, se Leo não compreende muito bem um conceito, pode ser por causa de uma equivalência fraca entre como ele aprende e como o conteúdo é ensinado. Mudanças relativamente pequenas na exposição podem fazer um conteúdo difícil se tornar de fácil compreensão.

Precisamos admitir, porém, que essas possibilidades estimulantes implicam mais trabalho para o professor. Lidar com um aspecto forte do aluno ou modificar a maneira pela qual o conteúdo é apresentado significa mudar seu ensino e, potencialmente, fazer algo diferente por aluno em sala de aula. Isso parece requerer uma grande quantidade de trabalho extra. Vale a pena?

Uma pesquisa sobre as diferenças entre alunos, conduzida por cientistas cognitivos, pode ajudar a esclarecer essa questão; mas antes de abordá-la, é importante deixar claro se estou falando sobre diferenças nas *capacidades* cognitivas ou nos *estilos* cognitivos.[a] A definição de *habilidade cognitiva* é bastante objetiva: significa a capacidade para, ou sucesso em, determinados tipos de pensamento. Se eu disser que Sara tem uma grande capacidade em matemática, você sabe que isso significa que ela tende a aprender novos conceitos matemáticos rapidamente. Em contraste, *estilos cognitivos* são vieses ou tendências a pensar de uma forma particular, por exemplo, pensar sequencialmente (uma coisa de cada vez) ou holisticamente (todas as partes de maneira simultânea).

Capacidades e estilos diferem em poucas, porém importantes, maneiras. As capacidades influenciam como nós lidamos com o conteúdo (por exemplo, matemática e linguagem) e refletem o nível (isto é, a quantidade) daquilo que sabemos e podemos fazer. Os estilos são como nós preferimos pensar e aprender. Consideramos ter mais capacidade melhor do que ter menos capacidade, mas não consideramos um estilo melhor do que outro. Um estilo pode ser mais eficiente em um problema em particular, mas todos são, por definição, igualmente úteis. (Se não forem, estaremos falando sobre capacidades, não estilos.) Para utilizar uma analogia esportiva, podemos dizer que duas jogadoras de futebol são igualmente habilidosas, mesmo que apresentem estilos diferentes em campo (Figura 7.1).

Nos parágrafos de introdução deste capítulo, eu disse que as maneiras pelas quais os alunos aprendem são mais semelhantes do que diferentes. Como isso pode ser verdade quando as diferenças entre eles são tão óbvias e frequentemente tão aparentes? No restante do capítulo, vamos abordar estilos e capacidades, tentando conciliar as diferenças existentes com a conclusão de que elas não significam muito para os professores.

FIGURA 7.1 Marta Vieira da Silva e Abby Wambach estão entre as melhores jogadoras de futebol dos últimos 20 anos. Em termos de habilidade, muitos fãs diriam que elas são comparáveis, mas, em relação ao estilo, elas são diferentes. Marta é conhecida por seu talento e rapidez, e Wambach, por jogar de forma mais física e direta.

Fonte: Marta © Getty Images/Brad Quality Sports Images; Wambach © Getty Images/Jeffery Kane Gammons.

ESTILOS COGNITIVOS

Enquanto algumas pessoas são impulsivas, outras levam um bom tempo até tomarem decisões. Algumas pessoas gostam de situações complexas, outras apreciam a simplicidade. Algumas pessoas preferem pensar concretamente sobre as coisas, outras preferem abstrações. Todos temos intuições a respeito de como as pessoas pensam e, desde 1940, psicólogos têm demonstrado um forte interesse em testar essas intuições. As distinções testadas são geralmente estruturadas como oposições (por exemplo, amplo/restrito ou sequencial/holístico), com a compreensão de que os estilos são realmente um *continuum* e que a maioria das pessoas fica em algum lugar no meio dos dois extremos. O Quadro 7.1 mostra algumas das distinções que os psicólogos avaliaram.

Ao ler o quadro, que mostra apenas uma fração das dezenas de esquemas de classificação que foram propostos, você provavelmente achará que muitos dos esquemas parecem plausíveis. Como podemos saber qual está certo ou se alguns estão certos?

Observe que essas não são teorias pedagógicas, são teorias sobre como a mente funciona. Como tal, elas são relativamente fáceis de testar em situações de laboratório, e os psicólogos usam algumas técnicas para isso. Em primeiro lugar, eles tentam mostrar que o estilo cognitivo é estável em um indivíduo. Em outras palavras, se eu disser que você tem um estilo em particular, isso deve ser

QUADRO 7.1 Algumas das muitas distinções entre os estilos cognitivos propostos e testados por psicólogos

Estilos cognitivos	Descrição
Amplo/restrito	Preferência por pensar em termos de poucas categorias com muitos itens *versus* pensar em muitas categorias com poucos itens.
Analítico/não analítico	Tendência à diferenciação entre muitos atributos dos objetos *versus* procurar similaridades entre objetos.
Disperso/concentrado	Tendência a perder detalhes *versus* tendência a guardar detalhes e concentrar-se nas diferenças.
Campo-dependente/campo-independente	Interpretar algo à luz do ambiente *versus* interpretar algo independentemente do ambiente.
Impulsivo/reflexivo	Tendência a reagir rapidamente *versus* tendência a reagir refletidamente.
Automatização/reestruturação	Preferência por tarefas simples e repetitivas *versus* preferência por tarefas que requerem reestruturação e novo pensamento.
Convergente/divergente	Pensamento lógico e dedutivo *versus* pensamento amplo e associativo.
Sequencial/holístico	Preferência por trabalhar em sequência *versus* preferência por pensar de maneira global.
Adaptador/inovador	Preferência por procedimentos estabelecidos *versus* preferência por novas perspectivas.
Racional/intuitivo	Preferência por aprender por meio de raciocínio *versus* preferência por aprender por meio de *insight*.
Visual/verbal	Preferência por imagens visuais *versus* preferência por falar para si mesmo ao resolver problemas.
Visual/auditivo/cinestésico	Modalidade preferida para perceber e compreender informação.

aparente em diferentes situações e em diferentes dias; esse aspecto precisa ser uma parte consistente da sua constituição cognitiva. Os estilos cognitivos também devem ter consequências, isto é, utilizar um estilo ou outro deve ter implicações para as coisas importantes que fazemos. Se eu afirmar que algumas pessoas pensam de maneira sequencial e outras de maneira holística, esses dois tipos de pessoas devem diferir em como aprendem matemática, história ou literatura. Por fim, precisamos ter certeza de que um estilo cognitivo não é uma medida de capacidade. Lembre-se: estilos devem representar tendências de como preferimos pensar, mas não devem ser medidas do *quão bem* nós pensamos.

Essa última ideia parece um tanto óbvia, mas ela tem sido um problema para algumas das distinções feitas no Quadro 7.1. Por exemplo, pessoas que tendem a avaliar algo independentemente das relações estabelecidas entre objetos são chamadas de *campo-independentes,* enquanto pessoas que são *campo-dependentes* costumam observar um objeto a partir de suas relações com outras coisas (Figura 7.2).

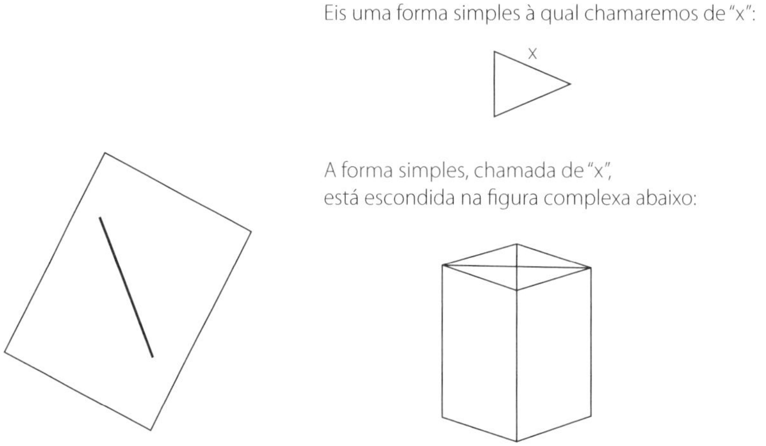

FIGURA 7.2 Dois métodos para determinar campo-dependência ou independência. À esquerda, o teste da vara e do quadro. A vara e o quadro brilham e são vistos em um quarto escuro. O participante ajusta a vara de forma que ela fique na vertical. Se os ajustes forem fortemente influenciados pelo quadro, ele é campo-dependente; do contrário, ele é classificado como campo-independente. À direita está um item de um teste de figura embutida, no qual o participante tenta encontrar a figura simples escondida na mais complexa. Sucesso em tarefas como essa pressupõem campo-independência. Como a tarefa da vara e do quadro parece indicar, trata-se de uma capacidade de separar uma parte de uma experiência visual de todo o resto que é visto.
Fonte: © Anne Carlyle Lindsay.

As pessoas são classificadas como campo-dependentes ou independentes simplesmente com base em testes visuais, que não parecem ser muito cognitivos. Contudo, parece plausível que aquilo que vale para a visão — pessoas campo-dependentes veem relações enquanto pessoas campo-independentes veem detalhes individuais — pode também ser válido para todos os tipos de tarefas cognitivas. Essa é uma ideia clara, mas o problema é que pessoas campo-independentes tendem a superar as campo-dependentes na maioria das medidas cognitivas. Lembre-se, entretanto, de que campo-dependência deveria ser um estilo cognitivo e que, em média, pessoas com diferentes estilos não deveriam diferir em capacidade. O fato de elas diferirem implica que os testes mostrados na Figura 7.2, na verdade, medem de certa forma a capacidade, e não o estilo, embora nós não possamos ter certeza de qual é o mecanismo.

Eu mencionei que uma teoria sobre estilos cognitivos deve ter as três seguintes características: atribuir a uma pessoa o mesmo estilo de maneira consistente; mostrar que pessoas com diferentes estilos pensam e aprendem diferentemente; mostrar que pessoas com diferentes estilos não diferem, em média, na capacidade. Até aqui, não temos uma teoria que apresente essas características. Isso não significa que estilos cognitivos não existam — eles certamente existem, mas depois de décadas de tentativas, os psicólogos não foram capazes de encontrá-los. Para uma ideia melhor sobre como foi feita essa pesquisa, vamos examinar uma teoria mais de perto: a teoria dos aprendizes visuais, auditivos e cinestésicos.

APRENDIZES VISUAIS, AUDITIVOS E CINESTÉSICOS

O conceito de aprendizes visuais, auditivos e cinestésicos provavelmente lhe é familiar. Ele afirma que cada pessoa tem uma maneira preferida de receber novas informações por meio de um dos três sentidos. Visão e audição são suficientemente claras, mas cinestesia pode requerer uma explicação. Ela significa a sensação que lhe diz onde estão as partes do seu corpo. Se você fechasse os olhos e eu movesse seu braço como em um aceno, você saberia onde ele está mesmo sem vê-lo. Essa informação vem de receptores especiais nas suas articulações, nos seus músculos e na sua pele. Isso é cinestesia.

A teoria visual-auditivo-cinestésica afirma que todos podem acessar nova informação por meio de qualquer um desses três sentidos, mas a maioria de nós tem preferências. Ao aprender algo novo, tipos visuais gostam de ver um diagrama ou mesmo apenas de ver impressas as palavras ditas pelo professor.

Tipos auditivos preferem descrições geralmente verbais, às quais podem ouvir. Cinestésicos gostam de manipular objetos fisicamente, eles movem seu corpo a fim de aprender (Figura 7.3).

Para oferecer um pano de fundo contra o qual avaliar essa teoria, vou começar com alguns fatos sobre memória nos quais os cientistas cognitivos têm trabalhado. As pessoas diferem de fato em suas capacidades de memória auditiva e de memória visual.[b] Isto é, nosso sistema de memória pode armazenar tanto como as coisas se parecem quanto como soam. Utilizamos representações de memória visual quando criamos uma imagem visual em nossa imaginação. Por exemplo, suponha que eu perguntasse "Que forma têm as orelhas de um pastor alemão?" ou "Quantas janelas há em sua sala de aula?", muitas pessoas dariam suas respostas criando uma imagem visual e verificando-a. Durante os anos de 1970, um grande volume de trabalhos dos psicólogos experimentais mostrou que essas imagens realmente têm várias propriedades em comum com a visão — isto é, existe uma grande sobreposição entre os "olhos da mente" e as partes do cérebro que lhe permitem enxergar. Também armazenamos algumas memórias como sons — a voz de Emma Stone, o rugido do leão da MGM, o toque do nosso celular. Se eu perguntasse, por exemplo, "Quem tem uma voz

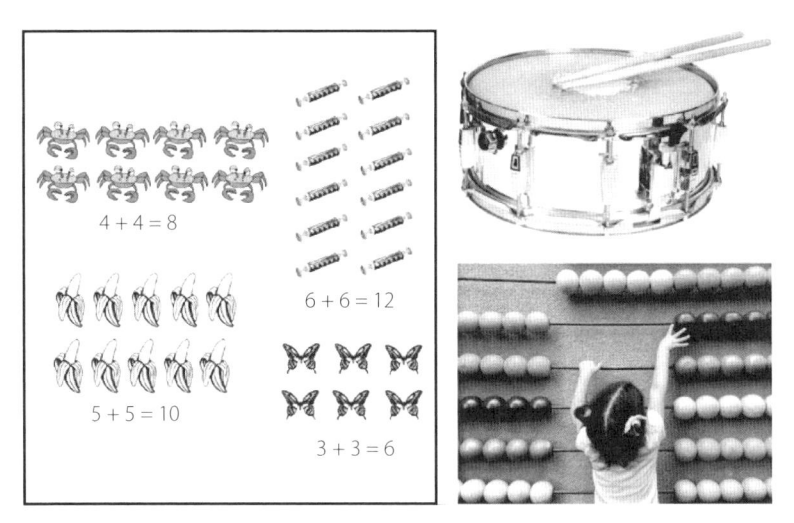

FIGURA 7.3 Aprendizes com diferentes estilos podem beneficiar-se a partir de diferentes maneiras de apresentar o mesmo conteúdo. Ao aprender adição, por exemplo, um aprendiz visual pode ver agrupamentos de objetos; um auditivo poderia ouvir conjuntos de ritmos; um cinestésico poderia agrupar, ele mesmo, objetos em grupos.

Fonte: Sets © Anne Carlyle Lindsay; drum ©Shutterstock/Ronald Summers; abacus ©Shutterstock/iperion.

mais grave, seu diretor ou o supervisor?", você provavelmente iria tentar imaginar a voz de cada um deles e compará-las. Podemos armazenar tanto memórias visuais quanto auditivas e, assim como qualquer outra função cognitiva, cada um de nós varia nessas capacidades. Alguns de nós temos vívidas e detalhadas memórias auditivas e visuais; outros não.

Os cientistas cognitivos também mostraram, entretanto, que nós não armazenamos tudo como sons ou visões. Também armazenamos memórias em termos daquilo que elas significam para nós. Por exemplo, se um amigo conta uma fofoca a respeito de um colega de trabalho (que foi visto em um posto de gasolina comprando centenas de raspadinhas), você *poderia* reter os detalhes visuais e auditivos da história (por exemplo, como a pessoa que contou a história se parece e como ela falou), mas é possível que você lembre apenas o essencial (as raspadinhas) sem lembrar-se de qualquer aspecto visual ou auditivo. O *significado* tem vida por si só, independentemente de detalhes sensoriais (Figura 7.4).

FIGURA 7.4 O que significa a palavra escalda-pés? Você sabe que ela se refere a molhar os pés, normalmente quando estão doloridos, mas também serve como um meio de agradar alguém. Seu conhecimento a respeito dessa palavra é armazenado como um significado, independentemente de se você aprendeu a palavra por ver alguém banhando os pés, por ouvir uma descrição disso ou por banhar seus próprios pés. Muito daquilo que os professores desejam que os alunos saibam é armazenado como significado.
Source: ©Shutterstock/musicphone.

Chegamos ao coração da teoria visual-auditivo-cinestésica. É certo que algumas pessoas têm memórias auditivas e visuais especialmente boas. Nesse sentido, existem aprendizes visuais e auditivos. Mas essa não é a ideia-chave da teoria; ela, antes, seria a de que os alunos aprenderiam melhor quando instruídos de acordo com seus estilos cognitivos. Isto é, suponha que Ana é uma aprendiz auditiva e Victor, um visual. Suponha ainda que foram dadas duas listas de novas palavras para que Ana e Victor aprendam vocabulário. Para aprender a primeira lista, eles ouvem algumas vezes a uma gravação com as palavras e suas definições; para a segunda lista, eles veem um *slide* mostrando fotos que ilustram as palavras. A teoria prevê que Ana deverá aprender mais palavras da primeira lista do que da segunda, enquanto Victor deverá aprender mais palavras da segunda lista. Dezenas de estudos foram conduzidos nessa linha, incluindo pesquisas utilizando materiais mais parecidos com os de sala de aula, mas a teoria não foi sustentada. Adequar o ensino à modalidade "preferida" de um aluno não dará a ele vantagem na aprendizagem.

Como isso é possível? Por que Ana não aprende melhor quando a apresentação é auditiva, dado que ela é uma aprendiz auditiva? *Porque informação auditiva não é o que está sendo testado!* A informação auditiva poderia ser o som específico da voz na gravação. O que está sendo testado é o significado das palavras. A vantagem de Ana em memória auditiva não a ajuda em situações nas quais o significado é importante. Da mesma forma, Victor pode ser melhor em reconhecer detalhes visuais das imagens utilizadas para ilustrar as palavras, mas, novamente, essa capacidade não está sendo testada.

De fato, existem experimentos mostrando que algumas pessoas reinterpretam as coisas em um esforço para honrar o que elas consideram ser seus estilos de aprendizagem.[1] Assim, pessoas que acreditam ser aprendizes verbais, ao receberem um triângulo vermelho e listrado e serem instruídas a lembrá-lo, tornarão o estímulo verbal dizendo a si mesmas "triângulo vermelho e listrado". As pessoas que acreditam ser aprendizes visuais, ao receberem as palavras "triângulo vermelho e listrado", criarão uma imagem mental dessa figura. Mas esses esforços não melhoram sua memória, como a teoria prevê que deveria.

Na maioria das vezes, os alunos precisam lembrar o que as coisas significam, não como soam ou como se parecem. É claro que algumas vezes essa informação faz diferença, alguém com uma boa memória visual terá uma vantagem em memorizar as formas particulares dos países em um mapa; alguém com uma boa memória auditiva se sairá melhor em obter a pronúncia correta ao aprender um novo idioma. Entretanto, a vasta maioria dos conteúdos escolares está concentrada naquilo que as coisas significam.

Isso significa que a teoria visual-auditivo-cinestésica está correta em algumas poucas vezes, como quando os alunos estão aprendendo a pronúncia de uma língua estrangeira ou a posição dos países no mapa? Não exatamente. A teoria propõe principalmente que o mesmo material pode ser apresentado de maneiras diferentes para se ajustar ao talento de cada estudante. O que, então, o professor deve fazer (conforme a teoria) é o seguinte: ao aprender a posição dos países no mapa, os aprendizes visuais devem observar as formas, mas os auditivos devem ouvir descrições da forma de cada país; ao aprender pronúncia, o auditivo deve ouvir o discurso de um falante nativo, mas o visual aprenderá mais rapidamente se observar por escrito a representação dos sons. Parece óbvio que essa abordagem não funcionaria.

Se essa teoria está errada, por que parece correta? Pesquisas realizadas em vários países da Europa e das américas Central, do Norte e do Sul mostram que cerca de 85% dos educadores acreditam que essa teoria é bem fundamentada.

Existem provavelmente alguns fatores que contribuem para sua plausibilidade. Primeiro, isso se tornou um senso comum: é um daqueles fatos que todos avaliam como correto porque todos acreditam nisso, um fenômeno conhecido como *prova social*. Eu sei que isso faz as pessoas parecerem idiotas, mas todos nós acreditamos em muitas coisas por esse motivo. Acredito que a teoria atômica da matéria seja precisa, mas realmente não consigo descrever o caráter científico por trás dela. Todos falam sobre isso como uma daquelas coisas que os cientistas descobriram, então acredito que seja o caso. As pessoas parecem tratar os estilos de aprendizagem da mesma maneira.

Outro fator importante é que algo similar à teoria *é* verdadeiro. As crianças são diferentes em relação à precisão de suas memórias visuais e auditivas. Por exemplo, ao assistir admirado uma aluna desenhando uma vívida imagem de uma experiência em uma saída de campo, você talvez tenha pensado "Nossa! Laura é obviamente uma aprendiz visual". Conforme descrito, ela pode ter uma memória visual realmente ótima, mas isso não significa que seja uma "aprendiz visual" no sentido que a teoria propõe.

Uma última razão para a teoria visual-auditivo-cinestésica parecer correta é um fenômeno psicológico chamado *viés de confirmação*. Uma vez que acreditamos em algo, inconscientemente interpretamos situações ambíguas como consistentes com aquilo que já acreditamos. Por exemplo, digamos que um aluno esteja enfrentando dificuldades em compreender a primeira lei de Newton. Você tenta explicá-la de algumas maneiras diferentes e oferece o exemplo de um mágico arrancando a toalha de uma mesa sem interferir na posição dos pratos e dos talheres que estão sobre ela. Repentinamente o aluno tem um estalo. Você pensa "Essa imagem visual o ajudou a compreender. Ele deve ser um aprendiz visual". Mas talvez seja apenas um bom exemplo que ajudaria qualquer aluno; ou talvez a ideia fizesse sentido para o aluno depois que ele ouvisse apenas um exemplo a mais, visual ou não. A razão para o aluno ter entendido a primeira lei de Newton a partir desse exemplo é ambígua, e é apenas uma tendência interpretar situações ambíguas de forma a confirmar aquilo em que você já acredita (Figura 7.5). Tolstói, o grande escritor, explicou assim: "Eu sei que a maioria das pessoas consideradas inteligentes, e que são de fato inteligentes — capazes de compreender os mais difíceis raciocínios científicos, matemáticos e filosóficos —, muito raramente é capaz de entender uma verdade simples e óbvia, se ela for de natureza tal que exija que essas pessoas admitam que um julgamento que formaram sobre alguma coisa, às vezes com grande esforço — um julgamento do qual têm orgulho, que ensinaram a outros e com base no qual organizaram toda a sua vida —, possa estar errado".[2]

FIGURA 7.5 Quando minha primeira filha nasceu, uma das enfermeiras me disse "Ficará uma loucura aqui em poucos dias. A lua cheia vem aí, você sabe". Muitas pessoas acreditam que todo o tipo de coisas interessantes acontece durante a lua cheia: a taxa de assassinatos se eleva, as entradas nas emergências dos hospitais aumentam, assim como as chamadas nos departamentos de polícia e de bombeiros, mais crianças nascem, entre outras coisas. Na verdade, essa hipótese tem sido examinada exaustivamente, e está errada. Por que as pessoas acreditam nela? Um fator é o viés de confirmação. Quando a lua está cheia e as maternidades estão lotadas, as enfermeiras observam e lembram-se disso. Quando a maternidade está lotada e a lua não está cheia, elas não se dão conta disso.
Fonte: ©Shutterstock/http://Photobank.kiev.ua.

Eu me estendi detalhando a teoria visual-auditivo-cinestésica porque se acredita amplamente nela, embora os psicólogos saibam que ela não é correta. O que foi dito sobre essa teoria também vale para todas as outras a respeito de estilos de aprendizagem. O melhor a dizer sobre elas é que as evidências são confusas.

Anteriormente, eu propus uma importante distinção entre estilos e capacidades. Nessa segunda parte, eu descrevi estilos cognitivos – vieses ou tendências a pensar e aprender de maneira particular. Na próxima seção, discutirei capacidades.

CAPACIDADES E INTELIGÊNCIAS MÚLTIPLAS

O que significa capacidade mental? Como você caracterizaria alguém que é mentalmente capaz? Um momento de reflexão nos diz que existem diversas tarefas para as quais utilizamos nossa mente, e a maioria de nós é boa em algumas delas e nem tanto em outras. Dito de maneira diferente, precisamos falar sobre *capacidades mentais*, no plural. Todos conhecemos pessoas que parecem talentosas com palavras, mas que mal conseguem lidar com a matemática necessária para preencher um talão de cheques, ou que conseguem tocar qualquer instrumento musical, mas parecem incapazes de realizar qualquer atividade atlética.

A lógica por trás da ideia de capacidade mental é esta: se há uma única capacidade — chame de inteligência se preferir — subjacente a diferentes atividades mentais, alguém que seja bom em um tipo (por exemplo, matemática) deve ser bom em todas as outras. Mas se algumas pessoas são boas em uma atividade mental (matemática) e medíocres em outras (compreensão de leitura), essas atividades devem ser amparadas por diferentes processos mentais. Por mais de 100 anos, psicólogos têm utilizado essa lógica para investigar a estrutura do pensamento.

Em um clássico estudo, um pesquisador examina 100 pessoas e as testa em álgebra, geometria, gramática, vocabulário e compreensão leitora. O que se poderia esperar é que os escores nos testes de linguagem (gramática, vocabulário e compreensão leitora) seguissem certo padrão — isto é, se alguém tem bom escore em um dos testes de linguagem, seria de se esperar que essa pessoa fosse boa em línguas e repetisse o bom resultado em outros testes semelhantes na mesma área. Da mesma forma, pessoas com escores altos em um teste de matemática provavelmente se sairiam bem em outros testes de matemática, refletindo suas altas capacidades. Porém, os escores nos testes de matemática e língua não seriam tão altamente relacionados entre si. Se você realizasse esse experimento, seria mais ou menos isso o que iria encontrar.[c]

Isso parece bastante óbvio. Quando eu estava na graduação, um dos meus professores chamava descobertas senso comum de "psicologia *bubbe*". *Bubbe* é uma palavra iídiche para "avó", portanto psicologia *bubbe* significa dar rótulos que pareçam científicos àquilo que sua avó já lhe dizia (Figura 7.6). Até onde se sabe, essas coisas são bastante óbvias. Pode ficar mais complicado quando tentamos obter mais detalhes (e as técnicas estatísticas são bastante complexas). Mas, falando objetivamente, aquilo que você observou na escola é verdade: algumas crianças de fato têm talentos em áreas diferentes.

Os educadores ficaram muito mais interessados nesse tipo de pesquisa na metade dos anos 1980, quando Howard Gardner, professor de Harvard, publicou sua teoria sobre as inteligências múltiplas. Gardner propôs que existem sete inteligências, às quais, mais tarde, ele acrescentou uma oitava. Elas estão listadas no Quadro 7.2.

Gardner não foi o primeiro a criar uma lista de capacidades humanas, e a sua não era radicalmente diferente das que já haviam sido propostas. Na verdade, a maioria dos psicólogos achou que Gardner não tinha realmente acertado. Ele deu pouca importância a muitos trabalhos que vieram depois do seu, por razões

FIGURA 7.6 O biólogo norte-americano E. O. Wilson foi um cientista bom o suficiente para ganhar um cargo na Harvard University, onde lecionou por 40 anos, e um escritor bom o suficiente para ganhar o Prêmio Pulitzer de Não Ficção Geral. Duas vezes. No entanto, ele batalhou com a matemática, evitando cálculo por mais de 30 anos e ainda admitiu: "nunca fui mais do que um aluno nota C".[3] Mas encontrar um grande escritor e cientista que é um matemático indiferente não surpreenderia sua *bubbe*.
Fonte: © Getty Images/The Washington Post.

QUADRO 7.2 As oito inteligências de Gardner

Inteligência	Descrição	Profissão que requer altos níveis dessa inteligência
Linguística	Facilidade com palavras e com a linguagem.	Advogado, escritor
Lógico-matemática	Facilidade com a lógica, com raciocínio indutivo e dedutivo e números.	Programador de computador, cientista
Corporal-cinestésica	Facilidade com movimentos corporais, como esportes e dança.	Atleta, dançarino
Interpessoal	Facilidade em compreender emoções, necessidades e pontos de vista de outrem.	Político, vendedor
Intrapessoal	Facilidade em compreender suas próprias motivações e emoções.	Escritor
Musical	Facilidade em criação, produção e apreciação de música.	Músico, compositor
Naturalista	Facilidade em identificar e classificar fauna e flora.	*Chef*, agrônomo
Espacial	Facilidade no uso e na manipulação do espaço.	Arquiteto, escultor

que os pesquisadores julgaram injustificadas, e fez algumas afirmativas que com o tempo se mostraram equivocadas — por exemplo, que as inteligências eram relativamente independentes entre si, ideia que mais tarde desenfatizou.

Os educadores estavam (e estão) interessados não tanto nas particularidades da teoria, mas nas três afirmativas associadas a ela:

> *Afirmativa 1:* A lista do Quadro 7.2 é sobre inteligências, não sobre capacidades ou talentos.
>
> *Afirmativa 2:* Todas as oito inteligências devem ser ensinadas na escola.

> **Afirmativa 3:** Muitas das, ou mesmo todas as, inteligências devem ser utilizadas como canais quando um novo material for introduzido. Dessa maneira, cada aluno experienciará o conteúdo por meio da sua melhor inteligência e, portanto, sua compreensão será maximizada.

Gardner propôs a primeira dessas afirmativas — um tópico interessante — como um tema de debate. As outras duas foram propostas por outros com base no trabalho de Howard Gardner que, por sua vez, não concordou com elas. Descreverei por que razão cada afirmativa é importante e tentarei avaliar o que elas devem significar para os professores.

Comecemos pela primeira. Gardner escreveu extensamente sobre isso. Ele argumenta que algumas capacidades — a saber, as lógico-matemáticas e as linguísticas — têm recebido mais *status* do que merecem. Por que essas capacidades ganham a designação especial de "inteligência", enquanto às outras é concedido o título aparentemente menos glamoroso de "talento"? De fato, a insistência de que a capacidade musical deve ser chamada de inteligência musical, por exemplo, carrega uma boa parte do apelo da teoria. Gardner comentou mais de uma vez que, se ele tivesse se referido a sete talentos, em vez de sete inteligências, a teoria não receberia muita atenção.[4]

E então? Elas são talentos ou inteligências? Por um lado, o cientista cognitivo em mim concorda com Gardner. A mente tem muitas capacidades, e não existe uma razão óbvia para se separar duas delas e chamá-las de "inteligência" e referir-se a outros processos mentais por outros nomes. Por outro lado, o termo *inteligência* tem um significado intrínseco, pelo menos no ocidente, e seria ingenuidade supor que uma súbita mudança de conceito não teria repercussão. Eu acredito que essa confusão a respeito da definição de Gardner *versus* os antigos conceitos de *inteligência* ajuda a explicar por que outras pessoas propuseram as outras duas afirmativas — das quais Gardner discorda.

A afirmativa 2 é que a escola deveria ser o lugar onde as inteligências de *todas* as crianças fossem celebradas. Se um aluno tem uma boa inteligência interpessoal, ela deve ser nutrida e desenvolvida; o aluno não deve sentir-se inferior caso seja menos talentoso em inteligências linguísticas e lógico-matemáticas. Existe uma plausibilidade superficial nessa afirmativa. Ela apela para o nosso senso de justiça: todas as inteligências devem estar no mesmo patamar. Gardner discorda, entretanto, dizendo que as decisões curriculares devem ser feitas com base nas metas curriculares. Essas metas, por sua vez, devem ser baseadas nos valores da comunidade. Você escolhe o que os alunos vão estudar com base no que você acha importante que eles saibam e sejam capazes de fazer. Uma teoria da inteligência não deve estabelecer metas curriculares.

Essa ideia de que todas as inteligências devem ser ensinadas na escola é, creio, um reflexo de renomear *talentos* como *inteligências*. Parte da nossa compreensão sobre inteligência é a de que pessoas inteligentes saem-se bem na escola.[d] Como resultado dessa asserção, o pensamento de algumas pessoas estrutura-se assim:

> As crianças vão à escola para desenvolver sua inteligência inata.
>
> Uma nova inteligência foi descoberta.
>
> Consequentemente, as escolas devem desenvolver essa nova inteligência.

Alguns educadores parecem pensar que Gardner "descobriu" que pessoas têm inteligência musical, espacial, etc., enquanto "inteligência musical" é, obviamente, a mesma coisa que sua *bubbe* reconheceria como talento. Pessoalmente, acredito que a música deveria fazer parte dos currículos escolares, mas a ideia de que os cientistas cognitivos podem dizer algo que sustente essa posição está errada.

A terceira afirmativa diz que é útil introduzir novas ideias por meio das avenidas das inteligências múltiplas. Por exemplo, quando os alunos estão aprendendo a usar vírgulas, podem escrever canções sobre elas (inteligência musical), procurar nas florestas por animais e plantas em forma de vírgula (inteligência naturalista), criar frases com seu corpo, assumindo diferentes posturas para diferentes partes do discurso (inteligência corporal-cinestésica).[5] A expectativa é a de que diferentes crianças compreendam a vírgula por diferentes maneiras, dependendo da sua inteligência.

Isso soa um pouco como a ideia de correspondência e no que se refere aos estilos de aprendizagem, e Gardner escreveu especificamente para apontar que sua teoria diz respeito a capacidades, não a estilo.[6] Ele rejeita essa correspondência, e está certo em fazê-lo. As diferentes capacidades (ou inteligências, se você preferir) não são intercambiáveis. Conceitos matemáticos precisam ser aprendidos matematicamente, habilidade musical não pode ajudar.[e] Escrever um poema sobre um clube de golfe não irá ajudá-lo a jogar melhor. Essas capacidades não são completamente isoladas umas das outras, mas são independentes o bastante a ponto de não ser possível aproveitar uma habilidade na qual você é bom para contornar uma fraqueza.

Algumas pessoas têm sugerido que devemos ao menos ser capazes de captar o interesse dos alunos em relação ao conteúdo apelando aos seus pontos fortes. Para incentivar o gênio da ciência a ler por prazer, não dê a ele um livro de poemas de Emily Dickinson, ofereça as memórias do físico Richard Feynman. Creio que essa seja uma ideia razoável. Também acredito que isso irá levá-lo adiante. É muito parecido com tentar trabalhar com os interesses individuais dos alunos, uma questão que levantei no Capítulo 1.

RESUMO

Todos podem perceber que os alunos são diferentes uns dos outros. O que os professores podem (ou devem) fazer a esse respeito? Seria de esperar que utilizássemos essas diferenças para melhorar o ensino. Dois métodos básicos foram sugeridos. Uma abordagem é baseada nas diferenças de estilo cognitivo — isto é, se o método de ensino for conforme o estilo cognitivo preferido da criança, a aprendizagem será mais fácil. Infelizmente, ninguém descreveu um conjunto de estilos para o qual existam boas evidências.

O segundo caminho pelo qual os professores podem tirar vantagem das diferenças entre os alunos relaciona-se às diferenças nas capacidades. Se um aluno tem algum déficit em uma habilidade cognitiva, a esperança seria a de que ele pudesse utilizar um ponto forte cognitivo para substituir ou, ao menos, compensar essa fraqueza. Infelizmente, existem boas evidências de que esse tipo de substituição não é possível. Para ser claro, é a ideia de substituição que está errada; os alunos definitivamente são diferentes em suas capacidades cognitivas (embora a descrição da teoria das inteligências múltiplas seja amplamente considerada menos precisa do que outras).

IMPLICAÇÕES PARA A SALA DE AULA

Admito que me senti um pouco como o Grinch* enquanto escrevia este capítulo, como se tivesse estampada em minha testa a mensagem "errado, errado, errado" em relação às ideias otimistas que outros têm oferecido sobre as diferenças entre os alunos. Conforme afirmei no início do capítulo, não estou dizendo que os professores não devem tentar um ensino diferenciado. Espero que eles façam isso.

---

* N. de T. Criado pelo Dr. Seuss, o Grinch é um personagem que desdenha os outros e se deleita ao arruinar o prazer alheio, ou algo do gênero.

Mas quando o fazem, devem saber que os cientistas não podem oferecer ajuda alguma. Seria maravilhoso se eles pudessem identificar categorias de alunos juntamente com as mais adequadas variedades de ensino para cada uma delas. Contudo, após uma grande quantidade de esforços, os cientistas não comprovaram tal categorização; e eu — como muitos outros — suspeito que essas categorias não existem. Gostaria de aconselhar os professores a tratar diferentemente os alunos com base em suas experiências com cada estudante e a permanecer atentos àquilo que funciona. Nesse caso, o conhecimento do ofício triunfa sobre a ciência.

Dito isso, tenho algumas boas ideias sobre o que tudo isso significa para sua sala de aula.

Noções de "capacidade" não devem sobrepor-se ao esforço e às realizações modestas

Pensar em termos de muitos tipos de capacidades tem um apelo óbvio: parece tornar mais provável que todos sejam bons em alguma coisa ou até mesmo inteligentes em alguma coisa. Já mencionei que acho que isso coloca a ideia de "ser bom em alguma coisa" em um pedestal mais alto do que talvez mereça. Entretanto, há outro aspecto disso que devemos observar. Ao nos perguntarmos que tipo de inteligência cada criança tem (ou ao incentivá-las a fazê-lo), podemos encorajar uma visão da inteligência (seja musical, matemática, o que for) como algo que um indivíduo simplesmente tem. Vejo maneiras negativas de uma criança ouvir essa mensagem, maneiras que enfraqueceriam a mensagem de que a conquista vem do esforço. Se eu pensar "sou bom em inteligência musical", posso entender que significa "isso é mais importante do que trabalhar duro na música". Terei mais a dizer sobre isso no Capítulo 8, mas, por enquanto, acho que o ponto é intuitivo: se acredito que sou bom nisso, posso supor que isso significa que é fácil e não precisa de esforço.

Em contraste, se eu entendo que não sou naturalmente bom em algo, posso entender que não há muito sentido em tentar melhorar. Ou posso usar minha suposta falta de inteligência nesse domínio como motivo para desistir depois de qualquer revés.

Pela minha própria experiência, sempre tive muita dificuldade com música. Precisei tocar um instrumento na banda do ensino médio (trombone, desastre) e percebi que os outros garotos realmente entendiam seus instrumentos — eles falavam sobre música como uma linguagem. Para mim, permaneceu sem sentido. Larguei o trombone assim que pude, mas por alguma razão peguei uma guitarra aos 17 anos e toquei, sem nenhuma regularidade, pelos 20 anos seguintes. Era geralmente uma questão de memorização meticulosa, e eu nunca desenvolvi nenhum sentimento por isso. Dessa forma, a linguagem da música permaneceu sem sentido. Durante o ensino médio, eu pensava na música como "muito difícil para mim". Eu me pergunto, se eu tivesse me visto como "fraco em inteligência musical", se teria tentado a guitarra aos 17 anos?

Pense em termos de conteúdo, não de alunos

Teorias de estilos de aprendizagem não ajudam muito quando aplicadas aos alunos, mas creio que elas sejam úteis quando aplicadas ao conteúdo. Sobre a distinção visual-auditivo-cinestésica, você pode querer que os alunos experienciem o material em uma ou outra modalidade dependendo daquilo que você deseja que eles apreendam da aula; um diagrama das Torres Petronas pode ser visto, o hino nacional do Turcomenistão pode ser ouvido e o turbante *cheche* (usado pelas tribos do Saara como proteção) pode ser vestido. As distinções no Quadro 7.1 oferecem diversas maneiras interessantes de pensar sobre um plano de aula: você quer que os alunos pensem dedutivamente durante uma aula ou de maneira criativa por livre associação? Eles devem se concentrar nas similaridades entre conceitos ou em detalhes que os diferenciam? O quadro pode ajudá-lo a pensar sobre o que você espera que seus alunos aprendam a partir de uma aula e sobre como auxiliá-los a atingir tal objetivo.

A mudança estimula a atenção

Qualquer educador sabe que mudanças durante a aula estimulam os alunos e reforçam sua atenção. Se o professor estiver em uma longa fala, algo visual (um vídeo ou um mapa) oferece uma mudança bem-vinda. O Quadro 7.1 sugere algumas maneiras de pensar sobre mudança durante uma aula. Se as tarefas dos alunos requerem lógica e raciocínio dedutivo, talvez um exercício que oportunize raciocínio associativo e amplo seja adequado. Se a atividade demanda muitas respostas objetivas, talvez eles devam realizar outra tarefa que necessite de respostas mais elaboradas. Em vez de individualizar os processos mentais para cada aluno, dê a todos a prática em todos esses processos, e veja essas transições como oportunidade para cada aluno começar de novo e refocalizar suas energias mentais.

Toda criança tem seu valor, mesmo que ela não seja "esperta de alguma maneira"

Aposto que você já ouviu alguém dizendo "Toda criança é inteligente de alguma maneira" ou pedindo aos alunos que identifiquem "Que tipo de inteligência você tem?". Creio que professores dizem isso em um esforço de comunicar uma atitude igualitária aos alunos: todos são bons em alguma coisa. No entanto, existem algumas razões para ser cauteloso em relação a isso. Em primeiro lugar, esse tipo de afirmação me incomoda porque implica que inteligência é dotada de valor. Qualquer criança é única e tem valor, tenha ou não grande capacidade mental, seja ou não inteligente. Admito que ser pai de uma criança com deficiência mental grave provavelmente me torna sensível a essa questão. Minha filha não é inteligente em nenhum sentido que a palavra possa assumir, mas é uma criança alegre que traz muita felicidade a muitas pessoas.

Em segundo lugar, não é que toda criança seja necessariamente inteligente de alguma maneira. A porcentagem exata de crianças "espertas" dependerá de quantas inteligências você define e de se "esperto" significa "acima de 10%" ou "acima de 50%". Isso não importa muito — sempre haverá crianças que não são especialmente dotadas em qualquer inteligência. De acordo com a minha experiência, dizer às crianças que elas têm uma habilidade que não têm raramente funciona. (Se a criança é brevemente enganada, seus pares geralmente ficarão felizes em fazer a realidade desabar sobre sua cabeça.)

Em terceiro lugar, por razões que eu descrevo no próximo capítulo, *nunca* é inteligente dizer a uma criança que ela é inteligente. Acredite ou não, fazer isso a torna menos inteligente. Juro.

Não se preocupe – e economize seu dinheiro

Se você estiver se sentido culpado por não ter avaliado cada um de seus alunos para identificar seus estilos cognitivos ou se você acha que conhece seus estilos, mas não ajustou o ensino a eles — não se preocupe. Não há razão para pensar que fazer tal coisa iria ajudar. E se você estava pensando em comprar um livro ou convidar alguém para uma sessão de desenvolvimento profissional a respeito desses assuntos, eu o aconselho a economizar seu dinheiro.

Se "estilos cognitivos" e "inteligências múltiplas" não são maneiras úteis de determinar como as crianças diferem, qual o melhor caminho? Por que algumas crianças parecem não ter problema nenhum com matemática enquanto outras precisam fazer um grande esforço? Por que algumas crianças amam história ou geografia? A importância do conhecimento prévio surge de novo e de novo neste livro. No Capítulo 1, eu disse que o conhecimento prévio é um determinante daquilo que achamos interessante; por exemplo, problemas ou enigmas que parecem difíceis, mas não impossíveis, despertam nossa atenção. No Capítulo 2, expliquei que o conhecimento prévio é fundamental em grande parte do nosso sucesso na escola. Os processos cognitivos (como analisar, sintetizar e criticar) não podem operar sozinhos. Eles precisam do conhecimento prévio para fazê--los funcionar.

Novamente, o conhecimento prévio não é a única diferença entre os alunos. Existe algo além da ideia de que algumas crianças realmente são inteligentes. No próximo capítulo explorarei isso e me concentrarei naquilo que podemos fazer para maximizar o potencial de todos os alunos, independentemente do quão inteligentes eles são.

NOTAS

[a] Algumas pessoas fazem distinção entre estilos cognitivos (como pensamos) e estilos de aprendizagem (como aprendemos). Eu não considero essa diferença muito importante, então, utilizo o termo *estilo cognitivo* neste capítulo, mesmo quando falo sobre aprendizagem.

[b] Nós diferimos em cinestesia também, mas a literatura sobre isso é mais complicada de descrever, por isso ofereço exemplos visuais e auditivos.

[c] Na verdade, os escores de matemática e linguagem não são completamente não relacionados. Boa pontuação em um pode ser preditivo de boa pontuação em outro, mas a relação é menos consistente do que a existente entre dois escores de testes matemáticos. Retomaremos isso no Capítulo 8.

[d] De fato, a testagem moderna de inteligência começou na França, no final do século XIX, como um meio de prever quem iria e quem não iria se sobressair na escola.

[e] Embora música e ritmo possam nos ajudar a memorizar as coisas, inclusive fórmulas matemáticas, eles não são de grande valia para que compreendamos profundamente aquilo que a fórmula faz. As razões para a música ajudar nossa memória são fascinantes, mas uma discussão sobre isso nos afastaria demais do contexto do livro.

LEITURAS COMPLEMENTARES

Menos técnico

DE BRUYCKERE, P.; KIRSCHNER, P. A.; HULSHOF, C. D. *Urban myths about learning and education*. London: Academic Press, 2015. Uma análise divertida de 35 mitos comumente acreditados (por exemplo, "jovens não lêem mais") com evidências mostrando que eles estão errados.

WILLINGHAM, D. T. Ask the cognitive scientist: does tailoring instruction to "learning styles" help students learn? *American Educator*, v. 42, n. 2, 2018. Disponível em: https://files.eric.ed.gov/fulltext/EJ1182080.pdf. Acesso em: 23 abr. 2022. Esse artigo dá conta dos problemas mais técnicos na teoria das inteligências múltiplas, especificamente, por que os psicólogos preferem outras avaliações de capacidade em vez da de Gardner.

WILLINGHAM, D. T. Reframing the mind. *Education Next*, v. 4, n. 3, 2004. Disponível em: https://www.educationnext.org/reframing-the-mind/. Acesso em: 23 abr. 2022. Uma revisão das evidências científicas sobre estilos de aprendizagem, incluindo os dados fascinantes que mostram que as pessoas às vezes agem de acordo com seu pretenso estilo, mesmo que isso prejudique o desempenho na tarefa.

Mais técnico

COFFIELD, F. et al. *Should we using learning styles?*: what research has to say about practice. Londres: Learning and Skills Research Center, 2004. Uma revisão da literatura sobre estilos de aprendizagem; especialmente útil porque analisa as muitas teorias diferentes dos estilos.

CUEVAS, J. Is learning styles-based instruction effective? A comprehensive analysis of recent research on learning styles. *Theory and Research in Education*, v. 13, n. 3, p. 308-333, 2015. Uma revisão de vários estudos que examinaram se há algum benefício em combinar o ensino com o estilo de aprendizagem do aluno.

GARDNER, H.; KORNHABER, M.; CHEN, J.-Q. The theory of multiple intelligences: psychological and educational perspectives. *In*: STERNBERG, R. *The nature of human intelligence*. Cambridge: Cambridge University, 2018. Um relato breve e atualizado das opiniões de Gardner sobre inteligência.

NICKERSON, R. S. Confirmation bias: a ubiquitous phenomenon in many guises. *Review of General Psychology*, v. 2, n. 2, p. 175-220, 1998. Uma revisão um pouco antiga, mas ainda relevante, sobre o viés de confirmação.

PEARSON, J. The human imagination: the cognitive neuroscience of visual mental imagery. *Nature Reviews Neuroscience*, v. 20, n. 10, p. 624-634, 2019. Revisão contemporânea do *status* da pesquisa sobre representações visuais no cérebro.

ROTTON, J.; KELLY, I. W. Much ado about the full moon: a meta-analysis of lunar-lunacy research. *Psychological Bulletin*, v. 97, n. 2, p. 296-306, 1985. Esse artigo revisa 37 estudos que buscam ligação entre o ciclo lunar e diversos comportamentos (transtornos psiquiátricos, homicídios e chamadas de emergência). Nenhuma relação é observada.

QUESTÕES PARA DISCUSSÃO

1. Você pode agora acreditar que as teorias sobre os estilos de aprendizagem não têm suporte científico e, portanto, não devem influenciar sua prática. Mas alguns pais não serão tão facilmente convencidos. Os professores me dizem que às vezes eles dizem: "Meu filho está tendo dificuldades em sua

aula porque você não está ensinando de acordo com o estilo de aprendizagem dele". O que você pode dizer a esses pais?
2. Parece indiscutível que Gardner esteja certo em sua afirmação de que a maioria das escolas valoriza a habilidade com linguagem e com números em detrimento de outras habilidades. Por que você acha que isso acontece? Isso faz sentido para você? Como sua escola valoriza diferentes tipos de inteligência (ou habilidade, se preferir)? Como esse valor é expresso? Você gostaria que fosse diferente?
3. Importa se usamos o termo "capacidade", "talento" ou "inteligência"? Esses termos significam coisas diferentes para educadores, pais e alunos?
4. A diferença mais consistente entre os alunos que sabemos ser importante para o sucesso na escola é o que eles já sabem e podem fazer antes do início da aula. Esse fato parece argumentar claramente a favor de ensinar crianças com diferentes níveis de preparo em diferentes salas de aula; deve ser muito mais fácil para um professor conhecer onde as crianças estão se elas estiverem no mesmo lugar, academicamente. Quando essa estratégia é adotada, um problema muito consistente é que o professor das crianças que estão mais atrasadas tem expectativas menores para seus alunos. O que pode ser feito para resolver esse dilema?
5. Se o seu objetivo é, tanto quanto possível, ter alunos em sua sala de aula com conhecimentos prévios muito semelhantes, outra estratégia seria usar um currículo muito mais consistente dentro de uma determinada região geográfica. Dessa forma, os alunos que se mudassem ainda teriam sido expostos ao mesmo trabalho no passado. Um currículo definido dessa forma parece ser o resultado oposto da implicação extraída de uma perspectiva de inteligências múltiplas. Isso geralmente é interpretado como um clamor por maior individuação, para que os alunos possam seguir seus pontos fortes e interesses. O que se ganha e se perde em cada abordagem?
6. Você concorda que há um desejo subjacente nos educadores de que todos sejam inteligentes, ou pelo menos sejam bons em alguma coisa? Quais são os benefícios desse desejo subjacente? Quais são os custos?

8
Como eu posso auxiliar os aprendizes lentos?

Pergunta: É um fato cruel o de que algumas crianças simplesmente parecem inadequadas para o trabalho escolar. Isso não quer dizer que elas não tenham habilidades valiosas. Por exemplo, todos ouvimos histórias sobre grandes homens de negócios que tiveram dificuldade na escola. Mas, certamente, gostaríamos que todos os alunos adquirissem na escola tudo aquilo que pudessem. Como a escola pode ser otimizada para estudantes que não têm a inteligência que outros parecem naturalmente ter?

Resposta: Algumas pessoas veem a inteligência como um atributo fixo, como a cor dos olhos. Se você ganhar na loteria genética, será inteligente; se você perder, não será. Essa noção de inteligência como uma característica estável tem implicações na escola e no trabalho. Uma delas é a de que pessoas inteligentes não precisam se esforçar para receber boas notas — afinal, elas são inteligentes. Por conseguinte, se você se esforça, isso deve significar que você não é inteligente. O ciclo destrutivo é óbvio: os alunos querem obter boas notas para parecerem inteligentes, mas não podem estudar para conseguir essas notas porque ficariam marcados como burros. E se a inteligência fosse vista como algo maleável e mutável? Fracassar em um teste ou não compreender um conceito não seria evidência de burrice — apenas de que o conteúdo ainda não foi dominado. Essa atribuição é útil porque coloca a inteligência sob controle. Se você estiver se saindo mal, pode fazer algo a respeito. Qual visão está correta? A inteligência é fixa ou maleável? Existe um pouco de verdade nas duas noções. Nossa herança genética tem impacto em nossa inteligência, mas menos do que a maioria das pessoas acredita (de fato, menos do que os cientistas acreditavam 20 anos atrás). Não há dúvidas de que a inteligência pode ser modificada. O princípio cognitivo que orienta este capítulo é:

> As crianças realmente diferem em inteligência, mas ela pode ser modificada por meio de esforço continuado.

Seria fantástico se todos os alunos fossem igualmente capazes — se as únicas diferenças no desempenho deles na escola se devessem à sua dedicação ao estudo. Isso faria a escola parecer mais justa. Independentemente do quão desejável isso possa ser, muitos professores diriam que é apenas um sonho. Além do fato de os alunos terem diferentes oportunidades de aprender fora da escola, alguns simplesmente são mais inteligentes do que outros. Saber o que fazer com os alunos brilhantes não é muito difícil — ofereça algo que os desafie. E quanto àqueles que têm dificuldade? Como os professores podem ter certeza de que eles estão alcançando seu máximo?

Para começar, precisamos esclarecer o que significa *inteligência*. Se nos fossem dados poucos minutos para escrever nossa própria definição, poderíamos dizer que pessoas inteligentes são capazes de compreender ideias complexas e utilizar diferentes formas de raciocínio. Além disso, elas podem superar obstáculos que envolvam esforço intelectual e aprender a partir dessas experiências. Acredito que essa definição está de acordo com o senso comum e configura uma paráfrase da definição criada por uma força-tarefa nomeada pela American Psychological Association.[a] Apesar de serem possíveis descrições mais refinadas, a ideia geral — de que algumas pessoas raciocinam bem e aprendem novos conceitos rapidamente — abarca grande parte daquilo que queremos dizer quando falamos "inteligência".

Há duas coisas a serem salientadas a respeito dessa definição. Primeiro, ela não inclui as capacidades em música, em atletismo ou em outros campos que Gardner contemplou em sua teoria das inteligências múltiplas. Conforme descrito no Capítulo 7, a maioria dos pesquisadores considera essas habilidades tão importantes quanto aquelas tomadas como aspectos da inteligência; mas chamá-las de inteligências em vez de talentos turva as águas da comunicação e leva a inferências imprecisas, por exemplo, de que uma força cognitiva pode compensar diretamente uma fraqueza cognitiva. Segundo, essa definição parece dar conta de apenas uma inteligência. Assim, se uma pessoa é inteligente, ela deve ser igualmente competente tanto em matemática quanto em linguagem. Todos conhecemos pessoas que *não são* igualmente dotadas nesses dois campos. Então, como essa definição pode estar certa?

De fato, existem fortes evidências de que há uma inteligência geral — isto é, "se você é inteligente, você é inteligente". Mas isso é só uma parte da história. Eis uma maneira pela qual os psicólogos pesquisam o assunto. Suponha que eu propusesse a existência de um único tipo de inteligência. Isso é comumente chamado de *g*, abreviatura de inteligência geral. Você, por outro lado, argumenta que existem dois tipos de inteligência — um verbal e outro matemático. Agora imagine que você e eu encontremos 100 estudantes dispostos a fazer quatro testes: dois de matemática e dois de linguagem. Eu penso que "se você é inteligente, você é inteligente", assim, qualquer um que se saia bem em um dos testes deverá repetir o desempenho nos outros três. Você, ao contrário, acredita que inteligência matemática e inteligência verbal são independentes, assim, alguém que se saia bem em um teste de compreensão de leitura repetirá o desempenho em um teste de vocabulário, mas esse sucesso não prevê nada a respeito dos testes de matemática (Figura 8.1).

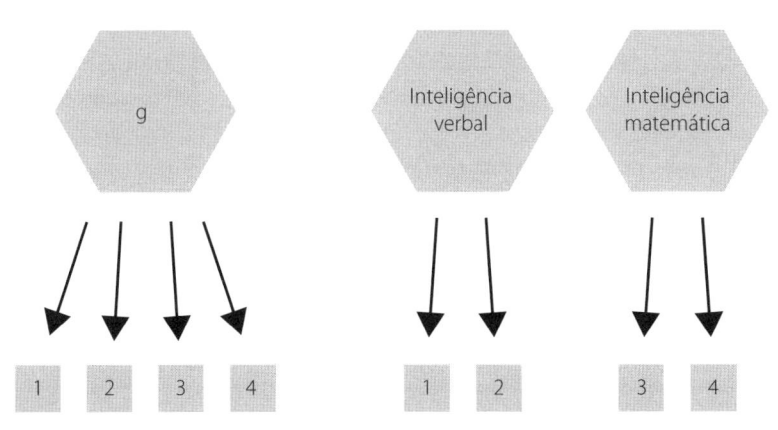

FIGURA 8.1 Duas visões de inteligência. De acordo com a visão da esquerda, um único tipo de inteligência está na base de todas as tarefas intelectuais. Assim, ter sucesso em testes de vocabulário implica que você tem grande quantidade de *g*, o que, por sua vez, faz com que você deva obter sucesso nos outros três testes. No modelo da direita, sucesso em um teste de vocabulário implica que você tenha alto nível de inteligência verbal, mas não diz nada a respeito da sua inteligência matemática, porque elas são independentes. Dados de diversos estudos mostram que nenhum desses modelos está correto. O modelo da Figura 8.2 é mais comumente aceito.

Fonte: © Greg Culley.

Qual desses dois modelos está correto? Nenhum. Informações de milhares de pessoas foram avaliadas e mostram um padrão que tem algo em comum com esses modelos. O modelo da esquerda na Figura 8.1 sustenta que os escores nos testes verbais e matemáticos relacionam-se entre si, enquanto o modelo da direita diz que eles não são relacionáveis. Os dados mostram que a pontuação no teste verbal de fato se relaciona ao escore em matemática, mas os escores do teste verbal relacionam-se entre si mais consistentemente do que com os do teste matemático. Esse padrão se encaixa no modelo ilustrado na Figura 8.2. Processos cognitivos independentes contribuem para inteligência matemática e inteligência verbal, mas g é importante para ambas.

O que exatamente é g? Uma descrição de como os dados se associam. É natural supor que há um processo cognitivo subjacente a g, mas os dados não nos dizem o que é isso. Alguns sugerem que pode estar relacionado à velocidade ou

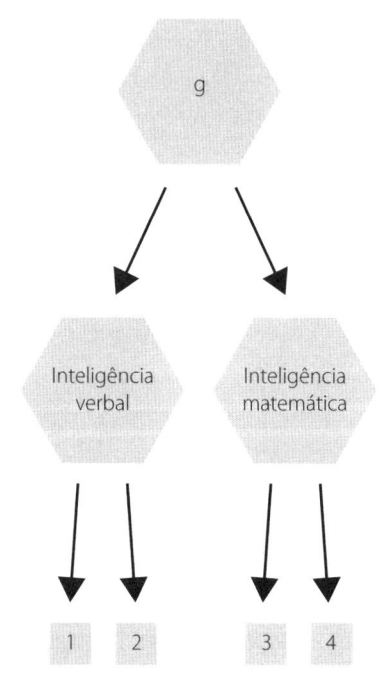

FIGURA 8.2 A visão dominante de inteligência. Há uma inteligência geral que contribui para diversos tipos de tarefas mentais, mas existem também tipos particulares de inteligência que são sustentados pelos processos da inteligência geral. Quase todos concordam que existem inteligências verbal e matemática, embora algumas pessoas pensem que elas devam ser mantidas separadas.

Fonte: © Greg Culley.

à capacidade da memória de trabalho ou, ainda, que seja um reflexo da rapidez com que os neurônios podem acender. Mais recentemente, alguns pesquisadores sugeriram que um único processo mental *não* é a base de *g*; não se trata de uma coisa, mas de vários processos cognitivos de alto nível que estão intimamente relacionados e, por isso, parecem ser um único.[1]

O coeficiente *g* diz respeito à inteligência geral e tem influência em uma ampla gama de habilidades mentais. Existem também habilidades mentais mais específicas, como, por exemplo, aquelas que ajudam a entender linguagem e aquelas que ajudam a lidar com números. Essas habilidades também variam entre as pessoas, e isso explica por que observamos algumas que obtêm A em inglês, mas lutam para obter C em matemática, e vice-versa. Embora *g* seja apenas uma parte da história no que se refere à inteligência, pesquisadores frequentemente se referem a esse coeficiente quando consideram por que algumas pessoas são bastante inteligentes e outras menos, ao menos em parte porque muito *g* prevê sucesso acadêmico e profissional. Agora que compreendemos melhor o que é a inteligência, voltemos nossa atenção para a próxima questão: o que torna as pessoas mais ou menos inteligentes?

O QUE TORNA AS PESSOAS INTELIGENTES?

Nos Capítulos 5 e 6, enfatizei a importância da prática e do esforço para a competência em tarefas cognitivas. Talvez as pessoas inteligentes sejam aquelas que praticaram muito as tarefas que são utilizadas para definir inteligência; por quaisquer razões, elas foram expostas a diversas ideias complexas (e a explicações a respeito dessas ideias), tiveram muitas oportunidades de raciocinar em um ambiente que oferecia estímulo, etc.

A outra noção é a de que inteligência é uma questão não de esforço e prática, mas de uma seleção cuidadosa dos pais. Em outras palavras, inteligência é predominantemente genética. Algumas pessoas nascem inteligentes e, mesmo que possam desenvolver essa capacidade por meio da prática, serão bastante inteligentes ainda que façam muito pouco para lapidar sua inteligência (Figura 8.3).

Eu propus duas respostas à pergunta *De onde vem a inteligência?* e ambas são extremos: ou completamente fruto da natureza (ou seja, genética) ou completamente fruto da criação (ou seja, experiência). Sempre que é perguntado *É a natureza ou a criação?*, a resposta é quase sempre *ambas*, e é quase sempre difícil especificar como os genes e a experiência interagem. A mesma resposta aplica-se à pergunta sobre inteligência, mas houve uma significante mudança no ponto de vista dos pesquisadores nos últimos 30 anos — da ideia de que a

FIGURA 8.3 Duas visões de inteligência. À esquerda, Charles Darwin, comumente considerado o criador da teoria da evolução. Em carta a Francis Galton, seu primo e um brilhante estudioso, Darwin disse "Tenho sempre afirmado isto: excetuando os tolos, os homens não diferem muito em intelecto, apenas em zelo e trabalho duro". Nem todos concordam. À direita, Keanu Reeves: "Eu sou um cabeça de vento. Não posso fazer nada, cara. Tem pessoas espertas e pessoas burras. Eu acabei sendo burro".[2]
Fonte: Darwin © Getty Images/Bettmann; Reeves © Getty Images/Ron Galella.

resposta é "ambas, mas provavelmente mais devido à genética" para a ideia de que "ambas, mas provavelmente mais devido ao ambiente". Deixe-me descrever as evidências dos dois lados. Uma vez que compreendamos por que as pessoas são inteligentes, compreenderemos melhor como ajudar os alunos que parecem ter pouca inteligência.

Acabo de dizer que a inteligência é muito provavelmente um produto da genética *e* dos fatores ambientais combinados de maneiras complexas. Como desvendá-las? Por décadas, a estratégia-chave foi comparar a inteligência de pares de pessoas que variam em sua similaridade genética. Por exemplo, gêmeos idênticos compartilham 100% dos genes, e gêmeos fraternos, 50%. Assim, testar se gêmeos idênticos são mais similares um ao outro em inteligência do que gêmeos fraternos nos ajudará a determinar a importância dos genes (Figura 8.4).

Além disso, podemos avaliar se a inteligência de irmãos criados no mesmo lar é mais similar do que a inteligência de irmãos criados em lares diferentes — isto é, irmãos separados ao nascer e adotados por famílias diferentes. Irmãos criados no mesmo lar não têm ambiente idêntico, mas compartilham os mesmos pais, provavelmente frequentaram a mesma escola, tiveram exposição similar a literatura, televisão, internet e outras fontes de cultura, etc.

O Quadro 8.1 compara vários tipos de relações e diz muito sobre a importância relativa da genética e de como somos criados.

FIGURA 8.4 Gêmeos idênticos (e políticos norte-americanos do Partido Democrata) Julián e Joaquin Castro foram criados no mesmo lar e compartilham 100% dos genes. Os gêmeos fraternos Scarlett e Hunter Johansson foram criados no mesmo lar, mas, assim como todos os gêmeos não idênticos, compartilham apenas 50% dos genes. Comparar o quão parecidas são as inteligências de gêmeos idênticos e quão similares são as inteligências de gêmeos fraternos está ajudando os pesquisadores a avaliar a importância da genética para a inteligência.
Fonte: Castro © Getty Images/Joe Raedle; Johansson © Getty Images/Steve Zak Photography.

QUADRO 8.1 Relações entre irmãos e as similaridades genéticas e ambientais em cada par

Relação	Porcentagem de genes partilhados	Ambiente
Gêmeos idênticos criados juntos	100	Similar
Gêmeos fraternos criados juntos	50	Similar
Gêmeos idênticos criados separadamente	100	Diferente
Gêmeos fraternos criados separadamente	50	Diferente
Irmãos adotados	0	Similar

Algumas pesquisas laboratoriais (com destaque para uma da University of Minnesota) acompanham centenas de pares de gêmeos que foram criados separadamente, muitos dos quais se encontraram pela primeira vez por causa do estudo.[1]

Centenas de pares de irmãos em cada categoria foram testados e os pesquisadores avaliaram quão semelhantes os gêmeos eram em inteligência e outros atributos. Os resultados desses estudos foram surpreendentes. A genética parecia desempenhar um grande papel na inteligência geral, isto é, nossos genes parecem ser responsáveis por algo como 50% de nossa inteligência.

Contudo, dados usando outros métodos de pesquisa questionaram essa conclusão.

O projeto genoma humano foi concluído em 2003, e as pessoas esperavam que isso levasse a informações mais específicas sobre quais genes contribuem para a inteligência. Claro, a inteligência é complicada e sabemos que não será uma questão de localizar apenas um ou dois genes, mas se essa for a metade da história da inteligência, deveríamos ser capazes de encontrar *algo*. Porém, as pesquisas buscando o papel de genes específicos ficaram em grande parte vazias.

Em meados dos anos 2000, outra técnica de pesquisa foi desenvolvida. Nos estudos de associação genômica ampla (GWAS, do inglês *genome-wide association studies*), o pesquisador não precisa ter uma hipótese sobre qual parte do genoma examinar. O genoma inteiro de muitas pessoas (centenas de milhares) foi analisado, e poderosas técnicas estatísticas conectaram variações nos genomas com variações na inteligência. Esse método produziu resultados um pouco mais animadores, mas ainda nada perto do que os estudos de gêmeos sugeriram. As variantes genéticas associadas à inteligência chegam aos milhares, mas cada variante oferece apenas um pequeno aumento no poder preditivo. Juntas, essas variações genéticas explicam, no máximo, 20% da inteligência, e não os 50% indicados por estudos com gêmeos.[3] O que está acontecendo? Existem alguns fatores que contribuem.

Por um lado, a maioria dos pesquisadores agora pensa que uma boa parte do poder preditivo do genoma de uma pessoa para a inteligência é, na verdade, indireto. Suponha que eu conduza meu estudo de GWAS com 300 mil pessoas e use isso para desenvolver um perfil da composição genética associada a mais ou menos inteligência. Eu chamo isso de escore único e posso calcular um escore para cada pessoa e usá-lo para prever sua inteligência. A descoberta fascinante é que, se eu tentar usar esse escore para descobrir qual dos dois irmãos é o mais inteligente, o poder de previsão é reduzido pela metade.[4] Por quê?

Quando olhamos para a composição genética de uma pessoa e sua inteligência, naturalmente pensamos em uma conexão direta, (seus genes) → (sua inteligência). Mas você recebe seus genes de seus pais, é claro. Então, quando olho para sua composição genética, também estou olhando (indiretamente) para algo sobre seus pais. E se os genes influenciam como as pessoas criam seus filhos, parte da ligação é, na verdade, (pais, genes) → (pais, comportamento) → (sua inteligência). Os escores poligênicos não são tão eficazes em prever qual dos dois irmãos é o mais inteligente (em comparação com a previsão de qual de dois não aparentados é o mais inteligente) porque parte do poder preditivo de um escore poligênico é uma previsão com base na sua composição genética e na de seus pais; a composição genética deles influencia como eles criaram você.

A composição genética também pode ter uma influência indireta por fazer as pessoas *procurarem* ambientes específicos. O pesquisador Bill Dickens oferece a seguinte analogia:[5] suponha que dois gêmeos idênticos sejam separados ao nascer e que famílias diferentes os adotem. Seus genes são responsáveis por fazê-los ter uma altura incomum já na infância, e eles continuam a crescer. Devido a sua altura, cada um dos gêmeos faz sucesso em jogos informais de basquete na vizinhança (Figura 8.5). Por essa razão, cada um deles pede a seus pais que instalem uma cesta em casa. As habilidades de cada gêmeo aumentam com a prática e eles são selecionados para o time da escola. Mais prática leva a ainda mais habilidade e, no final do ensino médio, cada um deles joga muito bem — não como um futuro profissional, talvez, mas ainda melhor do que, digamos, 98% da população.

Agora, observe o que aconteceu. Esses gêmeos idênticos foram criados separadamente. Assim, se um pesquisador examinar cada um e administrar um teste de habilidades em basquete, descobrirá que os dois são muito bons e, por terem

FIGURA 8.5 Quem você escolheria para o seu time?
Fonte: ©Shutterstock/XiXinXing.

sido criados em lares diferentes, o pesquisador concluiria que isso é um efeito da genética. Mas ele poderia estar errado. O que na verdade aconteceu foi que seus genes os fizeram altos, e isso os levou a ambientes que incluíam muita prática em basquete. A prática — e o efeito ambiental — os tornou bons nesse esporte, não seus genes. *A genética pode fazê-los buscar ou selecionar diferentes ambientes.*

Pense como essa perspectiva pode ser aplicada à inteligência. Talvez a genética tenha desempenhado um pequeno papel na sua inteligência. Talvez ela tenha tornado você um pouco mais rápido em entender as coisas, tenha feito sua memória um pouco mais eficaz, tenha feito você mais persistente em tarefas cognitivas ou simplesmente feito você ser curioso. Seus pais e seus professores talvez tenham observado essas características e encorajaram seus interesses, mesmo que não estivessem conscientes disso. Eles podem ter conversado com você sobre assuntos mais sofisticados utilizando um vocabulário mais amplo do que o usual. Conforme você crescia, via a si mesmo como uma "criança esperta", fazia amizade com outras crianças espertas e competia amigavelmente pelas notas mais altas. Por outro lado, a genética sutilmente o afastou de outras atividades. Apesar de rápido cognitivamente, você pode ser um pouco mais lento e desajeitado fisicamente do que os outros. Isso pode tê-lo feito evitar situações que desenvolvessem suas habilidades atléticas (como jogos de basquete), preferindo, em vez disso, ficar em casa lendo.

Se essa explicação estiver correta e os genes tiverem menos influência sobre a inteligência do que pensamos, deve ser fácil observar alguns casos em que o ambiente altera diretamente a inteligência. Existem algumas variações dessa evidência. Por exemplo, se uma criança vive em um lar relativamente carente e é adotada por uma família com mais recursos, a inteligência da criança aumenta.[6] Outros estudos mostram que a escolaridade tem um impacto substancial na inteligência. Crianças que perdem um ano de escola apresentam uma queda no QI. Quando a Noruega acrescentou dois anos ao tempo mínimo que as crianças deviam frequentar a escola, a população viu um aumento substancial no QI (medido quando as pessoas entraram no exército, aos 19 anos). As crianças que mudam de uma escola pouco exigente para outra com expectativas mais altas e mais recursos mostram um aumento na inteligência.[7]

Talvez a evidência mais persuasiva seja o efeito Flynn. Ao longo do último meio século, as pontuações de QI mostraram ganhos bastante substanciais em várias nações.[8] Por exemplo, na Holanda, as pontuações subiram 21 pontos em apenas 30 anos (1952-1982), de acordo com pontuações de testes de recrutas militares holandeses. O efeito foi observado em mais de uma dúzia de países em todo o mundo, incluindo os Estados Unidos (Figura 8.6). Nem todos os países têm dados disponíveis — um número muito grande de pessoas é necessário para ter certeza de que não estamos olhando para um subconjunto peculiar —, mas onde há dados verificáveis, o efeito foi encontrado.

Se a inteligência é em grande parte genética, não esperaríamos que as pontuações de QI de um país inteiro aumentassem ou diminuíssem muito ao longo do tempo, porque o *pool* genético geral muda muito lentamente. Mas não foi isso que aconteceu. Houve enormes aumentos nas pontuações de QI — aumentos muito grandes para terem sido causados por mudanças nos genes. Parte do aumento pode ter vindo de uma melhor nutrição e dos cuidados de saúde. Parte disso pode ter vindo do fato de que nosso ambiente ficou mais complexo e as pessoas são mais frequentemente chamadas a pensar de forma abstrata e a resolver problemas desconhecidos — o tipo exato de coisas que são solicitadas a fazer em testes de QI. Seja qual for a causa, deve ser ambiental.[b]

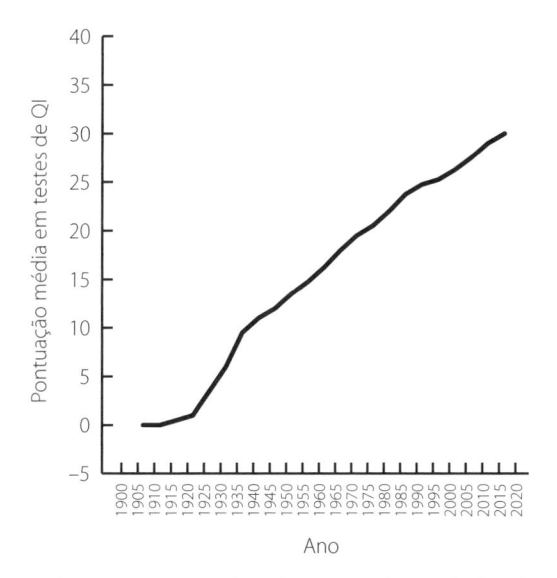

FIGURA 8.6 Este gráfico mostra os ganhos de QI em todos os dados disponíveis no mundo entre 1909 e 2013. O "efeito Flynn" é uma forte evidência de que o ambiente tem um impacto poderoso na inteligência, porque os geneticistas concordam que o *pool* genético não poderia mudar com rapidez suficiente para explicar essa mudança no QI.

Fonte: PIETSCHNIG, J.; VERACEK, M. One century of global IQ gains: A formal meta-analysis of the Flynn effect (1909-2013). *Perspectives on Psychological Science*, v. 10, n. 3, p. 282-306, 2015. Figura 1, p. 285.

Por que eu contei essa longa história a respeito da inteligência? Porque aquilo que iremos fazer pelos alunos que parecem pouco inteligentes depende da natureza da inteligência. Se ela não puder mudar muito, se for determinada pela herança genética e não estiver aberta a influências, não haveria muito sentido em tentar fazer as crianças ficarem mais inteligentes. Ao contrário, tentaríamos fazê-las alcançarem seu melhor de acordo com a inteligência geneticamente determinada que tivessem. Devemos fazer isso, mas ainda mais: devemos estar cientes de que *a inteligência é maleável e pode ser melhorada*.

Fantástico! Então como melhoramos a inteligência? A resposta é tão simples quanto difícil de executar. Você constrói conhecimento e ensina aos alunos as habilidades analíticas associadas a uma ampla variedade de disciplinas diferentes: como formular e resolver problemas de matemática, literatura, ciências, engenharia, etc.

Uma segunda coisa que você poderia querer fazer é mais sutil: convencer os alunos de que a inteligência pode ser melhorada.

INFLUÊNCIA DAS CRENÇAS A RESPEITO DA INTELIGÊNCIA

Imagine dois alunos hipotéticos. Felícia parece bastante preocupada em parecer inteligente. Quando são oferecidas tarefas, ela escolhe a mais fácil para ter certeza de que será bem-sucedida. Ao confrontar-se com uma atividade mais desafiadora, ela desiste no primeiro contratempo, geralmente protestando que está cansada ou usando outra desculpa. Manuela, ao contrário, não parece se incomodar com fracassos. Podendo escolher, ela opta por atividades novas e parece gostar de aprender com elas, mesmo que sejam frustrantes. Quando uma tarefa é difícil, Manuela não desiste, ela insiste e tenta outra estratégia.

Sem dúvidas, você já teve Manuelas e Felícias em sua sala de aula. O que explica as diferenças entre elas? A psicóloga Carol Dweck propõe que aquilo em que elas acreditam a respeito da inteligência é um importante fator.[9] Alunos como Felícia são mais propensos a acreditar que a inteligência é algo *fixo*, determinado no nascimento e, por ser algo imutável, ela fica muito preocupada em obter o "rótulo certo", assim, escolhe as atividades fáceis. Ela acredita que pessoas inteligentes não precisam se esforçar para serem bem-sucedidas — elas obtêm sucesso por causa de sua inteligência superior. Portanto, esforçar-se é sinal de ser burro. Assim, apesar de ser muito importante para Felícia parecer inteligente, ela não se permite trabalhar duro para assegurar que tenha sucesso porque isso a faria parecer burra.

Manuela, em contrapartida, vê a inteligência como algo maleável. Ela acredita que fica mais inteligente ao aprender novas coisas. Por isso, fracassar não importa tanto quanto para Felícia, porque Manuela acha que isso não diz nada sobre suas capacidades. Quando ela falha, acha que não se esforçou suficientemente ou que não aprendeu ainda sobre o assunto em particular. Desse modo, Manuela sente-se no controle de seu sucesso ou de seu fracasso porque pode sempre se esforçar mais caso falhe. Ela não vê nada de constrangedor em admitir não saber algo ou em dar uma resposta errada. Portanto, ela não se motiva a escolher atividades fáceis, ao contrário, é mais propensa a optar por tarefas mais desafiadoras porque pode aprender a partir delas. Ela também não acredita que se esforçar seja sinal de burrice — ao contrário, acha que dar o máximo de si é um sinal de alguém que tenta ficar mais inteligente (Figura 8.7). A crença central de que a inteligência é maleável e pode ser lapidada por meio do esforço é chamada de mentalidade de crescimento (*growth mindset*).

Como você provavelmente sabe, tem havido crescente interesse na mentalidade de crescimento nos últimos 10 anos: escolas têm se declarado como fundamentadas nessa mentalidade, cursos têm sido desenvolvidos para estimulá-la nos estudantes e professores têm sido instados (e, em alguns casos, constrangidos) a exibir mentalidade de crescimento em suas aulas. Compensou?

FIGURA 8.7 Imagine ir a um bar em uma noite de *quiz* com Felícia; ela responderia apenas às perguntas fáceis, mas de maneira chamativa para aumentar suas chances de parecer inteligente. Manuela, ao contrário, tentaria responder a todas, sem se importar muito em dar respostas erradas, mas ansiosa para aprender algo novo. Como você jogaria?
Fonte: © Getty Images/Jim Donahue.

Essa é uma questão em duas partes. Em primeiro lugar, a teoria está correta — a crença na maleabilidade da inteligência leva ao estabelecimento de metas mais ambiciosas, maior resiliência ante a falhas e, em última análise, mais realizações? Segundo, se a teoria está correta, somos capazes de fazer os alunos adotarem a mentalidade de crescimento?

Uma boa quantidade de dados sugere que a teoria está correta. A evidência mais consistente vem de um estudo extensivo conduzido pela Organização para a Cooperação e Desenvolvimento Econômico (OCDE). A cada três anos, a OCDE supervisiona a administração de testes de leitura, matemática e ciências em adolescentes de 15 anos. Em 2018, a organização questionou alunos de 74 países a respeito de suas atitudes em relação à escola, incluindo sua concordância ou discordância sobre esta afirmação: "Sua inteligência é algo que você não pode mudar". Aqueles que discordaram ou discordaram fortemente foram categorizados como tendo uma mentalidade de crescimento.

Conforme a teoria prevê, mentalidade de crescimento estava associada a alunos que reportavam uma tendência a manter-se engajados nas tarefas, estabelecer metas de leitura mais ambiciosas e atribuir maior valor à escola. Mentalidade de crescimento estava negativamente associada ao medo de falhas em atividades acadêmicas. É evidente que todas essas expectativas e atitudes podem ser afetadas pela renda, por isso, os pesquisadores removeram estatisticamente o efeito do *status* socioeconômico como parte da análise.[10]

É um começo. Mas o que temos são correlações, e sabemos que isso não nos permite estabelecer uma relação causal. Por exemplo, talvez não seja a crença na maleabilidade da inteligência que leve a um bom desempenho acadêmico. Talvez se você for bem na escola, a mentalidade de crescimento seja atraente — você gosta de pensar "Estou indo tão bem porque trabalho duro e me torno mais inteligente"; por outro lado, se você se sai mal, prefere pensar "Não é realmente minha culpa. Eu só nasci pouco inteligente".

Para confirmar se a mentalidade de crescimento *causa* o bom desempenho escolar, precisamos de um experimento: um grupo numeroso de pessoas, do qual algumas seriam selecionadas aleatoriamente para receber uma intervenção baseada na mentalidade de crescimento, e verificar se elas persistiriam em tarefas difíceis, obteriam melhores notas, e assim por diante.

Existem vários experimentos conduzidos com muito cuidado mostrando esse efeito. Um deles testou 6.320 alunos de 9º ano com baixo desempenho, selecionados de uma amostra nacionalmente representativa dos Estados Unidos.[11] Cada grupo completou duas sessões de aulas *on-line* de 25 minutos. A intervenção de mentalidade de crescimento se concentrou em três ideias: 1) esforçar-se ou pedir ajuda não significa que você é burro; 2) o fracasso não decorre da pouca capacidade, mas da inexperiência; e 3) não há necessidade de se preocupar em "parecer estúpido" falhando ou revelando que você não sabe alguma coisa. O grupo-controle completou duas sessões de aulas *on-line* sobre anatomia do cérebro.

Em comparação aos alunos do grupo-controle, aqueles no grupo de mentalidade de crescimento obtiveram médias de notas mais altas no final do 9º ano e eram mais propensos a se matricular em um curso de matemática desafiador no início do 10º ano. Os efeitos foram pequenos, mas é notável que tenham sido observados, já que foram motivados por uma mera experiência *on-line* de uma hora. Pode até parecer bom demais para ser verdade, mas o experimento foi repetido com um número semelhante de alunos na Noruega, e os resultados foram similares.[12]

O que *não* funcionou de forma consistente foram os programas de mentalidade de crescimento destinados a escolas ou salas de aula. Enquanto escrevo, em 2020, nenhum desses programas está comprovado e pronto para o horário nobre. É muito mais desafiador criar um programa de sala de aula porque ele deve ser flexível o suficiente para se adaptar às realidades das escolas, com as diferentes maneiras a serem ensinadas pelos professores, a possibilidade de as aulas serem interrompidas por um exercício de incêndio ou canceladas se algo acontecer, etc. A versão *on-line* é muito mais fácil de controlar, mas mesmo assim passou por várias rodadas de testes e revisões ao longo de vários anos. Portanto, podemos ter que esperar um bom tempo por lições confiáveis de mentalidade de crescimento em sala de aula.

Um pensamento final: a mentalidade de crescimento oferece uma lição prática sobre o uso da ciência para melhorar a educação. Se você conhecesse a ciência, saberia desde o início que a mentalidade de crescimento não seria um divisor de águas. O efeito não pode ser enorme, porque deve melhorar a motivação e, claramente, muitos fatores contribuem para a motivação, não apenas suas crenças sobre inteligência. Além disso, só pode ajudar as crianças que ainda não têm uma mentalidade de crescimento, e os dados da OCDE citados anteriormente mostram que, em muitos países, os jovens de 15 anos já têm essa mentalidade (Quadro 8.2)! O mais promissor dessa pesquisa foi o custo muito baixo — você não precisa de novos equipamentos ou novos professores, apenas falar com as crianças sobre inteligência de maneira diferente. Mas o *hype* passou pelos pesquisadores (que, para seu crédito, tentaram reduzir as expectativas) e os pro-

QUADRO 8.2 Porcentagem de jovens de 15 anos que fizeram o teste da OCDE e mostraram uma mentalidade de crescimento (ou seja, discordaram da afirmação "Sua inteligência é algo que você não pode mudar.")

Mais de 60%	Entre 40 e 60%	Menos de 40%
Reino Unido	Rússia	Polônia
Estados Unidos	Singapura	Líbano
Canadá	Itália	Filipinas
Japão	Eslováquia	Indonésia
Finlândia	Chile	Kosovo
Alemanha	Turquia	Panamá

Esta é uma amostra de países, não uma lista completa.

Fonte: OCDE. *PISA 2018 Results* (Volume III): what school life means for students' lives, PISA. Paris: OECD, 2019. Figura III.14.1, p. 202.

fessores cansaram da ideia de mentalidade de crescimento.[13] Ainda assim, os educadores podem obter mais dessa pesquisa do que um exemplo de aplicação que deu errado.

RESUMO

Às vezes você ouve "testes de inteligência não dizem nada além de se uma pessoa é boa em fazer testes de inteligência". Isso não é verdade. O QI prevê sucesso acadêmico e profissional. Por muitos anos, os pesquisadores pensaram que cerca de metade da inteligência vinha de seus genes e metade do ambiente. Pesquisas mais recentes indicam que o ambiente é muito mais importante do que as pessoas estimavam. Também temos boas evidências de que a inteligência pode ser aumentada e que a escolaridade torna você mais inteligente. No entanto, isso exige muito trabalho, e as crianças estarão mais dispostas a fazer esse trabalho árduo se souberem que valerá a pena, isto é, se acreditarem que podem ficar mais inteligentes.

IMPLICAÇÕES PARA A SALA DE AULA

O que podemos fazer pelos alunos lentos? O objetivo deste capítulo é enfatizar que esses alunos não são burros.[c] Eles provavelmente diferem um pouco dos outros em termos de potencial. A inteligência pode ser modificada.

Essa conclusão não deve ser tomada como se esses alunos pudessem facilmente alcançar o desempenho de seus colegas — eles podem ter um potencial similar, a diferença está naquilo que sabem, na sua motivação, na sua persistência diante de contratempos acadêmicos e na sua autoimagem como estudantes. Eles também podem diferir nos recursos disponíveis fora da escola. Eu acredito fortemente que esses alunos podem recuperar seu desempenho, mas é preciso reconhecer que as coisas não correram bem até então. Para ajudá-los, precisamos primeiro ter certeza de que eles acreditam que podem melhorar. Depois, devemos persuadi-los de que isso vale a pena.

Fale sobre inteligência da maneira que a teoria da mentalidade de crescimento sugere, mas não espere grandes mudanças apenas com isso

Essa recomendação é estranha porque sugere que você faça exatamente o que eu disse não ser fundamentado por evidências. Deixe-me explicar o que eu recomendo que você faça, por que é estranho e por que eu acho que você deveria tentar.

A ideia é que o professor fale sobre inteligência de forma a promover uma mentalidade de crescimento. Você quer que os alunos pensem em sua inteligência como sob seu controle e, especialmente, que eles possam desenvolvê-la por meio do esforço. Há três elementos nesse tipo de conversa.

Primeiro, você elogia *processos* em vez de habilidade. Quando um aluno é bem-sucedido, você não diz: "Você é tão esperto!". Isso comunica que a inteligência é uma entidade, algo que a criança *é* (que não está sob seu controle). Em vez disso, elogie as coisas que a criança faz: bem-sucedida ou não, elogie-a quando ela realizar uma tarefa desafiadora, persistir diante da dificuldade ou assumir a responsabilidade por seu trabalho.

Em segundo lugar, incentive os alunos a buscar *feedback*. Qualquer um precisa de *feedback* honesto e informativo para melhorar. Portanto, não é suficiente para um professor dizer: "Eu adoro o tanto de esforço que você coloca em sua apresentação sobre como resolver o problema de matemática do desafio de hoje". Você precisa incluir comentários como "A ordem em que você apresentou as etapas foi muito clara, mas acho que os gráficos que você desenhou confundiram alguns alunos. Deixe-me explicar por que digo isso".

Terceiro, os alunos devem se acostumar a encontrar novas estratégias quando as coisas dão errado e ter recursos nessa busca. Certo, os gráficos não eram bons. E agora? Ela sabe o suficiente sobre gráficos para considerar outros métodos? Se não, ela sabe onde encontrar modelos ou com quem falar sobre isso?

Essas são as três coisas que Carol Dweck recomendou aos professores fazerem para incentivar uma mentalidade de crescimento. Então por que é estranho sugerir que você faça isso? Como mencionei, quando as escolas tentaram institucionalizar essas estratégias, na maioria das vezes não funcionou. Revisões de pesquisas mostram alguns sucessos, mas muitos fracassos.[14]

Além disso, a própria Dweck está preocupada com o fato de essas práticas serem frequentemente implementadas de forma incorreta. Em 2015, ela publicou um artigo de opinião em um jornal educacional expressando consternação devido às práticas citadas não estarem indo bem.[15] Ela observou que o erro mais comum era elogiar o esforço... e parar por aí. Tal elogio, na verdade, envia a mensagem errada. Suponha que uma criança não consiga resolver um problema de matemática e o professor diga: "Mas você se esforçou muito, e isso é ótimo". Esse elogio sugere que não faz sentido continuar. A professora está oferecendo um prêmio de consolação, um adesivo de participação verbal porque a criança tentou, mas isso parece dizer: "Não precisa continuar tentando, porque provavelmente você nunca vai conseguir. Vamos considerar que você terminou".

No entanto, sou a favor de conversar com as crianças sobre inteligência da maneira que a literatura sobre mentalidade de crescimento sugere, especialmente tomando o cuidado de incluir todos os três elementos que Dweck recomenda: a inteligência, as razões para o sucesso ou o fracasso, o que fazer ao falhar — esses são tópicos inevitáveis de conversa em sala de aula. Você também pode descrever a inteligência de maneiras mais próximas da verdade que conhecemos. A mentalidade de crescimento não sugere que você diga nada maluco. Você diz às crianças "você pode ficar mais inteligente, mas deve trabalhar duro, buscar *feedback* e tentar coisas novas".

A mentalidade de crescimento vale a pena porque tem um custo incrivelmente baixo. É uma mudança na maneira como você fala sobre tópicos que surgem nas salas de aula de qualquer maneira. Isso é fácil e os alunos podem obter um pequeno impulso com isso.

Não se esqueça de desafiá-los

Para que a mentalidade de crescimento está preparando os alunos? Ela destina-se a dar-lhes uma atitude positiva sobre o trabalho desafiador. Então, não se esqueça de desafiá-los!

A inteligência vem de aprender coisas novas. Você não pode ganhar velocidade de processamento mental, mas pode aprender novos fatos e novas maneiras de resolver problemas. A prática fará a lembrança desses fatos ser automática e o ajudará a reconhecer os problemas que você resolveu antes, quando eles estavam vestidos com roupas diferentes.

A principal maneira de seus alunos ficarem mais inteligentes é fazendo mais desse trabalho. Você já ouviu "definir altas expectativas" um milhão de vezes. Espero que este capítulo tenha oferecido uma compreensão mais profunda de por que isso é importante. Se o trabalho não é ambicioso, os alunos estão apenas enxugando gelo.

Diga a eles explicitamente que o trabalho duro compensa

Elogiar o processo, e não a capacidade, envia a mensagem não verbalizada de que a inteligência está sob o controle do aluno. Não há razão para não tornar essa mensagem explícita, especialmente quando as crianças chegam ao ensino fundamental. Diga a seus alunos quanto esforço cientistas famosos, inventores, escritores e outros gênios precisaram fazer para ficarem tão inteligentes. Ainda mais importante, faça isso ser aplicável aos trabalhos que eles realizam. Se alguns de seus alunos se gabam de não estudar, destrua esse mito — diga a eles que a maioria dos alunos que se sai bem na escola se esforça de fato para isso.

Convencer os alunos dessa verdade pode não ser fácil. Certa vez tive um aluno que integrava o time de futebol e que dedicava grande parte do seu tempo aos treinos, então sobrava pouco tempo para os estudos. Ele atribuía suas notas baixas ao fato de ser "um atleta burro". Eu tive uma conversa com ele que foi mais ou menos assim:

> DTW: Tem algum jogador no time que tem bastante habilidade natural, mas que simplesmente não se esforça, que brinca durante os treinos ou algo do tipo?
> ALUNO: Claro. Tem um cara assim em qualquer time.
> DTW: Os outros jogadores o respeitam?
> ALUNO: Claro que não. Todos acham que ele é um idiota, porque tem talento e não desenvolve isso.
> DTW: Mas ele não é respeitado por ser o melhor jogador?
> ALUNO: Ele não é o melhor. Ele é bom, mas vários outros são melhores que ele.
> DTW: Nos estudos acontece o mesmo. A maioria das pessoas precisa se esforçar muito. Existem poucas que se dão bem sem esforço, mas não muitas. E ninguém gosta delas ou as respeita muito.

Os alunos devem esperar que parte do trabalho que fazem será difícil. Vai *parecer* difícil. Isso não é necessariamente negativo, pode haver satisfação nesse tipo de trabalho árduo, mas é pior se você não estiver acostumado. Novamente, uma analogia com o exercício físico é adequada. Quando você está tentando entrar em forma, é difícil interpretar o trabalho duro do exercício como algo além de desconforto. Mas à medida que você se acostuma, a atividade assume um aspecto diferente. É difícil, mas é um tipo satisfatório de difícil. As pessoas que vão bem na escola não são aquelas que não precisam se esforçar porque são inteligentes, mas aquelas que conseguem obter esse sentimento de satisfação no trabalho duro, e provavelmente conseguem isso ao superar o sentimento inicial de "eu quero desistir".

Trate os fracassos como uma parte natural da aprendizagem

Se você deseja aperfeiçoar sua inteligência, precisa se desafiar. Isso significa envolver-se em tarefas que vão um pouco além do seu alcance, o que quer dizer que você pode falhar, ao menos na primeira vez em que tentar. O medo da falha pode, assim, ser um obstáculo significativo para lidar com esse tipo de desafio, mas ela não deve ser vista com tanta importância.

Meu primeiro emprego depois da faculdade foi no escritório de um membro do Congresso. Eu não via o "chefão" com muita frequência, e me sentia bastante intimidado por ele. Lembro a primeira vez em que eu fiz algo errado (esqueci exatamente o quê) e isso foi levado ao conhecimento dele. Eu resmunguei algumas desculpas. Ele me olhou durante alguns instantes e disse "Garoto, as únicas pessoas que não cometem erros são aquelas que não fazem nada". Isso me fez sentir muito bem — não porque eu evitei o julgamento a respeito do incidente, mas porque foi aí que eu compreendi que você precisa aprender a aceitar o fracasso se quiser que as coisas sejam feitas. O gigante do basquete, Michael Jordan, expressou assim: "Eu errei mais de nove mil arremessos em minha carreira. Perdi quase 300 jogos. Umas 26 vezes o último lance foi confiado a mim, e eu errei. Eu falhei diversas e incontáveis vezes na minha vida. É por isso que cheguei até aqui".

Tente criar na sala de aula uma atmosfera em que o erro, apesar de indesejado, não seja constrangedor nem completamente negativo. Já estive em salas de aula nas quais os professores, quando precisavam dizer a um aluno que ele cometeu um erro, escolhiam suas palavras com cuidado e, inconscientemente, "emperravam". Se você se sente desconfortável quando uma criança comete um erro, ela provavelmente sentirá isso. Esse desconforto mostra à criança que ela fez algo muito ruim e você está tentando poupá-la do constrangimento.

Em vez disso, experimente ver os erros como algo trivial. O erro não é algo divertido, mas significa que você está aprendendo. Você descobrirá que existe algo que não compreende ou que não sabe como fazer. Mais importante, *modele* essa atitude em seus alunos. Quando você erra — e quem não erra? — deixe-os ver que você toma uma atitude positiva de aprendizagem.

Não pressuponha as habilidades de estudo de seus alunos

Faça uma lista de todas as coisas que você pede para os alunos fazerem em casa. Avalie quais delas têm tarefas envolvidas e se pergunte se os alunos com dificuldade saberão como fazê-las. Para alunos mais velhos, se você anunciar uma prova, presumirá que eles estudarão para ela. Seus alunos com dificuldade sabem como estudar? Eles sabem como avaliar a importância das diferentes coisas que leem, ouvem ou veem? Eles sabem quanto tempo precisam estudar antes de uma prova? (Na faculdade, meus alunos que tiram notas baixas frequentemente protestam dizendo "Mas eu estudei por 3 ou 4 horas para essa prova!". Eu sei que aqueles com notas mais altas estudam cerca de 20 horas.) Seus alunos com dificuldade conhecem alguns truques para planejar e organizar seu tempo?

Essas preocupações são especialmente importantes para alunos que estão começando a receber seus primeiros deveres de casa exigentes. É necessário certo período de ajuste para a maioria dos estudantes quando a tarefa de casa muda de "traga três pedras que encontrar no jardim" para "leia o Capítulo 4 e responda às questões no verso". Todos os estudantes devem aprender novas habilidades à medida que as tarefas aumentam em dificuldade — habilidades de autodisciplina, de gerenciamento de tempo e de pesquisa. Alunos que já estão para trás terão ainda mais dificuldades em realizar trabalhos em casa por conta própria, e eles podem levar mais tempo para desenvolver essas habilidades.

Não presuma simplesmente que seus alunos mais lentos detêm tais habilidades, mesmo que eles *devessem* tê-las adquirido em séries anteriores. Vou lhe dizer que, quando chegam até mim, na faculdade, a maioria ainda não conhece maneiras muito eficazes de concluir tarefas como ler livros didáticos, estudar para provas e organizar sua agenda. Eles chegaram à faculdade apesar de suas habilidades de estudo, não por causa delas.

Recuperação é uma meta a longo prazo

É importante ser realista sobre o tempo necessário para os alunos recuperarem seu desempenho. No Capítulo 2, apontei que, quanto mais sabemos, mais fácil fica aprender novas coisas. Desse modo, se seus alunos com dificuldade sabem menos do que seus alunos brilhantes, eles simplesmente não podem trabalhar no mesmo ritmo; fazendo isso, eles continuarão cada vez mais atrasados. Para alcançar os mais brilhantes, os alunos com dificuldade precisam se esforçar *mais* do que seus colegas.

Acho que essa situação é análoga a uma dieta. É difícil manter a força de vontade pelo período de tempo necessário para alcançar o peso-alvo. O problema com as dietas é que elas requerem escolhas difíceis repetidas vezes. E, cada vez que fazemos a escolha certa, não somos recompensados instantaneamente com o peso desejado. Quando alguém faz a escolha errada, há uma tendência a sentir-se um fracassado e a desistir totalmente da dieta. Grande quantidade de pesquisa mostra que a maioria das dietas bem-sucedidas *não é* dieta. Ao contrário, elas são mudanças no estilo de vida que a pessoa acredita poder manter todos os dias por anos — por exemplo, mudar de leite integral para leite desnatado ou passear com o cachorro em vez de apenas deixá-lo sair pela manhã.

Ao pensar sobre como auxiliar alunos com dificuldade, pode ser inteligente traçar metas que sejam concretas e alcançáveis. Elas podem incluir estratégias como dedicar um tempo fixo diário aos deveres de casa, ler semanalmente uma revista de notícias ou assistir a um documentário em *streaming* sobre ciência ou história toda semana. É desnecessário dizer que incluir os pais nesses esforços, quando possível, seria de enorme ajuda.

Até aqui, dedicamos toda a nossa atenção à mente dos alunos. Contudo, é claro que eles usam ferramentas tanto quanto sua mente, e podemos perguntar que impacto essas ferramentas têm em seu pensamento. Essa questão teve uma urgência especial nos últimos 10 anos, na medida em que as tecnologias digitais se tornaram amplamente acessíveis. No próximo capítulo, consideraremos como a tecnologia afeta o pensamento dos alunos.

NOTAS

[a] A força-tarefa foi criada depois da publicação de *The Bell Curve*, um livro bastante controverso publicado em 1994 que afirma, entre outras coisas, que as diferenças de QI observadas entre raças são predominantemente genéticas — em resumo, ele diz que algumas raças são intrinsecamente mais inteligentes do que outras. As lideranças da American Psychological Association sentiram que existia muitas ideias erradas a respeito da inteligência nesse livro e em artigos publicados em resposta. A força-tarefa foi reunida para elaborar um resumo de tudo aquilo que se conhecia sobre a inteligência.

[b] O efeito Flynn está diminuindo ou até mesmo revertendo em alguns países altamente desenvolvidos. Os pesquisadores interpretam esses efeitos também como ambientais. Ver BRATSBERG, B.; ROGEBERG, O. Flynn effect and its reversal are both environmentally caused. *Proceedings of the National Academy of Sciences*, v. 115, n. 26, p. 6674-6678, 2018.

ᶜ Isso não quer dizer que alguns alunos não tenham dificuldades de aprendizagem específicas e que algumas deficiências não tenham um grande componente genético.

LEITURAS COMPLEMENTARES

Menos técnico

DWECK, C. *Mindset*: changing the way you think to fulfil your potential. New York: Random House, 2017. A pesquisa de Carol Dweck tem sido de enorme importância para a compreensão dos psicólogos sobre o papel das atitudes em relação à inteligência na aprendizagem e na escolarização. Esse livro oferece um panorama acessível e atualizado do trabalho da pesquisadora direto da fonte.

NISBETT, R. E. *Intelligence and how to get it*. New York: Norton, 2010. Uma revisão da literatura sobre inteligência, um pouco datado, mas ainda útil, que tende a minimizar a importância de *g* e destacar o papel do ambiente.

RITCHIE, S. *Intelligence*: all that matters. London: John Murray Learning, 2016. Uma boa companhia para o livro de Nisbett, esse também se apega a fatos científicos, mas com uma apresentação mais amigável.

SEGAL, N. L. *Born together reared apart*: The Landmark Minnesota Twin Study. Cambridge: Harvard University, 1999. Esse livro se concentra em um estudo de longa duração realizado na University of Minnesota, cuja peça central são 137 pares de gêmeos separados ao nascimento. Se você se sente confortável com um pouco de estatística, essa é uma abordagem completa e confiável de uma questão científica complicada.

STANOVICH, K. E. *What intelligence tests miss*. New Haven: Yale University, 2009. Uma tentativa de separar a inteligência do que geralmente é chamado de senso comum. É um problema que poucos pesquisadores enfrentaram, e Stanovich tem uma visão interessante.

Mais técnico

CARR, P. B.; DWECK, C. S. Intelligence and motivation. *In*: STERNBERG, R. *The Cambridge handbook of intelligence*. New York: Cambridge University, 2020. p. 1061-1086. Um resumo recente da teoria de Dweck.

CARROLL, J. B. *Human cognitive abilities*: A survey of factor-analytic studies. Nova York: Cambridge University, 1993. Esse livro contém os resultados da extensa revisão de Carroll sobre dados de testagem. Sua conclusão foi o modelo hierárquico da inteligência — com *g* no topo e habilidades cada vez mais específicas à medida que descemos.

KUNCEL, N. R.; HEZLETT, S. A. Fact and fiction in cognitive ability testing for admissions and hiring decisions. *Current Directions in Psychological Science*, v. 19, n. 6, p. 339-345, 2010. O artigo revisa dados mostrando que os testes de habilidade cognitiva predizem o desempenho na escola e no trabalho.

LAZAR, I. *et al.* Lasting effects of early education: a report from de Consortium for Longitudinal Studies. *Monographs of the Society for Research in Child Development*, v. 47, n. 2-3, p. 1-151, 1982. Um dos muitos estudos que mostra como as intervenções ambientais (como mudanças na escolarização) podem ter efeitos significativos nas capacidades cognitivas.

MAHER, B. Personal genomes: the case of the missing heritability. *Nature*, v. 456, n. 7218, p. 18-21, 2008. Esse é frequentemente considerado o artigo clássico analisando as dificuldades para encontrar os correlatos biológicos da herdabilidade observada em estudos com gêmeos.

NEISSER, U. et al. Intelligence: knowns and unknowns. *American Psychologist*, v. 51, n. 2, p. 77-101, 1996. O trabalho da força-tarefa da American Psychological Association sobre inteligência, entre outras coisas, oferece uma definição razoável do construto.

PLOMIN, R.; VON STUMM, S. The new genetics of intelligence. *Nature Reviews Genetics*, v. 19, n. 3, p. 148-159, 2018. Robert Plomin continua sendo um dos defensores mais destacados da ideia de que uma parte substancial da inteligência é herdada.

YEAGER, D. S. *et al.* Using design thinking to improve psychological interventions: the case of the growth mindset during the transition to high school. *Journal of Educational Psychology*, v. 108, n. 3, p. 374-391, 2016. É comum que as intervenções funcionem em algumas salas de aula e falhem quando são ampliadas. Esse artigo formaliza um método para abordar o problema e mostrou sucesso em uma intervenção de mentalidade de crescimento com mais de 3 mil alunos.

YEAGER, D. S.; WALTON, G. M. Social-psychological interventions in education: they're not magic. *Review of Educational Research*, v. 81, n. 2, p. 267-301, 2011. Artigo muito influente explorando por que se pode esperar que certas intervenções muito breves influenciem resultados de longo prazo, como, por exemplo, média de notas e persistência na escola.

QUESTÕES PARA DISCUSSÃO

1. Pense nos seus alunos que têm mais dificuldade na escola. Alguns podem simplesmente se ver como não tão inteligentes, enquanto outros podem achar que não são inteligentes da maneira que a escola valoriza, mas têm bom senso ou algo semelhante. Onde esses alunos são bem-sucedidos fora da escola? De que forma essas atividades se baseiam na inteligência? Você acha que esses alunos têm os tipos de inteligência que poderiam permitir que eles se saíssem bem na escola? Se sim, como você poderia convencê-los disso?

2. É importante notar que este capítulo fez uma suposição sobre os valores da escolarização. A visão de inteligência apresentada está intimamente ligada ao QI. Não é por acaso que o QI está intimamente ligado à escolarização: começou como um teste para prever o desempenho das crianças na escola. Portanto, não é surpreendente que fazer mais dos tipos de atividades que normalmente acontecem na escola o tornaria mais inteligente... de acordo com essa definição de inteligência. É uma forma bastante convencional de ver a inteligência, mas pode ser uma maneira menos convencional de ver a escola. Algumas famílias pensam que a escola

deve preparar as crianças para a vida prática. Alguns pensam que a escola deve maximizar seu potencial. Isso mudaria a forma como pensamos sobre o crescimento da inteligência em seus filhos?
3. É importante comunicar às crianças que a inteligência é maleável, mas pode ser que elas ouçam o contrário em casa. Como podemos colocar os pais a bordo?
4. Se a cultura pode nos tornar mais inteligentes, como podemos advogar para que isso aconteça? Por um lado, há exemplos de inovações culturais financiadas pelo governo que, segundo pesquisas, realmente tornam as crianças mais inteligentes — o programa de televisão Vila Sésamo é um exemplo. Você pode imaginar esforços semelhantes em *videogames*, filmes e aplicativos para *smartphones*? Por outro lado, o dinheiro governamental destinado a esses esforços deixa algumas pessoas desconfortáveis. Qual é a sua opinião?
5. Conforme observado neste capítulo, uma explicação para o efeito Flynn é que a inteligência aumenta quando a cultura se torna cognitivamente mais desafiadora, como quando, por exemplo, há mais empregos na economia da informação que apresentam problemas em constante mudança para os funcionários. Você consegue imaginar uma reversão dessa tendência à medida que as ferramentas digitais se tornam mais sofisticadas? Por exemplo, já se sabe que quando as pessoas usam um GPS, elas não aprendem o *layout* de uma cidade. Mais e mais ferramentas digitais poderiam nos libertar do trabalho cognitivo e, talvez, nos tornar um pouco mais burros?
6. As crenças sobre a inteligência de alguém certamente podem prejudicar a forma como vemos suas realizações. Por exemplo, alguns anos depois de começar a lecionar, comecei a avaliar redações de exames sem saber o nome do autor e descobri que, uma vez que combinava nomes com notas de redação, muitas vezes me surpreendia com a qualidade da redação de um determinado aluno. O que me impressionou foi que eu ficava mais surpreso quando dava notas dessa maneira, o que me levava a pensar que o que eu achava que sabia sobre um aluno provavelmente influenciava a forma como eu avaliava seu trabalho. Isso me fez suspeitar que minhas crenças também estavam influenciando como eu interagia com os estudantes em sala de aula. Não é possível deixar de ter crenças sobre os alunos; onde elas podem enviesar sua prática? O que você pode fazer sobre isso?

9

Como saber se as novas tecnologias beneficiam a aprendizagem dos alunos?

Pergunta: Se você é professor há pelo menos cinco anos, provavelmente já ouviu uma das seguintes sentenças:

- "Trabalharemos individualmente com iPads."
- "Todos os alunos deveriam usar microblogs."
- "Estamos colocando uma lousa interativa em sua sala de aula. Aqui está o manual."
- "Programação é a nova matemática."
- "Estamos adquirindo uma impressora 3D. Vamos pensar no que fazer com ela."
- "Você já pensou em mudar sua sala de aula?"

Professores compreensivelmente têm se mostrado cautelosos com cada "próxima grande coisa" em tecnologia educacional. No entanto, o poder da tecnologia para melhorar nossas vidas é inegável. Como saber quais alegações são legítimas?

Resposta: O princípio que orienta este capítulo é:

> Tecnologia muda tudo… menos a maneira como você pensa.

Neste capítulo, veremos a cognição de uma maneira diferente. Anteriormente, examinamos processos mentais individuais — memória de trabalho, aprendizagem ou atenção — e tentamos colocar esse conhecimento para trabalhar por meio de ações conscientes em sala de aula. Considerar a tecnologia na educação funciona ao contrário: você começa com a ação da sala de aula — como dar um *laptop* a seus alunos ou disponibilizar a tarefa de casa por meio da tecnologia de nuvem — e tenta antecipar as consequências cognitivas.

Como estamos começando com ações, em vez de processos mentais, *poderíamos* testar a eficácia da ação de forma simples: por exemplo, identifique 20 salas de aula em que os alunos receberão um *laptop* e 20 salas de aula semelhantes em que não; então, em seis meses, compare as aprendizagens dos alunos (ou a motivação, ou as atitudes, ou qualquer outra hipótese que mudaria). Não há necessidade de entender como isso afeta os processos mentais dos alunos, porque, em última análise, ou os *laptops* ajudam ou não. E é isso que queremos saber.

Para inovações que já foram testadas, essa abordagem é boa. Mas inovações tecnológicas surgem continuamente e, às vezes, precisamos saber qual delas pode ajudar *antes* de adotar alguma. É possível discernir um padrão que identifique as inovações que funcionaram no passado e aquelas que não funcionaram?

Tendemos a *pensar* que sim. Observando a intervenção proposta, pensamos "os alunos vão fazer *tal coisa*, e isso vai afetar a aprendizagem *de forma tal...*". Essas suposições às vezes são tão intuitivas que podem parecer *obviedades* certeiras, tanto que nem parecem suposições. Mas é claro que elas podem estar erradas, especialmente porque uma intervenção como "trabalhar individualmente com *laptops*" muda *muitos* processos mentais, e todas essas mudanças são difíceis de prever. Esse problema é a fonte de muitos fracassos na aplicação da tecnologia à educação.

O princípio que guia este capítulo tem dois significados: a tecnologia muda muitos processos cognitivos, mas não necessariamente da maneira que você poderia imaginar; também se refere a uma exclamação comum que você provavelmente já ouviu — "a tecnologia mudou tudo!". É verdade, mas não mudou a maneira como você pensa, ou seja, a maneira como sua mente funciona.

MUDA TUDO 1.0: SEU CÉREBRO E A TECNOLOGIA

Minha filha mais nova tem 13 anos e muitas vezes desempenha o papel de consultora de TI para minha esposa e para mim. Recentemente, meu iPhone não conseguia se conectar à nossa rede doméstica e não dediquei nem 30 segundos tentando descobrir o motivo. Chamei o suporte de TI. (Ou seja, eu gritei lá para cima.) A maioria dos adultos com um filho de 10 anos ou mais pode se identificar. As crianças de hoje parecem ter um sexto sentido para a tecnologia.

Só que não.

A ideia de que a geração de hoje é de magos da tecnologia já não é mais novidade. Foi popularizada em um artigo de 2001, de Marc Prensky, no qual ele usou os termos nativo digital e imigrante digital.[1] O primeiro representava crianças que cresceram com tecnologias digitais e, portanto, "dominam a linguagem" como um nativo. Os adultos, por sua vez, podem usar ferramentas tecnológicas, mas nunca se sentiriam tão à vontade quanto os nativos digitais. Prensky caracterizou essa diferença como um reflexo de mudanças profundas na maneira como as crianças pensam:

> *"Agora fica claro que, como resultado desse ambiente onipresente e o grande volume de interação com a tecnologia, os alunos de hoje pensam e processam as informações de modo bastante diferente das gerações anteriores. Essas diferenças vão mais longe e são mais intensamente do que muitos educadores suspeitam ou percebem."*

Parece plausível, mas os experimentos não sustentam essa ideia. Por exemplo, em 2006, pesquisadores questionaram os estudantes que ingressavam na University of Melbourne sobre como usavam a tecnologia. Eles descobriram que os estudantes estavam muito à vontade com um pequeno conjunto de ferramentas usadas de um número limitado de maneiras. Por exemplo, os alunos podiam pesquisar informações no Google, mas a maioria nunca havia entrado em uma rede social, embora o MySpace estivesse no auge naquela época, registrando 200 mil novos usuários por dia.[2]

Outras pesquisas mostraram achados semelhantes em relação a professores. Por exemplo, em um estudo, pesquisadores pediram a professores finlandeses de 1º ano, nascidos entre 1984 e 1989 (correspondendo, assim, à definição de nativo digital), que criassem uma aula que fizesse uso efetivo das tecnologias da informação e comunicação.[3] As aulas geralmente usaram ferramentas para coleta e apresentação de informações, mas não para comunicação com colegas, compartilhamento ou criação de conteúdo, exatamente as habilidades da próxima geração que deveriam ser uma segunda natureza para os nativos digitais.

Ficar confortável com a tecnologia depende do seu contexto, não da sua geração. Adolescentes têm motivação para entender e usar plataformas e dispositivos que seus amigos também usam, e esses amigos costumam ser tutores dispostos. Algumas crianças se interessam por ferramentas tecnológicas, mas a maioria para onde minha filha parou: ela é uma especialista em truques de iPhone e *hacks* de Instagram e uma usuária consistente das ferramentas exigidas por sua escola.

A ideia do nativo digital postula uma mudança positiva (ou pelo menos neutra) no cérebro das crianças. Outras sugeriram uma mudança negativa, principalmente na atenção. Essas ideias apontam que os dispositivos digitais geralmente exigem mudanças rápidas de atenção. Os artigos da *web* convidam à leitura rápida e superficial em vez de leitura mais aprofundada. As pessoas alternam entre tarefas, com vários aplicativos abertos ao mesmo tempo. Os *videogames* de ação exigem mudanças frequentes de atenção, e os programas de televisão oferecem cortes mais rápidos e diálogos acelerados em comparação com 25 anos atrás. De acordo com o argumento, essa rápida mudança de atenção se torna habitual, tornando os alunos incapazes de se focar por longos períodos.

Novamente, a ideia parece plausível, sobretudo quando você considera o tempo que as crianças passam em frente a telas. Uma pesquisa de 2019 revelou que a média de tempo por dia é de quase 5 horas para pré-adolescentes e mais de 7 horas para adolescentes.[4]

Ainda assim, toda essa exposição provavelmente não vai fritar o cérebro dos adolescentes. Do contrário, veríamos consequências muito além da capacidade de prestar atenção. A incapacidade de se concentrar afetaria a leitura, a matemática, a resolução de problemas, o raciocínio... enfim, qualquer processo de pensamento de alto nível que você possa nomear. O cérebro é plástico e está aberto a mudanças. Porém, deve haver limites para essa mudança, e parece improvável que algo tão central para o pensamento, como a atenção, possa mudar tão profundamente.

Mais importante: existem dados indicando que a atenção não mudou. Algumas medições de atenção foram administradas a grandes grupos de participantes ao longo de décadas, e os resultados são semelhantes aos observados antes do advento da era digital (Figura 9.1).

Há um terceiro palpite comum sobre como as tecnologias digitais afetaram a cognição das crianças: a prática extensiva de fazer várias coisas ao mesmo tempo as tornou multitarefas; na verdade, eles funcionam melhor assim. Os adultos costumam dizer às crianças para não fazerem várias coisas ao mesmo tempo — "faça uma coisa de cada vez", "concentre-se no seu trabalho!". Acreditamos que isso é melhor porque nós não somos multitarefas, e não somos bons nisso porque não crescemos fazendo isso.

Há um fundo de verdade aqui. Os jovens são melhores multitarefas do que os idosos, mas não é porque eles praticaram mais. Em vez disso, pessoas com

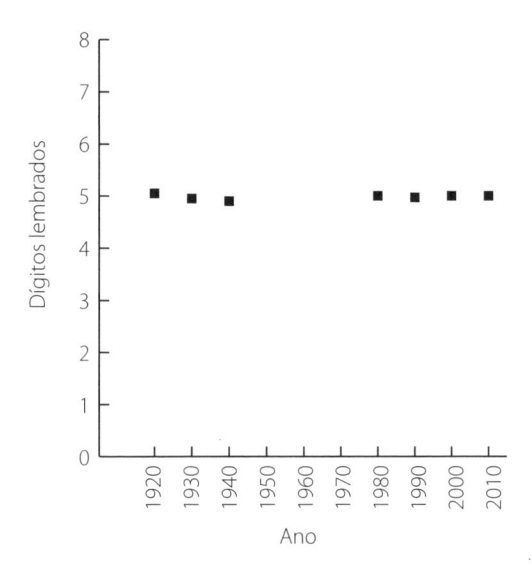

FIGURA 9.1 Na tarefa de alcance de dígitos na ordem inversa, os participantes ouvem uma lista de dígitos, por exemplo, "sete, três, um", e devem repeti-los de trás para frente. Se eles responderem corretamente, o número de dígitos aumenta em um, e o processo continua até que eles cometam um determinado número de erros. Como mostra o gráfico, o número médio de dígitos que as pessoas podem repetir é cinco. É importante ressaltar que essa média não mudou ao longo dos anos.

Fonte: GIGNAC, G. E. The magical numbers 7 and 4 are resistant to the Flynn effect: No evidence for increases in forward or backward recall across 85 years of data. *Intelligence*, v. 48, p. 85-95, 2015. Copyright ©2015. Reproduzida com permissão da Elsevier.

maior capacidade de memória de trabalho são melhores em multitarefas, e a capacidade de memória de trabalho atinge o pico aos vinte e poucos anos e diminui depois. No entanto, fazer muitas atividades ao mesmo tempo não torna você um bom multitarefas. Na verdade, os alunos que frequentemente realizam muitas tarefas ao mesmo tempo podem ser um pouco piores em regular sua atenção do que os alunos que têm menor frequência em multitarefas.

As pessoas (jovens ou mais velhas) que dizem "você se sairá melhor se se concentrar em uma coisa de cada vez" estão certas. A razão pode não ser intuitiva: você não pode, de fato, dividir a atenção entre as tarefas. Pode parecer que sim, mas você está, na verdade, trocando a atenção de uma para a outra. Em um experimento clássico (Figura 9.2), os participantes visualizaram um par de letras e algarismos, por exemplo, "W6". O estímulo aparecia em um de quatro quadrantes. Se aparecesse na linha superior, o participante deveria prestar atenção à letra (e classificá-la como vogal ou consoante). Se aparecesse na linha

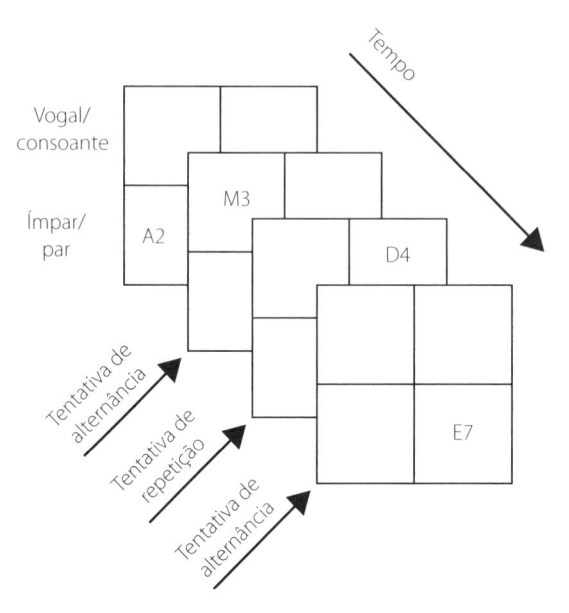

FIGURA 9.2 Um experimento típico que testa a alternância entre tarefas.
Fonte: © Greg Culley.

de baixo, o participante deveria prestar atenção ao dígito (e classificá-lo como par ou ímpar).[5] Após a resposta do participante, haveria um novo par de letra e algarismo que apareceria em um novo quadrante. Quando a tarefa de classificação era trocada (por exemplo, o participante que tinha acabado de fazer a tarefa ímpar-par, agora tinha que fazer a tarefa de vogal-consoante), os tempos de resposta eram cerca de 20% mais lentos do que se a tarefa fosse repetida.

A alternância entre tarefas requer etapas extra de processamento de informação: redefinir seu objetivo ("ignore o dígito; preste atenção à letra") e lembre-se da regra ("se for uma vogal, pressione o botão esquerdo; se for uma consoante, pressione o botão direito"). O que é especialmente interessante sobre esse experimento é que você acredita ser capaz de manter as duas regras em mente ao mesmo tempo. Esse é o coração de ser multitarefas: manter duas coisas em mente ao mesmo tempo e executar ambas. Entretanto, você não pode manter duas tarefas em mente simultaneamente, mesmo quando são muito simples.

Dessa forma, quando uma aluna manda uma mensagem para sua amiga enquanto trabalha em seu artigo analisando a peça *Fences*, de August Wilson, ela está fazendo muitas alternâncias. Assim como a tarefa de letras e dígitos exigia redefinir a meta cada vez que há uma mudança, também essa aluna multitarefas mudará sua linha de pensamento, a formalidade do que está escrevendo e a maneira como digitará.

E se o aluno for apenas *um pouco* multitarefas? Muitas vezes, um estudante terá música tocando ou televisão ligada enquanto trabalha e dirá: "não estou nem prestando atenção; é apenas ruído de fundo".

Experimentos têm mostrado consistentemente decréscimos na leitura ou em outros trabalhos cognitivos quando a televisão está ligada, mesmo que os alunos afirmem que a estão ignorando — eles se distraem pelo menos de vez em quando. Música, no entanto, tem efeitos mais complexos: ela é uma distração, e alternar a atenção entre música e trabalho tem um custo. Mas música também é estimulante e pode ser emocionalmente edificante. É por isso que as pessoas ouvem música quando se exercitam — e costumava-se tocar música nas linhas de montagem das fábricas. Essa compensação significa que a literatura sobre alternar tarefas com música é mista: às vezes parece melhorar o desempenho, ou degradá-lo, ou não ter efeito. Tudo depende do equilíbrio entre o benefício estimulante e o custo de distração da música.

MUDA TUDO 2.0: SUA SALA DE AULA E A TECNOLOGIA

Quando eu tinha uns 10 anos, adorava mapas ou, mais exatamente, adorava ser encarregado pelos meus pais de monitorar o mapa nas férias em família, para garantir que quem estivesse dirigindo não perdesse nenhuma conversão. Superestimei o peso da minha responsabilidade, pois nossas viagens de longa distância geralmente significavam horas em uma única rodovia interestadual, mas ainda hoje parece uma espécie de pilotagem. Esse pequeno prazer se foi agora, é claro, quando a moça dentro da caixinha emite comandos para nos direcionar.

É difícil lembrar como foi surpreendente quando os mapas de papel se tornaram obsoletos em meados dos anos 2000. Na mesma época, as câmeras se tornaram a norma, e os pequenos quiosques onde você deixava o filme e pegava as impressões no dia seguinte começaram a desaparecer (Figura 9.3). O mesmo aconteceu com os telefonemas para os agentes de viagens, uma vez que você pode reservar suas próprias passagens de avião *on-line*.

Fotografia, mapas e viagens foram três exemplos comuns de como a tecnologia digital revolucionou a indústria em meados dos anos 2000. Os especialistas ofereceram uma analogia com a educação que, embora vaga, era um pouco sinistra: a tecnologia tornará as salas de aula irreconhecíveis e, se você é professor, pode muito bem se tornar obsoleto. Abraçar a tecnologia geralmente era oferecido como a melhor preparação para o inevitável.

FIGURA 9.3 Um quiosque típico da Fotomat. No seu auge, havia mais de 4 mil Fotomats nos Estados Unidos e, é claro, eles não eram o único lugar para revelar filmes. O rápido desaparecimento da fotografia com filme foi uma mudança drástica, embora restrita, na vida cotidiana.

Fonte: TYPICAL drive-up Fotomat booth. *In: Wikimedia*, 1987 (CC BY-SA 3.0). Disponível em: https://en.m.wikipedia.org/wiki/File:This_is_a_typical_drive-up_Fotomat_booth..jpg. Acesso em: 27 jul. 2020.

Até a revolução, os alunos se beneficiariam modestamente da tecnologia atual. As vantagens que os novos dispositivos trariam à aprendizagem pareciam tão óbvias que requeriam pouca elaboração. Se cada sala de aula tivesse uma lousa interativa,[a] por exemplo, o professor de física poderia mostrar simulações em 3D, o professor de música poderia mostrar a técnica de arco de YoYo Ma e o professor de matemática poderia ter três crianças trabalhando no mesmo problema no quadro simultaneamente, com *feedback* automático. A Grã-Bretanha apostou alto em lousas interativas e, em 2007, quase 100% das escolas tinham pelo menos uma.

Na mesma época, municípios, estados e até países (pesquise "Uruguai OLPC no Google) decidiram dar a cada aluno um *laptop*. Mais uma vez, os benefícios pareciam evidentes e inquestionáveis. Com um *laptop*, os estudantes poderiam acessar uma incrível variedade de conteúdos de pesquisa, colaborar por meio da nuvem, ler livros didáticos eletrônicos que seriam atualizados com frequência e integrar vídeo e áudio na experiência de leitura.

Mas as iniciativas para fornecer lousas interativas ou *laptops* não melhoraram a aprendizagem dos alunos. Pesquisas com educadores revelaram uma razão que provavelmente deveria ter sido antecipada: a formação profissional foi muito breve e os professores variaram em seu conforto em relação à nova tecnologia. Além disso, criar novas lições que realmente explorem as capacidades dessas tecnologias não é uma questão simples. As crianças podem ter mostrado pouco benefício porque o ensino não mudou muito.

Avaliações mais recentes oferecem uma imagem mais nítida — o maior uso de tecnologias digitais nas salas de aula está associado a um aumento modesto na aprendizagem dos alunos —, e a interpretação é a de que os sistemas escolares descobriram que era uma estratégia ruim simplesmente lançar a tecnologia nas escolas e esperar a mágica acontecer. Os educadores atualmente estão recebendo mais tempo e treinamento para aprender as ferramentas, e alguns produtos melhores estão disponíveis no mercado.

Talvez mais importante: podemos estar vendo uma mudança nas expectativas. Mesmo no início dos anos 2000, alguns pesquisadores enfatizavam que as medidas de sucesso deveriam ser mais refinadas do que um teste padronizado de desempenho em leitura ou matemática, porque as tecnologias variam naquilo que tornam mais fácil ou mais eficaz.[6] Por exemplo, os *laptops* tornam mais fácil o *feedback* dos professores em relação à escrita dos alunos, a comunicação entre professores, alunos e seus pais e o trabalho colaborativo entre os estudantes. As lousas interativas não fazem nada disso, mas oferecem aos professores acesso a melhores ferramentas de visualização e um novo conjunto de oportunidades para uma turma trabalhar em equipe.

Assim, uma afirmação mais modesta parece suportável: as novas tecnologias não mudam tudo e não ajudam a "aprender", mas auxiliam em alguns aspectos da aprendizagem. Essa perspectiva combina bem com a análise cognitiva deste livro. Temos abordado tópicos como atenção e engajamento (Capítulo 1), aprendizagem (Capítulo 3), compreensão (Capítulo 4), prática (Capítulo 5) e pensamento crítico (Capítulo 6). O benefício de considerar um processo mental de cada vez é que esse é um objetivo mais simples e modesto.

Contudo, há uma desvantagem. Você pode aprender algo sobre atenção, mas a mudança de uma prática pedagógica para explorar o que aprendeu afeta o aluno como um todo, não apenas o processo mental individual que você espera atingir. Por exemplo, você pode afetar a motivação de alguma forma que não previu.

Para ser exato, às vezes você tenta afetar apenas um processo cognitivo e consegue. Por exemplo, o *software* de repetição espaçada é projetado para capitalizar o efeito de espaçamento descrito no Capítulo 5, e vários produtos parecem cumprir essa promessa.[7] Câmeras de documentos (também chamadas de projetores) atendem a um objetivo limitado, mas útil: permite que todos em uma classe vejam o que o professor quer mostrar. A turma inteira pode assistir enquanto uma professora mostra uma técnica de sombreamento enquanto desenha, ou a imagem da asa de uma mariposa, ou um novo estilo de caligrafia (Figura 9.4).

Como avaliar o valor de um projetor? Você não esperaria que o resultado dos testes suba porque colocou um na sala de aula. O pensamento é mais "temos um número limitado de microscópios e as crianças fazem fila para ver uma hidra (ou qualquer outra coisa). Algumas não têm certeza do que estão procurando, então sequer sabem se encontraram. Com uma câmera em sala de aula, todos podem ver a mesma coisa ao mesmo tempo". Sim, você espera que isso ajude as crianças a aprender, mas o efeito está tão distante de um teste padronizado que você não espera ver o efeito lá. Simplificando, você não precisa de pesquisa para saber se está atendendo às suas expectativas.

Assim, a resposta provisória à pergunta "Como saber se a nova tecnologia melhora a aprendizagem?" parece ser "Ferramentas que melhoram um processo cognitivo levarão a resultados mais previsíveis do que ferramentas complexas que influenciam muitos processos cognitivos". É um começo, mas não é tão simples assim.

FIGURA 9.4 Os preços das câmeras de documentos diminuíram, mas essa solução engenhosa é ainda mais barata: construa um suporte para o seu iPad.
Fonte: © Doug Butchy via *Flickr*, 2013. (CC BY 2.0). Disponível em: https://tinyurl.com/y4t8pjo3. Acesso em: 20 jul. 2020.

MUDA MAIS DO QUE EU ESPERAVA

Prever como novas tecnologias vão interagir com a mente humana é mais difícil do que parece. Descreverei três casos dos últimos 20 anos em que as previsões foram refutadas.

Primeiro, considere os livros eletrônicos. Os *e-books* são um enorme sucesso, superando até mesmo os livros impressos em vendas por um tempo — situação que não se manteve.[b] Surpreendentemente, a compreensão ao ler em uma tela é um pouco pior do que ao ler em papel, especialmente não ficção. A diferença é tão pequena que provavelmente passaria despercebida — você ainda apreciará a biografia de Malala Yousafzai se levar seu *Kindle* no avião em vez de um livro de bolso.

Entretanto, essa conclusão muda quando consideramos os livros didáticos. Os alunos acham mais difícil ler livros didáticos eletrônicos em comparação com os livros impressos, provavelmente porque diferem dos livros de lazer. O conteúdo é mais desafiador. Lemos livros didáticos para um propósito diferente (aprendizagem, não entretenimento) e eles são organizados por temas, não como uma narrativa. Não está claro o quão importante é cada diferença, mas por alguma razão, a mudança aparentemente pequena na tecnologia causa uma mudança surpreendentemente grande na cognição.

Aqui está um segundo exemplo de uma nova tecnologia que parece atender a uma necessidade cognitiva restrita, mas não exatamente como esperaríamos. Talvez a marca registrada da internet seja o acesso rápido a informações ilimitadas. Isso convida à pergunta "por que memorizar alguma coisa quando pode simplesmente procurar?" (Figura 9.5).

De fato, você pode. Mas quando se trata de fornecer informações para processamento cognitivo, seu cérebro supera o Google de maneiras importantes. Primeiro, parar sua leitura para procurar algo — a definição de *yegg*, por exemplo — é uma ruptura: é fácil perder o fio do que você está lendo. Por essa razão, as pessoas não têm muita paciência para esse tipo de atividade. É verdade que buscar no Google é muito mais rápido do que procurar coisas em livros. Estamos falando de segundos para encontrar uma resposta. Mas seu cérebro é muito mais rápido que o Google: ele leva muito menos de um segundo para fornecer a definição de uma palavra.

A segunda razão pela qual você precisa da informação em sua memória é ainda mais importante. Seu cérebro é *muito* mais sensível ao contexto do que o Google. Lembre-se desta frase do Capítulo 2: "Eu não deveria usar minha nova churrasqueira quando o chefe vier para o jantar". Isso fez você pensar no fato

FIGURA 9.5 Por que você deveria memorizar, digamos, a equação quadrática? Em 2016, Jonathan Rochelle, então diretor do Google Education Apps, disse em uma conferência do setor: "Não sei por que [meus filhos] não podem pedir a resposta ao Google se ela estiver certa."[8]
Fonte: © Getty Images.

de que as pessoas nem sempre são bem-sucedidas ao usar um novo aparelho. Mas suponha que a frase fosse "Eu não deveria usar minha nova churrasqueira envernizada e brilhante". Nesse caso, você pensaria em uma característica diferente dos novos aparelhos: não que as pessoas cometam erros quando os usam pela primeira vez, mas que gostam de mantê-los limpos. Ou suponha que a frase fosse "Eu não deveria usar minha nova churrasqueira até que Rob possa vir e me ver usar seu presente". Ou "Eu não deveria usar minha nova churrasqueira até conseguir um acoplamento diferente para o gás". Cada frase se baseia em um conhecimento diferente que você tem na memória sobre novos aparelhos: é preciso prática para usá-los corretamente, as pessoas gostam de mantê-los bonitos, gostam de exibi-los e, às vezes, eles exigem novos acessórios.

Você sabe bastante sobre novos aparelhos, mas sua mente não seleciona todas essas informações quando você está lendo. Fora de sua consciência, a mente seleciona a informação certa, dado o contexto, que ajudará você a entender o que está lendo. O Google não pode fazer isso. Se você ficou confuso com a primeira frase e buscar no Google "nova churrasqueira", sabe muito bem o que aconteceria: você receberia milhões de resultados e levaria muito, muito tempo até que chegasse à informação certa para preencher a lacuna deixada pelo escritor.

Nosso terceiro exemplo de uma mudança tecnológica que parece simples, mas acaba sendo complexa, é o uso de *laptops* para fazer anotações em sala de aula. Esse exemplo é um pouco diferente dos anteriores, pois o processo cognitivo é alcançado como previsto, mas a tecnologia também afeta outros aspectos.

Os alunos fazem anotações em aulas com *laptops* porque esperam que possam digitar mais rápido do que escrevem e que possam editar suas anotações mais tarde com mais facilidade. E estão certos.[c]

Porém, os estudantes que fazem anotações no *laptop* se distraem facilmente com a disponibilidade da internet. Snapchat, Pinterest, Amazon — qualquer que seja o estímulo causador de dependência, na internet ele está a apenas um clique de distância e é difícil resistir. Há alguns anos, tive um aluno que admitiu assistir a vídeos do YouTube na sala quando a minha aula "fica chata". Perguntei como ele sabia quando retomar a atenção à aula. Impassível, ele disse: "Quando você fica interessante novamente". Então, acho que ter alunos fazendo anotações em um *laptop* normalmente não vale a pena (Figura 9.6).

FIGURA 9.6 Mesmo os professores que desencorajam os alunos a fazer anotações em *laptops* devem lembrar que, para alguns estudantes, um *laptop* é uma tecnologia assistiva. Para minimizar qualquer constrangimento, quando reviso minha política no início do ano, também digo que qualquer aluno que sentir que essa política não é adequada deve vir falar comigo e, se fizer sentido para eles usar um *laptop*, eles podem. Dessa forma, os pares não saberão o motivo pelo qual um colega usa um *laptop*, a menos que ele opte por revelar.
Fonte: © Getty Images/picture alliance.

Já ouvi o contra-argumento "Claro que é uma distração, mas esse é o mundo em que vivemos. Eles precisam aprender a resistir". Esse argumento está errado de duas maneiras. Primeiro, aspira a um padrão incrivelmente difícil de resistir à distração. Os adolescentes não são tão bons quanto os adultos no controle de impulsos, e são muito sociáveis. Portanto, as redes sociais são uma tentação terrível. E, para falar a verdade, adultos muitas vezes não atendem a esse padrão. Quantas vezes você esteve em uma reunião e observou outras pessoas respondendo *e-mails* ou fazendo compras pelo celular (Figura 9.7.)?

Em segundo lugar, os psicólogos dirão que a maneira mais inteligente de resistir à tentação é mudar o ambiente. Se você está tentando perder peso, não é

FIGURA 9.7 Connie Bernard, membro do conselho escolar de Baton Rouge, Louisiana, ganhou as manchetes em 2020 quando foi pega fazendo compras durante uma reunião. Isso já seria ruim o suficiente. Mas, na época, os membros estavam se dirigindo ao conselho sobre a mudança do nome da escola Robert E. Lee para homenagear alguém que refletisse melhor os valores da comunidade.
Fonte: via YouTube, © Gary Chambers Jr.

inteligente dizer a si mesmo: "Preciso aprender a resistir aos biscoitos no armário". Só não compre biscoitos.

Que fique claro: minha intenção *não* é criticar ferramentas de tecnologia. Eu poderia acrescentar muitos outros exemplos positivos aos mencionados, especialmente tecnologia assistiva: reconhecimento de voz, ampliadores de tela, viradores de página, calculadoras falantes, legendas para permitir que pessoas com dificuldades auditivas assistam a vídeos, *software* de conversão de texto para fala para permitir que aqueles com visão limitada leiam e muito mais. Essas ferramentas tornam um processo cognitivo desnecessário ou apoiam um que representa uma dificuldade e podem ser um divisor de águas para crianças e adultos.

Meu ponto é que os resultados cognitivos associados a ferramentas tecnológicas simples podem surpreender. Acho que isso tem sido um problema real na adoção de novas tecnologias. As vantagens parecem óbvias, mas depois não são confirmadas, e todos se sentem enganados. Seja cauteloso e acredite nos benefícios quando os vir.

A TECNOLOGIA MUDA O ECOSSISTEMA

Consideramos duas maneiras pelas quais a tecnologia pode "mudar tudo". Primeiro, alterando os processos de pensamento das crianças (por exemplo, degradando sua capacidade de atenção) e, segundo, fornecendo um produto ou uma ferramenta que altera a maneira que pensamos sobre aprendizagem. Nenhuma se confirma. Em vez disso, a tecnologia parece ter produzido mudanças modestas em várias tarefas mais restritas ou em partes de uma tarefa. Mas se essa mudança apoiar um processo cognitivo que é especialmente problemático para o aluno, o benefício para ele pode ser substancial.

Mesmo que as mudanças trazidas pelas ferramentas tecnológicas sejam geralmente pequenas, existem muitas dessas ferramentas que afetam diversas áreas da vida das crianças. A tecnologia influencia como os alunos socializam, como comem, como aprendem, como se divertem e muito mais. Talvez os educadores devam conhecer e de alguma forma explicar como a tecnologia mudou a forma como as crianças *vivem*.

Vamos considerar a natureza dessa mudança. Nos Estados Unidos, o tempo de tela das crianças aumentou de forma constante até 2015, quando se tornou estável, provavelmente porque o acesso aos dispositivos se tornou quase universal — *smartphones* ficaram suficientemente baratos para que a maioria dos adolescentes tivesse um. Como observei, o tempo médio diário de tela permanece alto, pouco menos de 5 horas por dia para crianças de 8 a 12 anos e um pouco mais de 7 horas por dia para crianças de 13 a 18 anos. O que elas fazem nesse tempo todos os dias?

Você deve se lembrar do otimismo do início dos anos 2000, quando a internet de alta velocidade se tornou amplamente disponível nos países ricos, permitindo que muitas crianças acessassem a rede em casa. Pessoas ligadas à educação achavam que poderíamos estar rumo a uma explosão de aprendizagem e, dadas certas suposições, a previsão fazia sentido. Se você acredita que as crianças são naturalmente curiosas e querem aprender, e acredita que as escolas não satisfazem essa curiosidade porque regulamentam o que elas devem estudar, seria natural supor que a disponibilidade da internet significava que as crianças finalmente seriam capazes de explorar seus interesses.

Isso não aconteceu. Conforme descrito no Capítulo 1, os humanos são naturalmente curiosos, mas a curiosidade é frágil e evapora se as condições não forem adequadas. É mais difícil satisfazer sua curiosidade sobre assuntos desafiadores (por exemplo, história europeia) porque você não sabe onde procurar e porque muitas das fontes de informação não são projetadas para manter seu interesse. Outros conteúdos — como redes sociais, *vlogs*, *videogames* e *sites* de infoentretenimento, como o Buzzfeed — são habilmente criados para diversão rápida.

Como resultado, o amplo acesso à internet não levou ao florescimento do autodidatismo. Os adolescentes gastam cerca de 30% do tempo de tela enviando mensagens de texto, 25% em conteúdo de vídeo, 18% em jogos, 5% em bate-papo por vídeo e 18% em vários outros *sites* da internet (a maioria provavelmente é de redes sociais).[9] Em outras palavras, as crianças de hoje estão fazendo com tecnologia mais ou menos o que eu fazia na idade deles sem ela: brincando com os amigos.

Afinal, todo esse tempo de tela com essa mistura de conteúdos teve algum impacto nas crianças?

Preciso destacar que estou excluindo o uso compulsivo da internet. Especialistas discordam sobre se há um transtorno classificável que devemos chamar de adição, mas algumas pessoas mostram comportamentos e sentimentos típicos: usam a internet quase constantemente, sentem-se culpadas por isso, seus relacionamentos sofrem devido à sua compulsão, sofrem retraimento se não puderem acessar, etc. A pesquisa sobre o uso compulsivo da internet ainda está em fase inicial, mas há boas razões para se preocupar com as potenciais consequências negativas para a saúde mental, a regulação emocional e os relacionamentos sociais.

E alguém que não chamaríamos de viciado, mas que, como o adolescente típico, passa muito tempo nas telas?

Houve um susto no final dos anos 2010 quando os pesquisadores notaram que o rápido aumento no uso de redes sociais pelos adolescentes foi acompanhado por um rápido aumento de depressão, ansiedade e suicídio. No momento da redação deste livro, a pesquisa de acompanhamento indica que a associação é extremamente pequena ou possivelmente ausente, uma vez que outros fatores de risco foram levados em consideração. Além disso, embora o *bullying on-line* possa certamente ser um problema, é muito mais comum que o caráter das interações *off-line* seja transferido. Em geral são amigos interagindo (marcando encontros, discutindo preocupações comuns, etc.), e costumam ser agradáveis uns com os outros.[8]

Assim, embora as atividades de tempo de tela que as crianças escolhem em seu tempo de lazer possam não estar fazendo muito por elas, há poucas evidências de que estão fazendo muito contra elas. A maioria usa tecnologia para as coisas que os adolescentes estão profundamente interessados, o que não mudou muito.

Contudo, talvez haja um custo de oportunidade. Ou seja, se as crianças não estivessem *on-line*, talvez estivessem fazendo algo benéfico, então, o tempo *on-line* impede que elas obtenham esse benefício.

Um custo de oportunidade é fácil de avaliar: a perda de sono. Crianças que levam *smartphones* ou *tablets* para o quarto à noite dormem menos e têm um sono de qualidade inferior do que aquelas que não o fazem. É fácil avaliar os dois casos porque é lógico — espera-se que as crianças prefiram trocar mensagens de texto com seus amigos ou jogar um jogo em vez de dormir —, mas também existe semelhança com pesquisas mais antigas que mostram que as crianças perdem o sono se jogam *videogames* ou assistem à televisão antes de dormir.

Outros observadores temem que o tempo de tela tenha substituído a leitura como atividade de lazer. Com tanto tempo absorvido pela tecnologia, quanto tempo resta no dia? De fato, algumas pesquisas indicam uma redução na leitura nos últimos 20 anos, tanto entre adultos[10] quanto entre crianças.[11] Evidentemente, pode ser que algum outro aspecto além do aumento do uso de dispositivos digitais tenha contribuído para esse declínio na leitura, levando em consideração que algumas pesquisas mostram que esse fato remonta ao final da década de 1970, antes do início da era digital.[12]

Outro problema com a hipótese de que "a tecnologia está matando a leitura" é que a maioria dos estudos usa um método distante do ideal: as pessoas são simplesmente questionadas sobre seus hábitos de leitura. "Quanto você lê em uma semana típica?" ou "Quantos livros você leu no ano passado?" As pessoas podem ver "eu nunca li" como uma resposta socialmente indesejável e, assim, inflar sua estimativa. O aparente declínio na leitura ao longo dos anos pode ser devido a menos pessoas na população em geral se preocuparem com a aceitação social de admitir que não leem.

Um método melhor é empregado pela American Time Use Survey, que pede às pessoas que mantenham um diário de todas as suas atividades.[13] Por ser um diário, a memória é um problema menor e, além disso, as pessoas seriam menos relutantes em dizer "Eu não li nada hoje", porque, afinal, mesmo um leitor regular pode deixar de ler em um determinado dia.

A American Time Use Survey aponta para duas conclusões importantes (Figura 9.8).

Primeiro, houve um declínio na leitura de lazer desde 2003 (o primeiro ano em que os dados foram coletados), mas o declínio não é observado entre os adolescentes supostamente viciados em tecnologia. São as pessoas mais velhas que estão lendo menos. Em segundo lugar, não houve muita chance de observar um declínio na leitura entre as crianças, porque elas leem muito pouco.

Então, para resumir esta seção, compulsão pela internet é ruim, assim como o uso de dispositivos móveis na cama. Mas não há muitos dados que revelem um problema geral causado pelo tempo de tela típico de um adolescente.

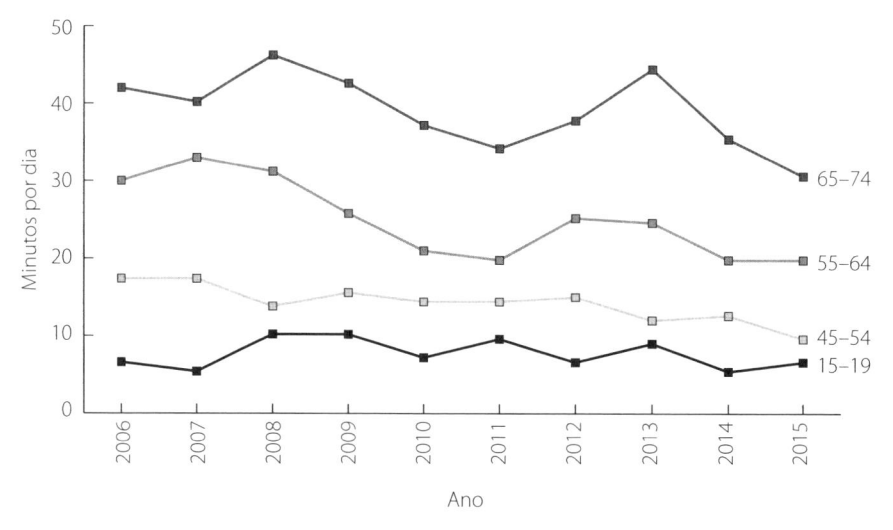

FIGURA 9.8 Dados mostram o quanto o norte-americano médio (de diferentes idades) lê por dia e como esse número mudou ao longo dos anos.

Fonte: © Greg Cully, dados reunidos por Daniel Willingham da American Time Use Survey. Disponível em: www.bls.gov/tus#. Acesso em: 20 mar. 2022.

Admito, no entanto, que estou desconfortável com a quantidade de tempo de tela que o adolescente médio registra. Em primeiro lugar, como observei, o tempo de tela não diminuiu a leitura porque, quando os dispositivos digitais se tornaram comuns, os adolescentes não estavam lendo. Se houver alguma esperança de que isso mude, os adolescentes precisam de algum espaço para respirar fora do horário escolar. Se cada momento é consumido com vídeos, jogos, mensagens de texto, etc., a leitura, o exercício, o trabalho voluntário ou qualquer outra atividade não pode se firmar.

Em segundo lugar, o fato de os adolescentes ficarem tanto tempo *on-line* significa que a influência dos colegas está sempre presente. Dizendo de outra forma, eu era um adolescente típico obcecado com meus relacionamentos (e a falta deles) com colegas, e isso levava a altos e baixos emocionais a cada dia escolar. Mas em casa, meu mundo se limitava principalmente a meus pais e irmãos. Eu poderia pensar um pouco sobre os triunfos e as derrotas sociais daquele dia, mas normalmente me envolveria com minha família. Quando os adolescentes estão constantemente *on-line*, não há ruptura com o mundo social. Não acho que isso seja bom. O tempo com a família importa.

Por que uma ruptura com o mundo social é tão difícil de parecer interessante para os adolescentes? Por que desligar o telefone é tão difícil para eles?

POR QUE ELES SÃO TÃO FRENÉTICOS COM SEUS TELEFONES?

Quando foi a última vez que você viu uma obra de arte ou uma linda cena da natureza, tão cativante que ninguém ao seu redor estava usando o telefone (Figura 9.9)?

Professores universitários reclamam indignados que os alunos enviam mensagens de texto se a aula carece de pirotecnias, mas já vi muitos pesquisadores respondendo *e-mails* durante as conferências. Ainda assim, acho que a ânsia de ficar *on-line* pode ser mais extrema em adolescentes do que em adultos. Se você é educador ou pai, não pode deixar de notar que a paixão dos adolescentes por conexão interrompe outras atividades. O que está por trás disso?

Alguns fatores contribuem. Primeiro, humanos são buscadores de informação. Conforme descrito no Capítulo 1, a curiosidade é despertada quando julgamos que há algo a ser aprendido no ambiente, e uma notificação no *smartphone* é um sinal extremamente claro de que há algo a ser descoberto. Seja uma nova curtida, seja uma postagem no Instagram ou uma mensagem de texto, *você* pode ter

FIGURA 9.9 Esta foto de uma mulher enviando mensagens de texto em frente ao templo Shwedagon é encenada, mas tenho certeza de que você testemunhou cenas semelhantes. Já vi pessoas mandando mensagens no topo da Torre CN e no sopé das Cataratas do Niágara.
Fonte: © Getty Image/EyesWideOpen.

certeza de que é novo e relevante. Isso não significa que, depois de aberta a notificação, você vai achá-la especialmente interessante ou importante. Esse é um testemunho do poder do nosso viés de buscar informações. Mesmo sabendo que as notificações costumam sinalizar algo trivial, ainda queremos investigá-las.

Essa compulsão será mais poderosa em adolescentes, porque as notificações geralmente trazem informações sociais, e adolescentes são hipersociais. Embora os adultos pensem que os adolescentes se preocupam mais com a opinião de seus colegas do que deveriam, psicólogos sugeriram que essa é uma característica, não um erro.[14] Adolescentes são obcecados por seus colegas porque estão se aproximando da idade em que devem se separar dos pais. O exame minucioso de seus pares é o método pelo qual eles aprendem a navegar no mundo fora de casa.

Mas há outra maneira pela qual "urgente" assume um significado especial para os adolescentes. Observe o experimento mental descrito na Figura 9.10.

FIGURA 9.10 Imagine que você está no supermercado, vê um sorvete de chocolate, seu favorito, e pensa: "A sobremesa perfeita para hoje!". Mas você lembra que seu médico disse para evitar alimentos gordurosos. Então você deve resistir a comprar o sorvete. Agora imagine que você está em casa e acabou de jantar. Seu cônjuge traz uma tigela de sorvete para a mesa e diz: "Que descuido da minha parte. Peguei sorvete e não perguntei se você queria sobremesa. Quer?". Em qual situação é mais difícil resistir ao sorvete?

Fonte: Freezer © Getty Images/Jamie Squire; bowl ©Shutterstock/http://Photobank.kiev.ua/Slavica Stajic.

As recompensas têm mais valor quando vislumbramos obtê-las imediatamente. Quando antecipamos obter algo no futuro, isso tem menos valor de recompensa. Por isso, é mais fácil recusar um grande quantidade de sorvete que você comeria em algumas horas, em comparação com uma pequena quantidade que você poderia comer dentro de segundos.

Você pode imaginar, então, uma curva com inclinação descendente, mostrando como o valor de uma recompensa diminui à medida que se move para o futuro (Figura 9.11). Essa inclinação é mais íngreme para as crianças do que para os adultos e as recompensas perdem valor mais rapidamente para as crianças. Os professores de ensino fundamental aprendem essa lição na primeira vez em que dizem à turma: "Se todos se comportarem bem esta semana, teremos uma festa da pizza na sexta-feira". Uma festa assim é muito divertida para um aluno do 1º ano se estiver acontecendo agora, mas, se for acontecer daqui a alguns dias, é tão emocionante quanto saber que outra criança está dando uma festa de pizza em Paris.

Quando estamos frustrados com o fato de os adolescentes estarem grudados em seus telefones, geralmente sugerimos que eles os guardem e os verifiquem a cada duas horas ou mais. Mas agora você pode ver por que essa estratégia não os atrai. É como mostrar a eles uma tigela de sorvete e sugerir que eles guardem por algumas horas em vez de comer agora.

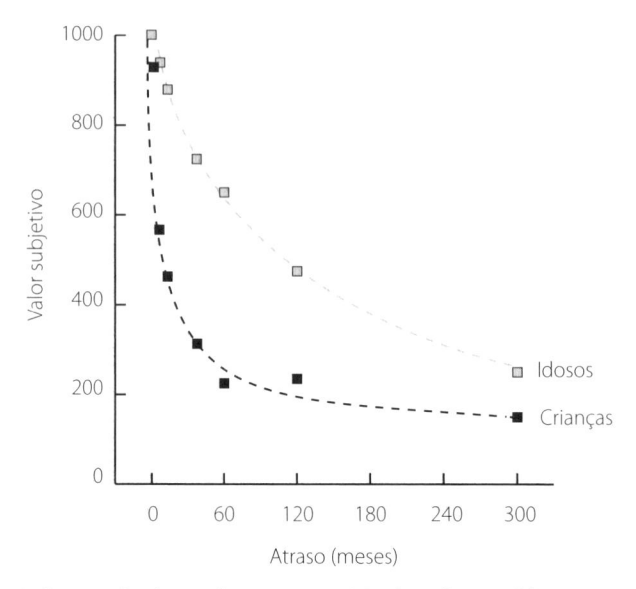

FIGURA 9.11 O pesquisador pode perguntar: "Você prefere ter R$200,00 por mês a partir de agora, ou R$1.000,00 por ano a partir de agora?". Ao fazer muitas dessas perguntas (usando diferentes quantias de dinheiro e de tempo), o pesquisador pode descobrir quão valioso o dinheiro parece em diferentes pontos no futuro. Como você pode ver, à medida que a perspectiva de obter dinheiro avança, ele perde valor. No entanto, essa perda é muito mais rápida para as crianças do que para os adultos mais velhos.

Fonte: GREEN, L.; MYERSON, J.; OSTASZEWSKI, P. Discounting of delayed rewards across the life span: age differences in individual discounting functions. *Behavioral Processes*, v. 46, n. 1, p. 89-96, 1999. Copyright ©1999. Reproduzida com permissão da Elsevier.

Há, ainda, outro aspecto no valor de novas mensagens de texto e TikToks. Observe que no exemplo do sorvete ele é objetivamente tão valioso ao meio-dia quanto à noite — o valor psicológico difere, mas ainda é delicioso em ambos os momentos. A informação social muda de valor com o tempo. É perecível. A fofoca que estou morrendo de vontade de contar agora — Gina postou algo terrível sobre Olivia em seu *feed*, aqui está o *link*, você não vai acreditar — será muito menos interessante em algumas horas, em parte porque todos saberão e em parte porque terá sido substituída por notícias mais recentes.

Então, para recapitular, todos — adolescentes e adultos — estão dispostos a checar seus telefones porque sabem que ele oferece novas informações que provavelmente serão pessoalmente relevantes. Essa tendência é amplificada em adolescentes porque: 1) a informação tende a ser social, e os adolescentes estão especialmente interessados nisso; 2) atrasar as recompensas é difícil para qualquer um, mas é ainda mais difícil para os adolescentes; e 3) as informações sociais geralmente são perecíveis, exagerando ainda mais a diferença de valor entre verificar o telefone agora e verificá-lo mais tarde.

RESUMO

Este capítulo revisou dados que indicam que as mudanças provocadas pelas novas tecnologias são mais modestas do que a maioria previu. Primeiro, seu cérebro é plástico e muda com as experiências. Porém, a arquitetura fundamental da mente provavelmente não está aberta a mudanças, então a tecnologia não "mudou a maneira como as crianças de hoje pensam" para melhor ou para pior. Segundo, a tecnologia não superou totalmente a educação, como alguns previram que aconteceria. Terceiro, as formas menos significativas pelas quais a tecnologia muda a cognição são difíceis de prever. Mudanças que parecem afetar pouco a cognição — se é que afetam (por exemplo, ler em uma tela em vez de ler no papel) — às vezes têm efeitos na aprendizagem e na emoção do aluno. Quarto, a ideia mais ampla de que estar imerso em tecnologia terá efeitos perceptíveis na vida das crianças parece não ter se materializado para o bem (crianças usando rotineiramente a internet para autoeducação) ou para o mal (aumento das taxas de ansiedade e depressão). A mudança mais notável parece ser que os adolescentes de hoje (e muitos adultos) realmente amam seus telefones.

IMPLICAÇÕES PARA A SALA DE AULA

Nos outros capítulos, nos concentramos no que uma análise cognitiva implicava para a prática em sala de aula. Mas o papel proeminente que a tecnologia desempenha na vida dos alunos fora da escola significa que os educadores vão querer pensar não apenas no que a tecnologia significa na escola, mas também em casa. A maioria dos educadores que conheço respeita a autonomia dos pais nessa questão, mas também sente que os professores têm a responsabilidade de informá-los sobre as consequências escolares de suas decisões domésticas. Por isso, farei recomendações para a escola e para casa.

Equidade

A equidade assume um aspecto diferente no que se refere à tecnologia. Trata-se de mais do que avaliar se todos os alunos têm acesso equivalente a equipamentos digitais semelhantes e oportunidades iguais de aprender na escola; é uma questão de reconhecer que "a casa" desempenha um papel significativo na aprendizagem da tecnologia de duas maneiras.

Em primeiro lugar, há um problema de *hardware*. Há 10 anos, essa preocupação era descrita como "exclusão digital": crianças ricas tinham acesso a computadores em casa, enquanto as crianças mais pobres muitas vezes não. Atualmente, as escolas às vezes podem fornecer *laptops* ou *tablets* para os alunos. Isso é útil, claro, mas a exclusão digital permanece na forma de acesso doméstico à internet. Famílias pobres podem ter acesso à internet lenta ou não confiável ou nenhum, sendo forçadas a buscar *wi-fi* público. Idealmente, as escolas que fornecem *hardware* escolherão dispositivos com memória interna suficiente para armazenar programas e arquivos e escolher *softwares* que não sejam baseados na nuvem. Os professores também devem se esforçar para propor tarefas de casa que não requeiram acesso à internet.

Em segundo lugar, há uma questão curricular. Se as crianças ricas tiverem acesso fácil a dispositivos digitais em casa, elas não terão vantagem com a tecnologia em relação às crianças mais pobres? Dado que tantos empregos exigem destreza com a tecnologia, isso não representa uma terrível desvantagem para as crianças pobres? Acho que essa questão é muito importante, mas também devemos estar atentos aos custos de oportunidade.

Como vimos, a maioria das crianças não está aprendendo nada de alto nível em seu tempo de lazer com telas. No entanto, certamente elas aprendem a navegar em um ou mais sistemas operacionais e em alguns aplicativos comuns, e aprendem convenções que se aplicam a plataformas, como estruturas hierárquicas de arquivos. Parece crucial que aqueles que não obtêm essa experiência em casa a obtenham na escola.

Não faz sentido abordar a exclusão digital oferecendo aulas de programação ou outras disciplinas técnicas. Crianças ricas não estão aprendendo esse conteúdo em casa e há um potencial custo de oportunidade. O que está sendo cortado para privilegiar a programação? Embora um empregador esperasse que qualquer funcionário pudesse navegar no Windows, ele provavelmente entenderia um funcionário que não soubesse a diferença entre um banco de dados orientado a objetos e um relacional. É rotina contratar pessoas que carecem de conhecimentos técnicos específicos — ou cuja experiência técnica está desatualizada — com a ideia de que elas farão um curso para reforçar suas habilidades. Contratar indivíduos que não têm habilidades em leitura, escrita ou matemática não é rotina.

Adoção de dispositivos tecnológicos

Cerca de 10 anos atrás, eu estava conversando com um professor de tecnologia educacional quando uma luz brilhou de repente em seus olhos. "Eu quero que você veja isso!" Era um modelo inicial de uma caneta que criava uma gravação de áudio enquanto você escrevia. O papel do caderno parecia comum, mas permitia ao usuário coordenar facilmente entre as anotações escritas e a gravação — portanto, se você estivesse examinando suas anotações de aula e não entendesse um gráfico que desenhou, poderia encontrar o local na gravação de áudio correspondente. O professor demonstrou o produto e depois disse: "O fabricante me enviou isso esperando que eu sugerisse como usá-lo. Alguma ideia?".

Na minha experiência, essa não é uma abordagem incomum nas escolas; os professores são informados: "Temos acesso a essa nova ferramenta. Que problemas você pode resolver com isso?". Parece evidente que o processo deve ser invertido — comece com os problemas em sua prática que parecem mais urgentes, depois procure soluções, tecnológicas ou não.

Então, novamente, você pode perder algo importante se fechar sua mente para qualquer inovação, exceto aquelas que parecem relevantes para o problema que você identificou. Aqui está uma lista de perguntas que me faço sobre novas ferramentas de ensino.

1. Existe uma boa razão para ser uma adoção precoce? Por "precoce", quero dizer antes que haja dados publicados ou pelo menos impressões bastante detalhadas de outros educadores em quem confio. Faz sentido esperar até que alguém tenha experimentado?
2. Quão confiante estou de que posso adivinhar o impacto nos meus alunos? Se estou analisando dados publicados, os alunos e o contexto escolar eram semelhantes aos meus? Pense na distinção feita neste capítulo: terei mais sucesso em adivinhar quão útil será uma ferramenta se ela servir a um único propósito específico (por exemplo, um projetor) do que a algo amplo (por exemplo, um iPad).
3. Quando a nova tecnologia substitui a antiga, *algo* é sacrificado. Quero ter certeza sobre o que é e de que estou confortável com isso. Um exemplo desse princípio envolve tecnologias antigas: usar um retroprojetor em vez de um quadro. Um retroprojetor permitia que os professores preparassem as transparências com antecedência (e para que pudessem ser cuidadosamente desenhadas e executadas com perfeição), e elas podiam ser usadas com uma fotocopiadora para que uma figura de um livro pudesse ser

reproduzida e projetada para a classe. Mas há uma funcionalidade facilmente esquecida do quadro: um professor pode começar do lado esquerdo, adicionar conteúdo movendo-se para a direita, de modo que, na medida em que a aula avança, é possível consultar uma parte anterior da aula. Mesmo que o professor não o faça, os alunos podem. Isso se perde com transparências. Quanto isso importa?
4. Faça um plano de avaliação. Quando visito cidades que desenvolvem uma grande iniciativa tecnológica, muitas vezes me surpreendo com a imprecisão do objetivo. A motivação muitas vezes parece um sentimento de que o uso da tecnologia deixa as escolas atualizadas, o que obviamente é bom. Recomendo ser mais específico e ter respostas claras para as seguintes perguntas: 1) O que esperamos mudar? 2) Como saberemos se mudou ou não? 3) Quando deve mudar? e 4) O que faremos se mudar e o que faremos se não mudar? (Falo muito mais sobre essa abordagem em meu livro *When Can You Trust the Experts?*.)

Use a tecnologia para auxiliar crianças com deficiências

Às vezes, pode parecer que, para alunos com deficiência, as ferramentas tecnológicas podem ser uma boa intenção que gera revés; o estudante evita praticar habilidades importantes usando uma solução de tecnologia. Por exemplo, o pai de um aluno do 6º ano que tem dificuldades com leitura pergunta se seu filho pode ouvir uma versão em áudio do romance que os colegas estão lendo. A motivação para o pedido é bastante objetiva: o pai quer que seu filho entenda o romance. Mas se a fluência de leitura da criança não é o que deveria ser, ela não precisa praticar a leitura sempre que possível?

Claramente, há um equilíbrio a ser alcançado aqui, mas eu diria que nessas situações é preferível pecar pelo excesso fornecendo muito suporte técnico do que o contrário. Minha preocupação seria que o aluno não só deixaria de entender bem essa tarefa, mas, com o tempo, ficaria cada vez mais para trás à medida que seus colegas acumulassem conhecimento sobre o assunto (ver Capítulo 2). Pior, ele pode passar a ver a escola como um lugar onde lhe é solicitado, repetidas vezes, para fazer coisas que não são naturais para ele e são fáceis para seus colegas. Uma maneira muito mais frutífera para ele ver o problema da fluência é como uma pequena falha na qual ele trabalhará, mas não algo que o impedirá de ter sucesso na escola e se divertir.

Como eu disse, há um equilíbrio a ser alcançado aqui, e você quer que o aluno trabalhe para melhorar o que quer que lhe dê problemas. Qual é o pior cenário se você permitir muito suporte técnico? O progresso será mais lento na habilidade problemática, que me parece dos males, o menor.

Tenha uma política consistente de uso aceitável de dispositivos pessoais

A maioria dos aspectos da política de uso aceitável de uma escola é fácil para os professores concordarem: *sites* que devem estar fora dos limites, por exemplo, ou a proibição do *cyberbullying*. Mais controverso é o uso de dispositivos pessoais pelos alunos durante o horário escolar.

Não há uma resposta clara baseada em pesquisas sobre qual política é a melhor — depende muito dos objetivos pelos quais a escola se esforça e da cultura escolar. Já vi políticas bem-sucedidas em que os alunos têm acesso completo a seus dispositivos e políticas bem-sucedidas em que os alunos não têm acesso nenhum.

A política que causa mais problemas, na minha experiência, deixa a escolha nas mãos de cada professor. Parece abrangente e flexível, mas cria um problema para os educadores que não querem que os alunos acessem seus telefones em sala de aula. Como descrevi, os telefones dos alunos exigem atenção porque oferecem informações sociais oportunas e relevantes. Se um aluno sabe que outras pessoas têm acesso aos seus telefones — e, portanto, pode estar postando nas redes sociais ou enviando mensagens de texto —, mas não consegue ver, isso é uma distração terrível.

Há outro sentido de "consistência" quando se trata de políticas de uso aceitável — aplicação consistente. Estive em escolas com políticas bem pensadas de uso aceitável, que são devidamente assinadas por pais e alunos no início do ano e depois esquecidas, a menos que haja uma violação flagrante das regras. Se for pensada, deve ser aplicada de forma consistente, mas o ônus não deve recair principalmente sobre os professores. Política não é o mesmo que procedimento. A política pode ser boa, mas se os procedimentos transformam os professores em policiais sempre vigilantes, eles devem ser revistos.

Ofereça prática em atenção sustentada

Eu disse que a atenção dos alunos não foi afetada pelo uso de dispositivos digitais. Mas as pesquisas mostram que os professores que estão há algum tempo na sala de aula sentem uma mudança evidente. Pesquisas com educadores mostram que eles sentem que os alunos estão *mais* distraídos e que eles (professores) devem incorporar música e dança para prender sua atenção.

Não acho que esses professores estejam errados, mas não acho que os alunos *não consigam* prestar atenção. Acho que eles não querem. Prestar atenção não é apenas uma questão de habilidade, é uma questão de vontade.

Uma característica comum da era digital é a incrível facilidade de acesso ao entretenimento. Se você carrega um *smartphone*, sempre há algo para assistir, ouvir ou jogar. Além disso, você não precisa fazer quase nada para acessar essas funcionalidades — basta pressionar um botão. Antes do acesso tão fácil a uma infinidade de diversões, as crianças às vezes ficavam entediadas. Elas podem ter aprendido uma lição valiosa com isso: às vezes uma atividade é chata, mas fica mais interessante se você persistir nela. Lembro-me de ter esse mesmo pensamento quando era criança e estava em casa doente. Eu estava assistindo à televisão, mas não havia muitos canais, e a única coisa que estava passando era um "filme para adultos", que assisti com relutância, pois as outras opções eram ainda piores. E, depois de meia hora mais ou menos, descobri que gostei bastante. (Era *As três noites de Eva*, com Barbara Stanwyck e Henry Fonda.)

Você pode considerar uma prática semelhante à instituída por Jennifer Roberts, professora de história da arte em Harvard. Roberts notou que seus alunos pareciam impacientes e entediados, atributos que podem ser úteis para tarefas que exigem raciocínio e ação rápidos. Os alunos teriam pouca prática, ela pensou, no pensamento lento e deliberativo e na atenção imersiva. Então a professora lhes ofereceu prática nisso. Cada aluno foi convidado a selecionar uma obra de arte em um museu local e passar três horas inteiras examinando-a e anotando suas observações e perguntas.

Como observa Roberts, algumas características dessa experiência são cruciais. Primeiro, o tempo é impressionante — parece excessivo, como se não valesse a pena. Segundo, *vale* a pena. O que faz o experimento funcionar é que os alunos têm total certeza de que não notarão nada de novo sobre a obra de arte depois de 10 minutos. Mas eles notam. Em terceiro lugar, o silêncio do museu é quase que certamente um fator, proporcionando o ambiente livre de distrações para os alunos ficarem imersos.

Se aquilo que parece ser um declínio na capacidade de concentração é na verdade uma aceleração da conclusão "estou entediado", a habilidade do século XXI que pode estar em maior demanda talvez seja a capacidade de ampliar a paciência.

Eduque os pais

Citei dados que mostram que o aluno típico passa muito tempo na frente de telas. O pai típico não está feliz com esse estado de coisas — o que é curioso. O cenário usual (eu suponho) é que os pais acham o entretenimento das telas uma maneira extremamente confiável de obter um pouco de paz e sossego quando as crianças são muito pequenas. (Quantas vezes você já viu um pai frustrado dar o telefone a um filho de 6 anos em um restaurante?) Como o psicólogo David Daniel disse: "As pessoas pensam que *smartphones* e *tablets* proporcionam gratificação instantânea para as crianças. É na verdade uma gratificação instantânea para os pais".

Os pais observam que seu filho tem 11 anos e passa horas nas telas todos os dias fazendo coisas que eles não acham *terríveis*. Mas eles gostariam que fossem no máximo 30 minutos.

Como um educador pode ajudar nesse problema, já que acontece em casa? Os professores podem desempenhar três papéis importantes.

Em primeiro lugar, alguns pais apenas precisam se sentir seguros. Eles não têm as informações deste capítulo nem certeza sobre se limitar o tempo de tela de seus filhos estaria, de alguma forma, roubando-lhes proezas técnicas. Às vezes, eles só precisam ser lembrados de que podem dizer "não".

Em segundo lugar, todos os pais poderiam usar alguma ajuda prática para pensar em estratégias. Coisas como um horário para largar o telefone à noite, recomendações de *software* que monitora o uso do telefone, se for considerado apropriado, e assim por diante. Se alguém em sua escola tiver tempo e interesse, é um tópico ideal para uma oficina com os pais. Não se trata apenas de dar dicas aos pais sobre como restringir o uso do dispositivo, você também pode atualizá-los sobre pesquisas sobre multitarefas e outros tópicos que abordei aqui.

Em terceiro lugar, os professores estão idealmente situados para servir como centros de comunicação em relação a essa questão, e a comunicação pode ser vital porque a consistência entre as famílias ajuda, assim como enfatizei no caso da política de uso aceitável na escola. A batalha para fazer minha filha largar o telefone às 20h será menos feroz se ela souber que todos os seus amigos estão fazendo o mesmo.

NOTAS

[a] Se você não estiver familiarizado com esses dispositivos, uma lousa interativa é como um quadro normal de sala de aula, mas também serve como uma grande tela de computador sensível ao toque.

ᵇ Na verdade, é difícil comparar vendas de livros impressos com *e-books*. Você e eu presumiríamos que essas comparações são feitas com base no número de livros vendidos, mas a Amazon não divulga esse número para *e-books*. Então a comparação é a receita de vendas, que é mais complicada de interpretar.

ᶜ Houve alguns relatos de que fazer anotações em um *laptop* aumenta a probabilidade de você escrever sem pensar. Você é capaz de digitar rápido e tenta pegar cada palavra; é como um ditado. Escrever no papel é mais lento, então você precisa resumir, e isso exige pensar sobre o significado. Enquanto escrevo, a questão não está resolvida.

LEITURAS COMPLEMENTARES

Menos técnico

CARR, N. *The shallows*: what the internet is doing to our brains. New York: WW Norton & Company, 2010. E WOLF, M. *Reader, come home*: the reading brain in a digital world. New York: Harper, 2018. Dois livros de alto nível argumentando que o uso da internet em longo prazo torna difícil manter a atenção.

ODGERS, C. Smartphones are bad for some teens, not all. *Nature*, v. 554, p. 432-434, 2018. Esse pesquisador argumenta que a vida *on-line* é boa para a maioria dos adolescentes, mas aqueles que sofrem de problemas *off-line* podem encontrá-los *on-line*.

Organisation for Economic Cooperation and Development. *Students, computers and learning*: making the connection. Paris: OECD, 2015. Revisão abrangente, mas acessível, do uso do computador na educação, incluindo capítulos sobre equidade, associação de tecnologia com aprendizagem, comparação de exames padronizados, tela *versus* papel, etc.

PINKER, S. J. *Not at all*. 2010. Disponível em: https://www.edge.org/response-detail/11247. Acesso em: 26 abr. 2022. Texto curto, cujo título responde à pergunta "Como a internet está mudando a maneira como você pensa?".

ROBERTS, J. L. The power of patience. *Harvard Magazine*, 2013. Disponível em: https://www.harvardmagazine.com/2013/11/the-power-of-patience. Acesso em: 26 abr. 2022. Artigo descrevendo o discurso da autora para pedir a seus alunos que praticassem a observação paciente por meio da visualização estendida de uma única pintura.

WILLINGHAM, D. T. You still need your brain. *New York Times*, 2017. Disponível em: https://www.nytimes.com/2017/05/19/opinion/sunday/you-still-need-your-brain.html. Acesso em: 26 abr. 2022. Por que o Google não é o bastante.

WILLINGHAM, D. T. The high price of multitasking. New York Times, 2019. Disponível em: https://www.nytimes.com/2019/07/14/opinion/multitasking-brain.html. Acesso em: 26 abr. 2022. Mais sobre o que acontece quando realizamos multitarefas, em vários contextos.

Mais técnico

BORK, A. Interactive learning: twenty years later. *Contemporary Issues in Technology and Teacher Education*, v. 2, n. 4, p. 608-614, 2003. Escrita por um dos primeiros defensores da ideia de que os computadores "mudariam tudo" na educação, essa retrospectiva considera por que isso não aconteceu. Perceba a data!

CARTER, B. *et al.* Association between portable screen-based media device access or use and sleep outcomes: a systematic review and meta-analysis. *JAMA Pediatrics*, v. 170, n. 12, p. 1202-1208, 2016 e HALE, L.; GUAN, S. Screen time and sleep among school-aged children and adolescents: a systematic literature review. *Sleep Medicine Reviews*, v. 21, p. 50-58, 2015. Duas revisões mostrando perda de sono quando as crianças têm acesso a dispositivos tecnológicos em seus quartos na hora de dormir.

CHUKHAREV-HUDILAINEN, E.; KLEPIKOVA, T. A. The effectiveness of computer-based spaced repetition in foreign language vocabulary instruction: a double-blind study. *Calico Journal*, v. 33, n. 3, 2016. Disponível em: https://files.eric.ed.gov/fulltext/EJ1143520.pdf. Acesso em: 23 abr. 2022. Você pensaria que um aplicativo destinado apenas a lembrá-lo de quando estudar, usando dados experimentais sobre como espaçar as sessões, deveria ser simples de implementar... e é! Vários parecem realizar o que prometem.

CLINTON, V. Reading from paper compared to screens: a systematic review and meta-analysis. *Journal of Research in Reading*, v. 42, n. 2, p. 288-325, 2019. Revisão mostrando a pequena desvantagem de ler em uma tela.

CREIGHTON, T. B. Digital natives, digital immigrants, digital learners: an international empirical integrative review of the literature. *Education Leadership Review*, v. 19, n. 1, p. 132-140, 2018. Disponível em: https://eric.ed.gov/?id=EJ1200802. Acesso em: 23 abr. 2022. Revisão e avaliação da distinção nativos digitais/imigrantes digitais.

DELGADO, P. *et al.* Don't throw away your printed books: a meta-analysis on the effects of reading media on reading comprehension. *Educational Research Review*, v. 25, p. 23-38, 2018. Revisão mostrando que a compreensão é um pouco melhor no papel do que na tela.

DONALD, J. N.; CIARROCHI, J.; SAHDRA, B. K. The consequences of compulsion: a 4-year longitudinal study of compulsive internet use and emotion regulation difficulties. *Emotion*, 2020. Estudo que mostra o preço que o uso compulsivo da internet causa na vida emocional de uma pessoa.

GAUDREAU, P.; MIRANDA, D.; GAREAU, A. Canadian university students in wireless classrooms: what do they do on their laptops and does it really matter? *Computers & Education*, v. 70, p. 245-255, 2014. Nesse estudo, os pesquisadores perguntaram aos alunos o que eles fazem com seus *laptops* durante o horário de aula e monitoraram eletronicamente os dispositivos de um conjunto diferente de alunos (com seu consentimento, é claro). Os resultados mostraram que os alunos gastam muito tempo em atividades não relacionadas à aula, e quanto mais tempo eles gastam, menores são suas notas, mesmo depois de controlar estatisticamente as atitudes em relação à escola, dependência de internet e outros fatores.

JEONG, S.-H.; HWANG, Y. Media multitasking effects on cognitive vs. attitudinal outcomes: a meta-analysis. *Human Communication Research*, v. 42, n. 4, p. 599-618, 2016. Artigo revisando os efeitos de ter televisão ou música tocando ao tentar completar um trabalho mental.

ODGERS, C. L.; JENSEN, M. R. Annual research review: adolescent mental health in the digital age: facts, fears, and future directions. *Journal of Child Psychology and Psychiatry*, v. 61, n. 3, p. 336-348, 2020 e COYNE, S. M. *et al.* Does time spent using social media impact mental health?: an eight year longitudinal study. *Computers in Human Behavior*, v. 104, p. 106-160, 2020. Os primeiros trabalhos notaram uma associação entre o uso de rede social e problemas de saúde mental (especialmente ansiedade e depressão, sobretudo em meninas).

Análises mais completas indicam que não há causalidade na correlação e que outros fatores são responsáveis.

SALTHOUSE, T. A. et al. Determinants of adult age differences on synthetic work performance. *Journal of Experimental Psychology*: applied, v. 2, n. 4, p. 305, 1996. Esse artigo mostra que os jovens são, em média, melhores em multitarefas do que os mais velhos.

SHI, Y. et al. Effects of interactive whiteboard-based instruction on students' cognitive learning outcomes: a meta-analysis. *Interactive Learning Environments*, v. 29, n. 2, p. 1-18, 2020 e ZHENG, B. et al. Learning in one-to-one laptop environments: a meta-analysis and research synthesis. *Review of Educational Research*, v. 86, n. 4, p. 1052-1084, 2016. Dois artigos recentes analisando o impacto da introdução da tecnologia nas salas de aula.

SOMERVILLE, L. H. The teenage brain: sensitivity to social evaluation. *Current Directions in Psychological Science*, v. 22, n. 2, p. 121-127, 2013. Revisão das alterações cerebrais associadas à hipersociabilidade na adolescência.

UNCAPHER, M. R.; WAGNER, A. D. Minds and brains of media multitaskers: current findings and future directions. *Proceedings of the National Academy of Sciences of the United States of America*, v. 115, n. 40, p. 9889-9896, 2018. Breve revisão da literatura sobre os efeitos de longo prazo da multitarefa de mídia (ou seja, acumular atividades com vídeo ou música).

WIRADHANY, W.; NIEUWENSTEIN, M. R. Cognitive control in media multitaskers: two replication studies and a meta-analysis. *Attention, Perception, & Psychophysics*, v. 79, n. 8, p. 2620-2641, 2017. Uma revisão de estudos que examinam a relação entre multitarefas de mídia e controle atencional. Os primeiros estudos fizeram parecer que havia de fato uma relação negativa, mas o trabalho de acompanhamento fez parecer um pouco menos claro.

QUESTÕES PARA DISCUSSÃO

1. Sugeri cautela ao adotar novas ferramentas tecnológicas em sua sala de aula ou escola, perguntando implicitamente se você tem uma boa razão para ser uma cobaia, por assim dizer. Por que não deixar que outra pessoa corra o risco de experimentar um novo dispositivo de tecnologia e descobrir como é? Isso convida à pergunta "na opinião de quem você confiaria"? O que você perguntaria? E quanto tempo o entusiasmo deve permanecer antes que você esteja pronto para fazer parte da experiência?

2. Ainda bem que eu garanti a você que os alunos podem prestar atenção, eles apenas têm um limiar de tédio mais sensível... isso deixa você com alunos mais impacientes, mais desejosos de entretenimento do que você teria 10 ou 15 anos atrás. Ouvi respostas muito diferentes de professores para esse problema. Alguns dizem: "A sala de aula não é um teatro, e os alunos precisam aprender a prestar atenção e até mesmo a suportar alguns momentos de lentidão". Outros dizem: "Esta é a nova

realidade e é nosso dever encontrar os alunos onde eles estão". Qual é a sua opinião?

3. A maioria das pessoas diria: "Eu não gosto de tecnologia em si; eu avalio novas tecnologias com base em se acho que elas ajudarão meus alunos". Mas é claro que temos opiniões sobre a "tecnologia em si". Algumas pessoas se deliciam em explorar novos *softwares* e dispositivos, e algumas são adotantes muito relutantes. Como você se caracterizaria nesse aspecto? Embora pareça preconceituoso permitir que suas opiniões sobre tecnologia influenciem sua adoção (ou restrição) quando se trata de inovações, pode-se argumentar que seu entusiasmo ou sua relutância é um fator para saber se há probabilidade de funcionar em sua sala de aula. Mas, novamente, talvez seus preconceitos sejam algo a ser superado. Então, como devemos pensar sobre essa questão? Que papel, se houver, seus sentimentos pessoais sobre a tecnologia devem desempenhar no uso da tecnologia na sala de aula?

4. Em março de 2020, escolas na Europa e na América do Norte passaram para o ensino a distância, com muitas confiando fortemente em videoconferências. Muitos professores puderam ver as condições em que as crianças tentavam aprender em casa — irmãos passando ou interferindo, animais de estimação vagando, e assim por diante. Mesmo quando estão frequentando a escola normalmente, muitos alunos ainda têm trabalho para concluir em casa, e a pandemia tornou óbvio algo que os professores provavelmente poderiam ter adivinhado: os pais não sabem como preparar um ambiente para a aprendizagem. Sugerir que os pais "reservem um espaço para a lição de casa" é bom, mas não é realista para muitas famílias. Que estratégias concretas você pode sugerir aos pais para maximizar o sucesso de seus filhos quando trabalham em casa?

5. Como você interage com os alunos nas redes sociais? A maioria dos educadores que conheço evita que os alunos vislumbrem sua vida pessoal no Facebook ou no Instagram, mas outros criam contas especificamente para que possam interagir com os alunos; alguns me disseram com franqueza que criam essas contas para que possam ver o que seus alunos estão fazendo nas redes sociais. Essas plataformas desempenham um papel útil no seu ensino?

6. Reflita sobre a política de uso aceitável de sua escola. Os alunos sabem o que ela diz? Funciona igualmente bem para todos? Se não for levada tão

a sério quanto deveria, o que você acha que pode ser feito para aumentar sua presença?
7. Você já tirou férias digitais, ficando fora de todos os dispositivos por, digamos, 48 horas? Qual foi sua experiência? Você recomendaria para seus alunos? Se sim, por quê? E como você os convenceria a tentar?
8. Eu disse que, apesar do fato de que você pode aprender ou experimentar quase tudo na internet, os alunos exploram apenas uma gama muito limitada de atividades. Por que você acha que isso acontece? O que você pode fazer para torná-los mais "aventureiros"?

10

O que dizer sobre a minha mente?

Pergunta: A maior parte deste livro concentra-se na mente dos alunos. Mas e a mente dos professores?

Resposta: No Capítulo 1, eu salientei as demandas cognitivas para os alunos pensarem de maneira eficaz: eles precisam de capacidade de processamento na memória de trabalho, conhecimento prévio relevante e experiência em procedimentos mentais significativos. No decorrer dos capítulos restantes, detalhei princípios que ilustram como essas demandas podem ser satisfeitas. O princípio cognitivo que orienta este capítulo é:

> O ensino, assim como qualquer habilidade cognitiva complexa, pressupõe prática para que seja aperfeiçoado.

Até aqui, toda a nossa discussão se concentrou na mente dos alunos. E a sua? Ensinar não é uma habilidade cognitiva? Poderíamos aplicar as descobertas da ciência cognitiva à *sua mente*?

O ensino é de fato uma habilidade cognitiva, e tudo que eu disse sobre a mente dos alunos se aplica à sua. Tragamos de volta o modelo da mente do Capítulo 1, assim eu posso refrescar sua memória a respeito do aparato cognitivo que precisa estar disponível para que qualquer tipo de pensamento eficaz ocorra, inclusive ensino eficaz (Figura 10.1).

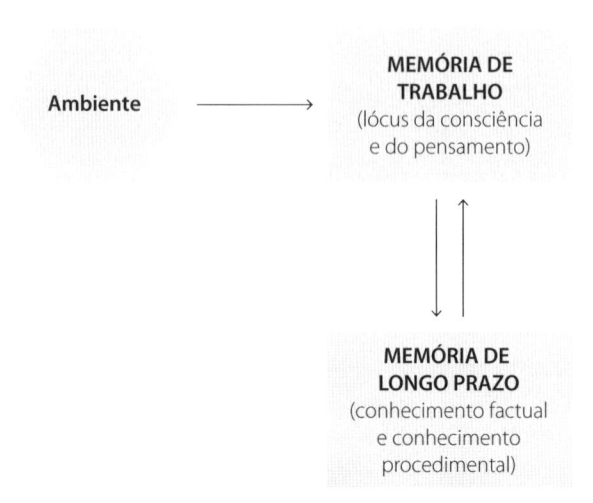

```
         Ambiente  ────────▶   MEMÓRIA DE
                               TRABALHO
                               (lócus da consciência
                               e do pensamento)

                                    ⇅

                               MEMÓRIA DE
                               LONGO PRAZO
                               (conhecimento factual
                               e conhecimento
                               procedimental)
```

FIGURA 10.1 O retorno e o último ato do modelo mais simples possível da mente.
Fonte: © Greg Culley.

Pensar significa reunir informação de novas maneiras — por exemplo, comparar a estrutura do sistema solar à estrutura de um átomo, reconhecendo que eles têm similaridades. Esse tipo de manipulação de informações ocorre na memória de trabalho. Essa informação pode vir do ambiente (daquilo que vemos ou ouvimos) ou da memória de longo prazo (daquilo que já sabemos).

Utilizamos *procedimentos mentais* para manipular a informação (como ao comparar as características do sistema solar e do átomo). Nossa memória de longo prazo pode armazenar procedimentos simples, como "comparar características de dois objetos", ou complexos — processos multiestágios para implementar tarefas com vários passos intermediários. Por exemplo, você pode ter armazenado o procedimento para fazer panquecas, para trocar o óleo do carro ou para escrever um parágrafo bem organizado.

Para pensar de maneira eficaz, precisamos de capacidade suficiente na memória de trabalho, que é limitada. Também precisamos dos conhecimentos factual e procedimental corretos na memória de longo prazo. Pensemos sobre como o ensino se encaixa nesse quadro.

ENSINAR É UMA HABILIDADE COGNITIVA

Eu descrevi aos professores como os psicólogos cognitivos falam sobre a memória de trabalho: eles a tratam como um espaço mental no qual lidamos com várias coisas ao mesmo tempo e, se tentamos trabalhar com muitas, uma ou mais dessas coisas será perdida. Professores sempre reagem da mesma forma: "Ora, é claro! Você apenas descreveu meu dia de trabalho". Pesquisas confirmam essa forte intuição; ensinar exige muito da memória de trabalho.

Isso é tão evidente quanto a importância do conhecimento factual para o ensino. Muitos observadores enfatizaram que os professores devem ter um rico conhecimento a respeito do conteúdo — isto é, se você vai ensinar história, você deve conhecer história —, e parece haver dados de que os alunos desses professores aprendem mais, especialmente no ensino médio e principalmente em matemática. Um pouco menos conhecidos, mas igualmente importantes, são outros dados mostrando que o *conhecimento pedagógico do conteúdo* também faz diferença. Isto é, para os professores, apenas saber muito bem álgebra não é suficiente. É necessário um conhecimento particular para *ensinar* álgebra. Conhecimento pedagógico do conteúdo pode incluir coisas como o entendimento a respeito da compreensão conceitual típica dos alunos sobre inclinação angular, os tipos de erros que os alunos costumam cometer ao fatorar, ou os conceitos que precisam ser praticados e os que não precisam. Ao pensar sobre isso, se o conhecimento pedagógico do conteúdo *não fosse* importante, qualquer um que soubesse álgebra poderia ensinar muito bem — e sabemos que isso não é verdade.

Também é bastante evidente que um professor faz extenso uso de procedimentos armazenados na memória de longo prazo. Alguns desses tratam de tarefas triviais, por exemplo, distribuir folhas ou indicar a troca de turnos durante uma leitura em voz alta. Esses procedimentos armazenados também podem ser muito mais complexos, por exemplo, um método para explicar o que é o limite de uma função ou para lidar com um conflito potencialmente perigoso entre alunos no refeitório.

Se o ensino é uma habilidade cognitiva como qualquer outra, como você pode aplicar à sua aula o que foi discutido até aqui? Como você pode melhorar 1) a capacidade de armazenamento e processamento na sua memória de trabalho, 2) seu conhecimento factual relevante e 3) seu conhecimento procedimental relevante? Você deve se lembrar de que o princípio cognitivo que orientava nossa discussão no Capítulo 5 era de que *é virtualmente impossível tornar-se proficiente em uma tarefa mental sem uma prática extensiva*. Sua melhor aposta para melhorar seu ensino é praticar.

A IMPORTÂNCIA DA PRÁTICA

Até agora, falei sobre a prática de maneira um tanto descontraída. No Capítulo 5, nem me preocupei em defini-la, imaginei que você entendesse que significava "repetição", e isso era suficiente para nossos propósitos naquele capítulo. Mas não serve mais.

Existem algumas tarefas para as quais você colhe os benefícios da prática simplesmente por meio da repetição. Em geral, funciona bem para habilidades simples, como praticar digitação ou memorizar fatos matemáticos. Porém, para habilidades complexas, você pode ganhar muita experiência — ou seja, repetir muito a tarefa — e ainda assim não melhorar. Por exemplo, não acho que eu seja um motorista muito melhor do que eu era com 17 anos: sou muito mais experiente, mas nesses últimos 40 anos não trabalhei para melhorar. Eu *trabalhei* em minhas habilidades de motorista na primeira vez em que fiquei atrás de um volante. Mas depois de, talvez, 50 horas de prática, eu estava dirigindo com a habilidade que me parecia adequada, então parei de tentar melhorar (Figura 10.2).

A partir desse exemplo, é possível entender por que alguns professores podem parar de tentar melhorar uma vez que já são muito bons em sala de aula. De fato, muitos dados mostram que esses profissionais melhoram muito durante os primeiros cinco anos em sala de aula, mas depois disso, o que acontece exatamente

FIGURA 10.2 Tenho muita experiência na direção, mas pratiquei relativamente pouco e, portanto, não aperfeiçoei muito essa habilidade nos últimos 40 anos.
Fonte: © Daniel Willingham.

não é tão claro. É um problema de pesquisa complicado, porque existem várias maneiras de medir a melhora, e as diferentes técnicas estatísticas que podem ser usadas são todas defensáveis. Hoje, a maioria dos pesquisadores pensa que os professores continuam a melhorar após os primeiros cinco anos, mas o ritmo de melhora é mais lento, e há muita variação em quanto melhor cada professor fica. Provavelmente, alguns professores se esforçam constantemente para melhorar, alguns param de se esforçar quando sentem que são muito bons e muitos estão no meio do caminho.

É fácil pensar com indignação: "Todo mundo deve *sempre* tentar melhorar!". Mas a prática deliberada é difícil e demanda tempo e outros recursos que a maioria dos sistemas escolares não oferece. No entanto, estou confiante de que, se você leu até aqui, está preparado para algum esforço. Comecemos, então.

Acabei de usar o termo "prática deliberada", que tem um significado particular. Vamos começar por aí. A prática deliberada tem as seguintes características: 1) você escolhe uma pequena característica da habilidade na qual não é muito bom e tenta melhorá-la, estabelecendo um objetivo específico, não uma aspiração vaga como "melhorar"; 2) à medida que você pratica, obtém *feedback* de alguém pelo menos tão conhecedor da habilidade quanto você; 3) você se força para fora da sua zona de conforto tentando coisas novas; 4) você acha a prática deliberada mentalmente exigente e, francamente, nada divertida; 5) você se envolve em atividades que contribuem indiretamente para a habilidade.[a]

Como seria isso em relação ao ensino? Três dessas cinco características parecem objetivas: você escolhe um aspecto bastante restrito e específico do ensino que deseja melhorar, se esforça para ser inventivo em maneiras de melhorá-lo e espera que o processo exija esforço mental. As outras duas características da prática deliberada — obter *feedback* e usar métodos indiretos para melhorar — requerem alguma amplificação.

O que há de complicado no *feedback*? Certamente, você recebe *feedback* constante de forma direta e em tempo real dos alunos por meio dos olhares engajados ou entediados e da linguagem corporal. Você pode avaliar se uma aula está indo bem ou mal, mas o *feedback* não é diretivo: não diz o que você pode fazer diferente. Além disso, se você é novo na profissão, provavelmente perde mais do que acontece em sua sala de aula do que pensa. Você está ocupado *ensinando* e não pode se dar ao luxo de *observar* o que está acontecendo na sala de aula. É difícil pensar sobre como as coisas estão indo quando você está tentando fazê-las ir bem! (Eis a memória de trabalho causando problemas novamente.) (Figura 10.3.)

FIGURA 10.3 Muitos de nós encaram *Scrabble* (ou palavras cruzadas) como uma diversão, mas jogadores de torneios treinam com afinco, e isso inclui *feedback* e orientação de seus treinadores. A seleção nigeriana dominou a competição internacional nos últimos cinco anos, vencendo o campeonato mundial três vezes, um feito que ela credita ao seu treinador.
Fonte: © Getty Images/Pius Utomi Ekpei.

Também é difícil usar *feedback* sobre sua própria prática pedagógica porque não somos observadores imparciais de nosso próprio comportamento. Algumas pessoas não têm confiança e são mais duras consigo mesmas do que deveriam, enquanto outras (a maioria de nós, na verdade) interpretam seu mundo de maneira favorável a si mesmas. Os psicólogos sociais chamam isso de viés de autoconveniência (*self-serving bias*). Quando as coisas vão bem, é porque somos hábeis e esforçados. Quando as coisas vão mal, é porque estamos com pouca sorte ou porque alguém cometeu um engano (Figura 10.4). Por isso, é geralmente bastante válido ver suas aulas através dos olhos de outra pessoa.

Além de *feedback*, a prática deliberada comumente significa investir tempo em atividades cujo objetivo não é a tarefa em si, mas o aperfeiçoamento dessa tarefa. Por exemplo, atletas de todos os tipos fazem musculação e treinamento cardiovascular para melhorar sua resistência em seu esporte (Figura 10.5).

Em resumo, se você deseja ser um professor melhor, não pode esperar que isso seja uma consequência natural e inevitável da experiência que você ganha com o passar dos anos. É necessário se engajar na prática deliberada. Existem diversas formas de fazer isso. Aqui eu ofereço um método.

FIGURA 10.4 Estudantes franceses verificando se foram aprovados em seus exames. Os professores costumam ver um viés de autoconveniência quando os alunos recebem os resultados dos testes. Se eles se saem bem, foi porque trabalharam duro, não porque o teste incluiu perguntas que eles sabiam responder. Se se saem mal, é porque as perguntas eram complicadas ou injustas.
Fonte: © Getty Images/Eric Feferberg.

FIGURA 10.5 Os preparativos do grande mestre de xadrez Fabiano Caruana para um torneio incluem 8 km de corrida, 1 hora de tênis, meia hora de basquete e pelo menos 1 hora de natação. O estresse mental do xadrez de alto nível requer resistência.[1]
Fonte: © Getty Images/Tristan Fewings.

UM MÉTODO PARA OBTER E OFERECER *FEEDBACK*

Vou sugerir um método baseado em outro que se mostrou eficaz (e foi desenvolvido na minha instituição de origem, a University of Virginia). Fiz algumas alterações, então não posso afirmar que esse método seja baseado em pesquisa. Será o suficiente para começar, e acredito que você deveria experimentar para descobrir o que funciona para você. Também gostaria de encorajá-lo a pensar cuidadosamente sobre alguns aspectos desse tipo de prática que devem ser considerados importantes.

Primeiro, você precisa trabalhar ao menos com uma outra pessoa. Como eu disse, ela verá coisas em sua aula que você não consegue, simplesmente porque, não sendo você, será mais imparcial. (É claro que ela também terá *background* e experiências diferentes, e isso ajuda.) Além disso, como todos sabem, ter um colega o ajuda a lidar com tarefas difíceis.

Segundo, você precisa reconhecer que trabalhar sua prática *será* uma ameaça a seu ego. Ensinar é algo muito pessoal, por isso, olhar mais atentamente para isso (e convidar uma ou mais pessoas para fazer o mesmo) pode intimidar. É uma boa ideia não minimizar essa questão e tomar algumas medidas para lidar com isso.

Passo 1: Identifique outro professor (ou dois) com quem você gostaria de trabalhar

Naturalmente, seria útil se essa pessoa ensinasse o mesmo conteúdo no mesmo ano que você. Mais importante, contudo, é que vocês confiem um no outro e que seu parceiro esteja tão comprometido com o projeto quanto você.

Passo 2: Grave suas aulas e assista aos vídeos sozinho

É muito válido gravar suas aulas. Conforme eu já disse, é difícil observar sua aula enquanto você está ocupado conduzindo-a, mas você pode assistir a um vídeo no seu tempo livre e repetir partes importantes. Um tripé barato e um adaptador para segurar seu telefone podem ser comprados *on-line*. Você pode querer enviar uma notificação para que os pais saibam que seus filhos estão sendo filmados, que as gravações são unicamente para fins de desenvolvimento profissional e que serão apagadas assim que acabar o ano letivo. (Você deve conversar sobre essa questão com o seu diretor.)

Posicione seu telefone no tripé em um lugar em que a maior parte da sala seja capturada. As primeiras gravações darão importantes informações a respeito de questões logísticas. Você pode não conseguir gravar todo o tipo de aula. Por exemplo, se possui apenas uma câmera, será capaz de ver apenas uma parte da sala de aula. Além disso, captar áudio geralmente é difícil, assim, em aulas participativas particularmente barulhentas os vídeos podem não funcionar muito bem. Se você estiver pronto para investir um pouco mais de dinheiro, pode comprar uma lente grande angular que se encaixe no seu telefone, e há microfones que você pode adicionar para captar áudios com melhor qualidade. Você pode obter muitas dicas úteis acessando o YouTube e pesquisando "como se filmar".

Sugiro que sua primeira gravação seja de uma aula que você creia estar indo bem. Não é fácil se assistir (e depois se criticar), então, de início, organize as coisas a seu favor. Haverá tempo suficiente para verificar as questões que você suspeita não estarem indo tão bem.

Você pode esperar uma aula ou duas até que os alunos se habituem à ideia de serem filmados, embora isso não seja uma preocupação muito duradoura. Da mesma forma, provavelmente levará um tempo até que *você* se acostume a se ouvir e a se ver em um vídeo.[b]

Uma vez que essas questões práticas estejam resolvidas, você pode se concentrar no conteúdo. Assista às gravações com um bloco de notas nas mãos. Não comece julgando seu desempenho. Considere primeiro o que o surpreende a respeito da aula. O que você observa sobre seus alunos que você ainda não sabia? O que você observa sobre si mesmo? Passe um tempo *observando*. Não inicie pela crítica (Figura 10.6).

Passo 3: Com seu parceiro, assista a vídeos de outros professores

Quando estiver bastante habituado a se assistir nos vídeos, é hora de incluir seu parceiro. Mas ainda não assistam um ao outro. Observem vídeos de outros professores. É possível encontrar facilmente aulas *on-line*.[c]

A razão para assistir a vídeos de outros professores é o fato de, primeiro, ganhar prática em observação e comentários construtivos em uma situação não incômoda. Além disso, servirá para ter uma ideia se seu parceiro e você têm compatibilidade para realizar esse trabalho.

O que você está procurando nesses vídeos? Não é produtivo simplesmente assisti-los como a um filme, esperando o que acontecerá. É necessário ter uma meta concreta, tal como observar a gestão da sala de aula ou a atmosfera emocional. Muitos dos vídeos na internet estão lá por uma razão particular, de modo que geralmente ficará claro por que motivo alguém achou interessante colocá--los à disposição.

FIGURA 10.6 Jogadores de golfe mais exigentes fazem gravações de seus jogos em um esforço de melhorar suas tacadas. De início, isso pode parecer estranho: eles não sabem o que estão fazendo? Por mais surpreendente que possa ser, não. A tacada de um golfista é tão praticada que ele pode se sentir bastante confortável mesmo que esteja arqueando as costas de uma maneira que sabe ser ruim.
Fonte: © Anne Carlyle Lindsay.

Imagine o que você diria ao professor que está observando. De fato, imagine que ele está na sala com você. Em geral, os comentários precisam ter as seguintes propriedades:

1. *Eles devem ser de apoio.* Isso não significa que você precisa dizer *somente* coisas positivas. Significa que, mesmo dizendo algo negativo, você está apoiando o professor que está observando. O objetivo desse exercício não é apontar os erros. Os comentários positivos devem superar os negativos. Eu sei que esse princípio parece tolo, porque, ao ouvir comentários positivos, um professor não consegue evitar a ideia "Ele está dizendo isso apenas porque sabe que deve dizer algo positivo". Mesmo assim, comentários positivos lembram o professor de que ele *está fazendo* diversas coisas certas, que devem ser reconhecidas e reforçadas. (Se enquadrar as coisas de forma positiva não é fácil para você, pratique em seus comentários nas redes sociais.)

2. *Eles devem ser concretos e sobre comportamentos observados, não sobre qualidades inferidas.* Portanto, não diga simplesmente "Ela realmente sabe como explicar as coisas"; diga "Aquele terceiro exemplo realmente fez o conceito ter sentido para os alunos". Em vez de dizer "Sua sala de aula é uma bagunça", diga "Observei que muitos alunos tiveram problemas em ouvir quando ele solicitou que se sentassem".

Passo 4: Com seu parceiro, assista e comente os vídeos um do outro

Você não deve realizar este passo até que se sinta totalmente confortável em assistir aos vídeos de outros professores com seu parceiro. Isso significa que você deve se sentir confortável sobre aquilo que diz *e* deve sentir que seu parceiro sabe como oferecer apoio, isto é, você deve ter certeza de que não se importará quando os comentários do seu parceiro forem destinados a você, e não ao professor desconhecido do vídeo. As regras básicas para comentar os vídeos de outros professores também se aplicam aqui: seja cooperativo, seja concreto e concentre-se nos comportamentos. Como esse processo é interativo, há algumas coisas adicionais para se levar em consideração.

O professor que estiver sendo assistido deve traçar o objetivo da sessão — ele deve descrever o que gostaria que o outro professor observasse. É vital que o observador respeite essa solicitação, mesmo que veja algo além do que o colega julga importante. Caso apresente um vídeo esperando obter algumas ideias sobre como envolver os alunos em uma aula sobre estrutura de governo, e seu parceiro diz "Nossa! Eu observei alguns problemas sérios de gestão de sala de aula", provavelmente você se sentirá incomodado e sem motivação para continuar. E se seu parceiro quiser trabalhar em coisas triviais quando você nota que há problemas maiores sendo ignorados? Se vocês se habituarem a fazer vídeos de suas aulas, certamente essa questão surgirá durante a discussão de algum tópico. Você e seu parceiro podem decidir que, após assistirem a, digamos, 10 vídeos, cada um sugere ao outro algo que deva ser melhorado e que ainda não foi discutido.

Um último apontamento. O propósito de assistir seu parceiro ensinando é ajudá-lo a refletir sobre sua prática de ensino. Você faz isso descrevendo aquilo que vê. Não diga o que o professor deve fazer de diferente a menos que ele pergunte. Você não quer parecer alguém que tem todas as respostas. Se seu parceiro quiser suas ideias sobre como tratar uma questão, ele perguntará — momento no qual você deverá oferecer todas as ideias que tiver. Mas até ser solicitado, mantenha-se no modo cuidadoso, cooperativo, observador e não se deixe fazer o papel do especialista, independentemente do quão confiante você esteja de ter uma boa solução.

Passo 5: Volte à sala de aula e prossiga

O propósito de gravar-se é melhorar sua consciência a respeito daquilo que acontece em sua sala de aula, além de adquirir uma nova perspectiva sobre o que você está fazendo e por que, bem como daquilo que seus alunos estão fazendo e por quê. Com essa consciência, certamente surgirão algumas resoluções de mudança. Um método para tentar fazer isso é o seguinte: trace um plano em que, durante uma aula específica, fará algo que trate de uma questão com a qual você está preocupado. Mesmo que esteja considerando três coisas que deseja fazer, faça apenas uma. Simplifique. Você terá muitas chances de tentar outras estratégias. E, claro, filme a aula de modo que você possa observar o que acontece. Não desanime se não funcionar muito bem na primeira vez. Avalie se você precisa apenas ajustar ou praticar essa nova estratégia.

O programa que eu rapidamente apresentei aqui está fundamentado nos princípios cognitivos descritos neste livro. Por exemplo, enfatizei no Capítulo 1 que a limitação mais importante ao raciocínio é a capacidade da memória de trabalho. Por isso, recomendei as gravações — porque é difícil pensar de maneira profunda a respeito do seu ensino enquanto está ensinando. Além disso, como a memória baseia-se naquilo sobre o que pensamos (Capítulo 3), não podemos esperar que lembremos mais tarde uma versão completa daquilo que aconteceu em aula; lembramos apenas aquilo em que prestamos atenção. No Capítulo 6, eu disse que os especialistas veem o mundo de maneira diferente da dos novatos — eles veem a estrutura profunda, não a superficial — e a razão-chave para serem dessa forma é porque eles tiveram amplas e profundas experiências no seu campo. A observação atenta de uma variedade de salas de aula irá ajudá-lo a reconhecer a dinâmica típica das salas de aula; a observação atenta da sua própria sala de aula irá ajudá-lo a reconhecer a dinâmica típica do seu próprio estilo.

No Capítulo 2, enfatizei a importância do conhecimento prévio para a resolução efetiva de problemas. O conhecimento prévio não significa apenas saber sobre o conteúdo; para um professor, também significa o conhecimento a respeito dos alunos e de como eles interagem com você, uns com os outros e com os assuntos que você ensina. A observação cuidadosa, principalmente de maneira cooperativa com um professor experiente, é uma boa maneira de adquirir esse conhecimento. Por fim, no Capítulo 8, pintei um quadro esperançoso a respeito da capacidade humana — ela pode ser mudada por meio de esforço continuado. Há todas as razões para se acreditar que isso é válido no caso do ensino.

TENTANDO CONSCIENTEMENTE MELHORAR: AUTOGESTÃO

Mencionei que tentar conscientemente melhorar sua prática de ensino é uma parte crucial da prática deliberada, e parece a parte mais fácil. "Claro, eu quero melhorar. Por isso estou aqui. Vamos lá!" Mas normalmente não é tão simples (Figura 10.7). Eis algumas sugestões que podem funcionar.

Antes de tudo, pode ser útil planejar o trabalho extra que será necessário. No Capítulo 1, apontei que a maioria de nós está no piloto automático em grande parte do tempo. Em vez de pensar no mais adequado a se fazer momento a momento, recuperamos da memória aquilo que fizemos anteriormente. Ensinar não é diferente. Espera-se que, uma vez que ganhe experiência suficiente, você irá ensinar no piloto automático pelo menos parte do tempo. Não há nada de errado nisso, mas trabalho sério para melhorar sua prática significa que você

FIGURA 10.7 Decidir fazer algo difícil é fácil. Pôr a resolução em prática não é. É por isso que, em janeiro, as academias estão lotadas de praticantes que cumprem suas solenes resoluções de Ano Novo. Porém, em meados de fevereiro, as academias ficam assim.
Fonte: © Getty Images/Jeff Greenberg.

estará no piloto automático menos frequentemente. Isso será cansativo e pensar cuidadosamente sobre coisas que você não faz tão bem quanto gostaria é emocionalmente desgastante. Você pode precisar de apoio extra da sua família e de seus amigos, e pode precisar determinar mais tempo para descanso.

Você despenderá muito tempo no ensino. Além das horas em casa dedicadas à correção, ao planejamento das aulas, etc., agora dedicará mais tempo do que o usual relembrando aquilo que fez bem e não tão bem em sala de aula, bem como planejando como fazer as coisas de maneira diferente. Se você empregar cinco horas a mais por semana na sua prática de ensino, de onde sairá esse tempo extra? A família ou os amigos podem fornecer não apenas apoio emocional, mas apoio prático na criação de tempo livre? Se você planejar esse tempo para realizar o trabalho, é muito provável que consiga obter sucesso.

Finalmente, lembre-se de que não precisa fazer tudo de uma vez. Não é razoável esperar sair do ponto que você está para o "excelente" em um ano ou dois. Como não está tentando consertar tudo de uma só vez, você precisa traçar prioridades. Decida o que é mais importante desenvolver e concentre-se em passos concretos e razoáveis para chegar até seu objetivo.

RESUMO

Do ponto de vista cognitivo, sua mente é, obviamente, igual à de seus alunos. E como seus alunos, você precisa de conhecimento factual, procedimentos e capacidade de memória de trabalho para ser proficiente em uma tarefa. Assim, a maioria das implicações dos capítulos anteriores também se aplica a você. Porém, neste capítulo, me concentrei em uma: a utilidade da prática deliberada. A prática deliberada requer tentar conscientemente melhorar, buscar *feedback* e realizar atividades que promovam aperfeiçoamento, mesmo que não contribuam diretamente para a habilidade específica. Sugeri um método para ganhar prática que se trata de filmar a si mesmo enquanto ensina e rever as gravações com um parceiro. Esse processo permite que você veja aspectos de sua prática que são difíceis de perceber quando sua mente está ocupada ensinando e oferece a nova perspectiva de seu colega.

IMPLICAÇÕES

O programa que eu estabeleci aqui consome tempo, não há dúvidas. Eu posso imaginar que alguns professores pensarão consigo "Em um mundo ideal, certamente — mas entre cuidar dos meus filhos e da casa e as milhares de outras coisas que *deveria* fazer e não faço, eu simplesmente não tenho tempo". Respeito isso. Então comece devagar. Eis algumas ideias que consomem um pouco menos de tempo.

Tenha um diário

Faça anotações que incluam o que você pretendeu fazer e de como achou que se saiu. A aula funcionou? Se não, quais são suas ideias do porquê? Sempre que possível, reserve um tempo para ler anotações antigas. Procure por padrões nas aulas que dão certo e nas que não dão, por situações que o frustraram, por momentos estimulantes, etc.

Várias pessoas começam um diário, mas acham difícil mantê-lo. Eis algumas dicas que podem ajudar. Primeiro, tente achar uma hora do dia em que você consiga escrever e que possa ser fixada. (Por exemplo, eu sou uma pessoa diurna, então, se eu planejar escrever sempre antes de dormir, isso nunca aconteceria.) Segundo, tente escrever *algo* todos os dias, mesmo que seja apenas "Hoje foi um dia mediano". A insistência em pegar o diário e escrever algo irá ajudá-lo a fazer disso um hábito. Terceiro, lembre-se de que esse projeto é inteiramente para *você*. Não se preocupe com a qualidade da escrita, não se sinta culpado se não estiver escrevendo muito, não fique abatido se deixar de escrever por um dia ou mesmo por semanas. Se perder alguns dias, não tente recuperá-los. Você nunca lembrará o que aconteceu e ter todo esse trabalho pensando irá impedi-lo de recomeçar. Por fim, seja honesto tanto nas críticas quanto nos elogios, não há razão para não avaliar momentos que o deixaram orgulhoso. Claro, você pode encontrar usos para o seu diário que eu posso ter deixado passar (Figura 10.8).

Comece um grupo de discussão com colegas professores

Forme um grupo de professores que se reúnam, digamos, mensalmente. A menos que vocês já se conheçam muito bem, eu tentaria fazer isso ao vivo, em vez de virtualmente. As pessoas ficam mais engajadas quando estão na mesma sala, e há mais dicas de comunicação social disponíveis pessoalmente; isso ajudará à medida que vocês estiverem conhecendo e confiando uns nos outros. Existem ao menos dois objetivos em grupos assim. Um é receber e oferecer apoio social. É uma chance de os professores queixarem-se de problemas, compartilharem sucessos, etc. O objetivo é que os educadores se sintam unidos e amparados. Outro propósito, não completamente independente do primeiro, é servir como um fórum para os docentes trazerem à tona problemas que estejam enfren-

FIGURA 10.8 O escritor David Sedaris[2] sobre manter um diário: "A maior parte é apenas choramingar, mas de vez em quando há algo que posso usar mais tarde: uma piada, uma descrição, uma citação. É uma ajuda inestimável quando se trata de ganhar discussões. 'Não foi isso que você disse em 3 de fevereiro de 1996', direi a alguém".
Fonte: © Getty Images/Ulrich Baumgarten.

tando a fim de que obtenham ideias de soluções. É uma boa ideia deixar claro desde o início se seu grupo serve ao primeiro propósito, ao segundo ou a ambos. Se pessoas diferentes tiverem diferentes ideias a respeito do objetivo do grupo, é provável que haja conflitos. Caso seu grupo seja bem orientado em relação à sua meta, pode ser interessante que todos leiam um artigo de um periódico profissional para discussão.

Observe sua aula

Eu disse que um dos propósitos de gravar sua aula é que ensinar demanda tanta atenção que não há capacidade restante na memória de trabalho para realmente observar os estudantes. O vídeo permite que você seja "uma mosquinha na parede" mais tarde.

Outra estratégia para o mesmo fim é observar sua turma enquanto outra pessoa ensina. Você pode fazer algumas observações enquanto seus alunos estão trabalhando de forma independente, mas você ainda é responsável pelo ritmo da aula, e isso sempre vai tirar sua atenção da observação. Por essa razão, a "estrela convidada" precisa ser alguém com quem você se sinta bem em compartilhar essa responsabilidade. Assim, um provável candidato pode ser um colega professor com quem você trocará o favor. Tenha em mente que não há tempo mínimo para esse exercício.

Seu objetivo é observar o comportamento de seus alunos. Talvez você peça ao seu professor convidado para conduzir uma aula centrada no professor, para que você possa se concentrar na dinâmica da sala de aula que leva (ou não leva) à inquietação. Talvez você queira observar de perto aqueles alunos quietos cujo objetivo parece ser se tornar imperceptíveis — o que se passa na cabeça deles? E as crianças mais indisciplinadas? A dinâmica delas é diferente com o seu convidado?

Se o mesmo professor convidado vier algumas vezes e seus alunos o conhecerem, você poderá ver os relacionamentos se desenvolverem. Quem fala com o convidado de forma diferente do que fala com você? Quem mostra uma linguagem corporal diferente e diferentes padrões de atenção? O que o convidado faz de maneiras muito diferentes de você e como seus alunos reagem?

Talvez você peça ao professor convidado para administrar os alunos trabalhando em grupos, dando a você a chance de observar as interações entre eles. Tal como acontece com a recomendação sobre os vídeos, acho que é sábio estabelecer um plano, em vez de sentar e assistir como se estivesse no cinema.

Observe crianças que você não conhece

O que influencia o comportamento dos alunos na faixa etária para a qual você ensina? O que os motiva? Como eles falam uns com os outros? Quais são seus gostos? Você provavelmente conhece bem seus alunos na sala de aula, mas eles poderiam dizer que são "eles mesmos" quando estão lá? Poderia ser útil vê-los agir quando não estão tolhidos pela sala de aula ou quando estão cercados por um grupo diferente de crianças?

Encontre um local em que você possa observar crianças na faixa etária da sua turma. Para observar crianças em idade pré-escolar, vá a um parque; para observar adolescentes, vá a um *skatepark* ou à praça de alimentação de um *shopping*. Você provavelmente terá que ir a outro bairro ou mesmo a uma cidade diferente — esse exercício não funcionará se você for reconhecido.[d] Apenas observe as crianças. Não vá com um plano específico ou com interesses determinados. Apenas observe. No início, você ficará entediado e pensará "Certo, eu já vi isso antes". Mas, se continuar observando, começará a notar coisas que não havia visto antes — algumas pistas sutis a respeito das interações sociais, dos aspectos de personalidade e de como os alunos pensam. Permita-se esse tempo simplesmente para observar e verá coisas impressionantes.

Seja discreto

Eu disse que a prática deliberada geralmente inclui atividades que não contribuem diretamente para a habilidade-alvo, como quando um golfista levanta pesos e corre para aumentar a força e a resistência. Como esse princípio se aplica à educação? Um exemplo óbvio seria melhorar seu conhecimento sobre o assunto principal — se você ensina história, aprenda mais sobre isso. Igualmente óbvio: se você ainda se sentir um pouco desconfortável ao falar diante de um grupo, faça um curso de oratória ou, se não tiver confiança em tecnologia, encontre alguns tutoriais *on-line* relevantes para as ferramentas que sua escola usa. Acho que esse princípio pode ser aplicado de forma mais ampla do que parece à primeira vista.

Há alguns anos, conheci uma professora que se achava muito boa em sala de aula, mas era inflexível. Ela não podia se deixar desviar de seu plano, mesmo quando via oportunidades para que algo interessante acontecesse. Então ela fez uma aula de teatro de improvisação para ganhar coragem de viver e reagir mais no momento; ela queria se fazer crer que, quando saísse do plano, as coisas ainda acabariam bem.

Se você acha que os recursos visuais que você cria carecem de verve, aprenda algo sobre *design* gráfico.

Se suas costas estão doloridas (ou suas pernas, ou seus pés) por ficar em pé durante a maior parte do dia, primeiro invista em sapatos melhores. Então considere a ioga. (Boas aulas de ioga podem ser encontradas gratuitamente *on-line*.)

Se você acha que seus planos de aula são um pouco lentos e precisam de momentos de surpresa e diversão, a magia do palco pode lhe dar uma ideia da criação e liberação do suspense.

Se você gosta da ideia de planejar aulas como histórias (ver Capítulo 3), mas a estrutura da história não faz muito sentido para você, faça um curso de curta duração sobre como escrever ficção.

Se você deseja dar mais autonomia aos seus alunos, mas ainda se preocupa em perder o controle, estude liderança e como delegar responsabilidade.

E, é claro, acredito que todo mundo deveria fazer um curso de psicologia cognitiva!

NOTAS

[a] A teoria da prática deliberada foi desenvolvida por Anders Ericsson e, em sua concepção, aplica-se a domínios em que os especialistas concordam amplamente com a sequência do treinamento. Assim, se você quer aprender piano ou balé, todos concordam sobre o que deve ser aprendido primeiro, o que deve ser aprendido em segundo lugar, e assim por diante. Isso não se aplica ao ensino. As pessoas nem concordam sobre o que é o ensino especializado, muito menos sobre o regime de treinamento exato para chegar lá. No entanto, acho que esses quatro princípios são amplamente sustentados e se aplicam à melhora da prática em sala de aula.

[b] Meu pai começou a ficar calvo aos 40. Ele perdeu muito cabelo na parte de trás da cabeça e não se notava muito na frente, mas aos 55 anos a calvície era quase total. Naquele tempo ele viu a fotografia de uma multidão, incluindo ele de costas para a câmera. Ele apontou para si mesmo e disse "Quem é esse senhor calvo?". Não é fácil ver o que a câmera vê.

[c] Na primeira edição deste livro, listei alguns bons repositórios de vídeos de salas de aula. Enquanto preparava a segunda edição, nenhum dos *sites* permaneceu cumprindo essa função; um, inclusive, havia se tornado um *site* em tailandês para assistir filmes *on-line*. Então estou deixando você pesquisar por conta própria.

[d] A esposa de um amigo leciona para o 7º ano. Meu amigo me contou que caminhar com ela pelo centro é como estar ao lado de uma celebridade — todos a conhecem, e mesmo os alunos mais "descolados" a cumprimentam e ficam animados em receber um aceno de volta. Ele também mencionou que ela não hesita em utilizar sua autoridade. "Ela impõe aquela voz de professora e diz às crianças que se comportam mal para pararem com isso. Elas sempre param."

LEITURAS COMPLEMENTARES

Menos técnico

James Clear tem um material útil no seu *site*, o "Beginner's Guide to Deliberate Practice". Procure "James Clear deliberate practice".

Há um ótimo vídeo de três minutos no qual Dylan Wiliam faz a distinção entre *feedback* que envolve o ego e o que envolve a tarefa. Muito relevante para a visualização do vídeo que sugeri que você fizesse. Procure no YouTube "Dylan Wiliam: *Feedback* on Learning". DYLAN Wiliam: feedback on learning. 2017. 1 vídeo (3 min). Publicado pelo canal Education Scotland. Disponível em: https://www.youtube.com/watch?v=n7Ox5aoZ4ww. Acesso em: 24 abr. 2022.

Deans for Impact, uma organização sem fins lucrativos dedicada a projetos de formação de professores (e com a qual trabalhei) publicou um livreto de 14 páginas muito útil sobre como melhorar o ensino por meio da prática deliberada. Busque "Deans for Impact Practice with Purpose". DEANS FOR IMPACT. *Practice with purpose*: the emerging science of teacher expertise. 2016. Disponível em: https://deansforimpact.org/wp-content/uploads/2016/12/Practice-with-Purpose_FOR-PRINT_113016.pdf. Acesso em: 24 abr. 2022.

Mais técnico

EARLY, D. M. *et al*. Improving teacher-child interactions: a randomized controlled trial of Making the Most of Classroom Interactions and My Teaching Partner professional development models. *Early Childhood Research Quarterly*, v. 38, n. 1, p. 57-70, 2017. Esse artigo relata pesquisas que mostram que My Teaching Partner melhora o ensino. My Teaching Partner pede que os professores façam vídeos de si mesmos ensinando e discutam a gravação com um treinador especializado. A técnica fornece a espinha dorsal para o método que descrevo neste capítulo.

ERICSSON, K. A.; HARWELL, K. Deliberate practice and proposed limits on the effects of practice on the acquisition of expert performance: why the original definition matters and recommendations for future research. *Frontiers in Psychology*, v. 10, p. 2396, 2019. Uma revisão recente da literatura sobre prática deliberada, escrita pelo pesquisador que primeiro a caracterizou. (Aviso justo: nem todos os pesquisadores têm uma visão extrema do poder da prática.)

FELDON, D. F. Cognitive load and classroom teaching: The double-edged sword of automaticity. *Educational Pschologist*, v. 42, n. 3, p. 123-137, 2007. Esse artigo examina o papel da automaticidade na prática de ensino, bem como as consequências positivas e negativas do seu desenvolvimento.

KELLER, M. M.; NEUMANN, K.; FISCHER, H. E. The impact of physics teachers' pedagogical content knowledge and motivation on students' achievement and interest. *Journal of Research in Science Teaching*, v. 54, n. 5, p. 586-614, 2017. Pesquisa de campo mostrando a importância do conhecimento pedagógico do conteúdo para o aproveitamento dos alunos nas aulas de ciências do ensino médio. Para resultados comparáveis em matemática, ver CAMPBELL, P. F. *et al*. The relationship between teachers' mathematical content and pedagogical knowledge, teachers' perceptions, and student achievement. *Journal for Research in Mathematics Education*, v. 45, n. 4, p. 419-459, 2014.

MEZULIS, A. H. Is there a universal positivity bias in attributions? A meta-analytic review of individual, developmental, and cultural differences in the self-serving attributional bias. *Psychological Bulletin*, v. 130, n. 5, p. 711-747, 2004. Revisão integrativa sobre a tendência humana de interpretar eventos ambíguos de maneiras que nos favoreçam. Por exemplo, posso imaginar que sua turma se comporta mal porque a gestão da sua sala de aula é ruim, mas se minha turma se comporta mal, é porque são crianças más. É por isso que é útil trabalhar em sua prática com um amigo.

PAPAY, J. P.; KRAFT, M. A. Productivity returns to experience in the teacher labor market: methodological challenges and new evidence on long-term career improvement. *Journal of Public Economics*, v. 130, 2015. Disponível em: https://scholar.harvard.edu/mkraft/publications/productivity-returns-experience-teacher-labor-market-methodological-challenges-a. Acesso em: 24 abr. 2022. Na primeira edição deste livro, citei estudos indicando que os professores melhoraram muito em sua prática nos primeiros anos, mas não depois. Esse artigo (e outros que o seguem) usou técnicas analíticas mais sofisticadas para mostrar que a melhora continua por muito mais tempo do que isso.

SCHNEIDER, M.; PRECKEL, F. Variables associated with achievement in higher education: a systematic review of meta-analyses. *Psychological Bulletin*, v. 143, n. 6, p. 565-600, 2017. Muitos estudos nos últimos 100 anos verificaram a importância do *feedback* para a aprendizagem. Esse estudo examinou características comuns de professores universitários bem-sucedidos e observou que uma delas era o uso eficaz de *feedback*.

QUESTÕES PARA DISCUSSÃO

1. No Capítulo 4, discuti a dificuldade de entender ideias abstratas em primeiro lugar e que, uma vez compreendidas, é difícil reconhecê-las novamente mais tarde, porque podem aparecer com uma estrutura de superficial diferente. No Capítulo 6, eu disse que a capacidade de reconhecer essas ideias abstratas é uma das características da *expertise*. Esses fatos parecem apontar ainda mais urgentemente para a importância de observar as salas de aula. É a experiência que lhe dá aquele sexto sentido de que uma discussão em pequenos grupos está à beira de um avanço, ou que uma criança mal-humorada está à beira de um acesso de raiva. Com que frequência você consegue observar outros professores? Se a resposta for "raramente" ou "nunca", quais são os obstáculos? Dada a aparente utilidade da observação, você pode pensar de formas inovadoras para torná-la possível?
2. Como mencionei nas notas, a estrutura original da prática deliberada sugere que ela se aplica a domínios (por exemplo, aprender a tocar violino) nos quais há uma *sequência* amplamente aceita para as habilidades a serem aprendidas. Você acha que os professores poderiam desenvolver tal sequência, por mais dificultosa que fosse? Aqui está um pensamento para você começar: uma reclamação muito comum entre os professores iniciantes é que eles não foram ensinados o suficiente sobre gestão de sala de aula em seus programas de formação. Indiscutivelmente, essa habilidade deveria ter sido a primeira na sequência. O que você acha?
3. Muitas escolas têm um ou dois professores ineficazes que não dão nenhum sinal de que se preocupam em melhorar. Todo mundo sabe quem eles são e, naturalmente, todo mundo sente pena de seus alunos terem um ano que não é tudo o que poderia ser. (E ninguém sente isso de forma mais aguda do que o professor que ensina esses alunos no ano seguinte.) Este capítulo deixou claro que melhorar não é fácil. O que pode ser feito para persuadir esses professores a tentar melhorar? O que eles veem como obstáculos e como estes podem ser superados?
4. Quanta orientação os professores iniciantes recebem em sua escola? Alguém observa suas aulas? (Aqui quero dizer observar para melhorar sua prática, não para avaliar.) Eu poderia imaginar argumentos a favor e contra a observação de educadores inexperientes. Por um lado, podemos pensar que eles precisam de mais observação — por que não fornecer orientação o mais rápido possível? Por outro lado, ensinar é bastante difícil em

seu primeiro ano, e a observação só aumentará o estresse. Qual é a sua opinião? E o processo de observação deve ser diferente para professores iniciantes em comparação com aqueles mais experientes?

5. Em alguns países (especialmente nos Estados Unidos), abundam as queixas sobre o desenvolvimento profissional. Aqueles que conduzem sessões de desenvolvimento profissional estão inacessíveis, há reivindicação de apoio de pesquisas quando essas sessões parecem suspeitas e muito mais. Relevante para este capítulo, o desenvolvimento profissional é muitas vezes tratado com superficialidade. Alguém chega e diz aos professores: "vocês deveriam fazer x, y e z" e vai embora. O que está faltando é 1) alguém com experiência em x, y e z observando enquanto você tenta fazer x, y e z para oferecer orientação, e 2) qualquer oportunidade para você experimentar x, y e z e refletir sobre o que isso significou para seus alunos e sua prática. Um remédio óbvio seria que esse trabalho fosse incorporado ao próprio desenvolvimento profissional. Se isso não for possível, o que você e seus colegas professores podem fazer para garantir alguma prática e *feedback* para as sessões de desenvolvimento profissional ou para os dias e semanas seguintes a essas sessões?

Conclusão

Reynods Price, autor muito conhecido, era uma das poucas celebridades da Duke University de quando estudei lá no início dos anos 1980. Ele caminhava pelo *campus* a passos largos, usando um enorme e brilhante cachecol vermelho. Price parecia notar que era observado.

Quando participei de um seminário de escrita criativa com ele, Reynolds Price mostrou certo ar arrogante que nós alunos esperávamos de um artista, mas também maneiras muito polidas e um estoque de histórias sobre pessoas famosas que conhecera. Nós não apenas o respeitávamos, nós o reverenciávamos. Por tudo isso, ele era muito amável e nos tratava seriamente, apesar de provavelmente não ser possível que alguém nos levasse tão a sério quanto nós mesmos.

Imagine nossa surpresa quando Price nos contou certa vez que todo escritor deveria seguir a hipótese de que o que leitor *realmente* quer fazer é largar seu livro e ligar a televisão, tomar uma cerveja ou jogar golfe. Foi como se ele tivesse jogado uma bomba fedorenta em uma festa glamourosa. Assistir à televisão? Tomar uma cerveja? Nós acreditávamos estar escrevendo para um público sofisticado, para literatos; aquilo pareceu como se Price estivesse nos dizendo para desistir. Mais tarde naquele semestre, eu compreendi que ele estava apenas tornando explícito um princípio que deveria ser óbvio: se sua escrita não for interessante, por que alguém a leria?

Anos depois, eu vi essas palavras através das lentes da psicologia cognitiva. Ler é um ato mental que literalmente modifica o processo de pensamento do leitor. Portanto, cada parte de prosa ou poesia é uma proposta: "Deixe-me levá-lo a uma jornada mental. Siga-me e confie em mim. O caminho pode ser rochoso ou às vezes íngreme, mas eu prometo uma aventura recompensadora". O leitor pode aceitar seu convite, mas o processo de tomada de decisão não para aqui. A cada passo, ele pode concluir que o caminho é difícil demais ou que o cenário é tedioso e acabar o passatempo mental. Dessa forma, o escritor precisa manter em mente se o leitor será recompensado adequadamente por seu tempo e por seu esforço. Conforme a taxa de esforço para a recompensa aumenta, aumenta também a probabilidade de o escritor encontrar-se sozinho no caminho.

Acho que essa metáfora também se aplica ao ensino. Um professor tenta orientar o pensamento dos alunos em uma determinada direção ou, talvez, explorar um terreno mais amplo do conhecimento. Isso pode ser novidade até mesmo para o professor, e a jornada acontece lado a lado. O professor sempre encoraja os alunos a continuar — sem desanimarem ao encontrar obstáculos —, a utilizar a experiência de jornadas anteriores para suavizar o caminho e a apreciar a beleza e a admiração que o cenário pode oferecer. Assim como o autor deve convencer o leitor a não abandonar o livro, o professor também precisa persuadir o aluno a não interromper a jornada. Ensinar é um ato de persuasão.[a]

Como convencer os alunos a seguirem você? A primeira resposta na qual você pode pensar é que nós seguimos pessoas a quem respeitamos e que nos inspiram. Se você tem o respeito dos alunos, eles tentarão prestar atenção para agradá-lo e também porque confiam em você; se você acha que determinada aprendizagem é válida, eles estarão prontos para acreditar nisso também. O problema é que os alunos (e os professores) têm controle limitado sobre sua própria mente.

Embora gostemos de pensar que decidimos aquilo em que prestar atenção, nossa mente tem seus próprios desejos e suas próprias vontades quando se trata de concentração. Por exemplo, você pode sentar-se para ler algo — digamos, um relatório — o qual sabe que será maçante, mas o qual, ainda assim, deseja ler com atenção. Apesar das melhores intenções, você se percebe pensando sobre qualquer outra coisa, com seus olhos meramente passando pelas palavras. Da mesma forma, a maioria de nós teve um professor de quem gostávamos, mas que não achávamos especialmente talentoso; ele era desorganizado, um pouco enfadonho, mesmo que fosse amável e diligente. Eu disse, no Capítulo 1, que um conteúdo aparentemente interessante não significa atenção garantida. (Você se lembra da história a respeito da aula sobre sexo do meu professor do 7º ano?) O desejo dos alunos de compreender ou de agradar o professor também não é garantia da manutenção da atenção.

Como um educador pode maximizar as chances de ser seguido pelos alunos? Outro professor de escrita criativa, que tive na época da faculdade, respondeu a essa pergunta quando afirmou: "Grande parte de escrever significa antecipar a reação do seu leitor". Para guiar corretamente o leitor nessa jornada mental, você precisa saber aonde cada frase o levará: ele a achará interessante, confusa, poética ou ofensiva? A maneira como um leitor reage não depende apenas daquilo que você escreve, mas também de quem ele é. A simples frase "Ensinar é como escrever" poderá gerar diferentes pensamentos em um professor de pré-escola e em um vendedor. Para antecipar a reação de seu leitor, você precisa conhecer sua personalidade, seus gostos, suas ideias e seu *background*. Todos já ouvimos o conselho "Conheça seu público". Meu professor explicou por que isso é válido para a escrita, e eu acredito que não seja menos válido para o ensino.

Para assegurar que seus alunos o sigam, você deverá mantê-los interessados; para garantir que eles estarão interessados, você deverá antecipar suas reações; para antecipar suas reações, você deverá conhecê-los. "Conheça seus alunos" seria um resumo adequado do conteúdo deste livro. Essa máxima pode soar suspeita, assim como a psicologia *bubbe*. Se você não estivesse ciente de que deve conhecer seus alunos (e estou certo de que está), sua avó poderia ter dito que isso é uma boa ideia. A psicologia cognitiva não pode fazer nada melhor do que isso?

Quadro C.1 Os nove princípios da mente discutidos neste livro, o conhecimento necessário para empregá-los e a implicação mais importante de cada um

Capítulo	Princípio cognitivo	Conhecimento necessário a respeito dos alunos	Principal implicação para a sala de aula
1	As pessoas são naturalmente curiosas, mas não são boas em pensar.	O que está além daquilo que meus alunos sabem e podem fazer?	Pensar sobre o conteúdo a ser aprendido como respostas e avaliar o tempo necessário para explicar as perguntas.
2	Conhecimento factual precede habilidade.	O que meus alunos sabem?	Não é possível pensar sobre um assunto sem ter conhecimento factual sobre ele.
3	Memória é o resíduo do raciocínio.	No que os alunos pensarão durante as aulas?	O melhor para avaliar cada plano de aula é observar sobre o que ele fará os alunos pensarem.

(Continua)

Quadro C.1 Os nove princípios da mente discutidos neste livro, o conhecimento necessário para empregá-los e a implicação mais importante de cada um *(Continuação)*

Capítulo	Princípio cognitivo	Conhecimento necessário a respeito dos alunos	Principal implicação para a sala de aula
4	Compreendemos novas coisas a partir daquilo que já sabemos.	Que conhecimento os alunos já têm que pode servir de apoio para o aprendizado de um novo conteúdo?	Sempre ter por objetivo o conhecimento aprofundado, dito e não dito, mas reconhecer que o conhecimento superficial vem primeiro.
5	Proficiência requer prática.	Como fazer os alunos praticarem sem que fiquem entediados?	Avaliar com cuidado cada conteúdo que os alunos precisam internalizar e fazê-los praticar ao longo das aulas.
6	A cognição é completamente diferente no início e no final da formação.	Qual a diferença entre meus alunos e um *expert*?	Empenhar-se em prol de uma compreensão profunda por parte dos alunos em vez de valorizar a criação de novos conhecimentos.
7	Em termos de aprendizagem, as crianças são mais semelhantes do que diferentes.	Conhecimento sobre estilos de aprendizagem não é necessário.	Pensar no conteúdo das aulas, e não nas diferenças entre alunos, orientando suas decisões sobre como ensinar.
8	A inteligência pode ser modificada por meio de esforço contínuo.	No que meus alunos acreditam a respeito da inteligência?	Falar sempre sobre sucesso e fracasso em termos de processo, não de capacidade.
9	Tecnologia muda tudo... mas não da maneira que você imagina.	As mudanças na cognição complexa, trazidas pela tecnologia, são difíceis de prever.	Não presumir saber de que forma as novas tecnologias vão operar na sala de aula.
10	Ensinar, como qualquer habilidade cognitiva complexa, precisa de prática para o aprimoramento.	Quais aspectos do meu trabalho funcionam bem com meus alunos e quais precisam ser melhorados?	Aprimoramento requer mais do que experiência, também requer esforço consciente e *feedback*.

O que a ciência cognitiva pode oferecer é uma elaboração que coloca carne em volta do esqueleto da ideia. Existem coisas específicas que você deve saber sobre seus alunos, e outras que pode seguramente ignorar. Também existem atitudes que você pode tomar a partir desse conhecimento, e outras que podem parecer plausíveis, mas que correm o risco de dar errado. O Quadro C.1 resume os princípios de cada capítulo deste livro, o tipo de conhecimento necessário para empregá-los e aquilo que eu considero como a mais importante implicação para a sala de aula.

Os cientistas cognitivos na verdade sabem mais do que esses 10 princípios da mente. Estes foram selecionados porque satisfazem quatro critérios:

1. Conforme descrito na Introdução, cada um desses princípios é válido *todo* o tempo, esteja a pessoa no laboratório, na sala de aula, sozinha ou em grupo. A complexidade da mente significa que suas propriedades mudam com frequência, dependendo do contexto. Esses 10 princípios são sempre aplicáveis.
2. Cada princípio é apoiado por uma grande quantidade de dados, não apenas em um ou dois estudos. Se algum desses princípios estiver errado, algo nele estará próximo da verdade. Não imagino que em 10 anos eu vá escrever uma terceira edição deste livro na qual um capítulo seja apagado porque novos dados irão contrariar a conclusão.
3. Utilizar ou não esses princípios pode ter um impacto considerável no desempenho dos alunos. Os cientistas cognitivos sabem muitas outras coisas sobre a mente que sugerem aplicações em sala de aula, mas aplicá-las poderia render apenas um efeito modesto, de forma que não fica claro se valeria o esforço.
4. Ao identificar um princípio, deve ficar bastante claro se alguém saberá o que fazer com ele. Por exemplo, "A atenção é necessária para a aprendizagem" não preenche esse requisito, mesmo que satisfaça aos outros três critérios, porque não oferece aos professores nenhum direcionamento sobre aquilo que devem fazer que ainda não estejam fazendo.

Afirmei que esses princípios podem fazer uma diferença real, mas isso não significa que sua aplicação é fácil. ("Apenas aplique minhas dicas secretas e *boom*! Você é um excelente professor!") Todos os princípios listados no Quadro C.1 devem ser temperados com bom senso, e qualquer um deles pode ser exagerado ou, ainda, deformado. Então, qual é o papel da ciência cognitiva na prática educacional se ela não pode oferecer prescrições sólidas?

A educação é similar a outros campos de estudo nos quais as descobertas científicas são úteis, mas não decisivas. Uma arquiteta utilizaria princípios da física na construção de um prédio comercial, mas ela também seria guiada por princípios estéticos e pelo seu orçamento. De maneira semelhante, o conhecimento da ciência cognitiva pode ser de ajuda ao planejar aquilo que você irá ensinar e como, mas isso não é tudo.

Não é tudo — mas eu vejo duas maneiras pelas quais a ciência cognitiva pode ser útil aos professores. Em primeiro lugar, o conhecimento da ciência cognitiva pode auxiliar os professores a ponderar interesses conflitantes. Salas de aula não são apenas lugares cognitivos, mas também são lugares emocionais, sociais, motivacionais, etc. Esses diversos elementos implicam diferentes preocupações para o professor e geralmente são conflitantes, isto é, a melhor prática em termos de cognição pode ser ineficaz em termos de motivação. Conhecer os princípios da ciência cognitiva apresentados aqui pode ajudar o professor a equilibrar os diferentes — e às vezes conflitantes — aspectos de uma sala de aula.

Em segundo lugar, vejo os princípios cognitivos como limites úteis para a prática educacional. Os princípios da física não prescrevem a um engenheiro civil exatamente como construir uma ponte, mas permitem que ele imagine como procederá para construí-la. Da mesma forma, princípios da ciência cognitiva não prescrevem como ensinar, mas ajudam você a prever o quanto seus alunos estarão propensos a aprender. Ao seguir esses princípios, você poderá maximizar as chances de seus alunos prosperarem.

A educação é a transmissão do conhecimento acumulado a gerações de crianças, e nós apaixonadamente acreditamos na sua importância porque sabemos que ela assegura a promessa de uma vida melhor para cada criança e para todos nós, coletivamente. Seria uma vergonha se não utilizássemos o conhecimento acumulado da ciência para informar os métodos pelos quais educamos as crianças. Esse foi o propósito de *Por que os alunos não gostam da escola?*. A educação produz mentes melhores e o conhecimento da mente pode produzir uma melhor educação.

NOTA

[a] Acredito que Price concordaria que seu conselho se aplica ao ensino. Mais tarde, ele mesmo escreveu o seguinte: "Se seu método alcança somente os alunos atentos, você deve ou inventar novos métodos ou chamar a si mesmo de fracasso". PRICE, R. *Feasting of the heart*. NEW York: Scribners, 2001, p. 81.

Glossário

Agrupamento (*chunking*): O processo de combinar unidades menores de conhecimento (por exemplo, as letras "c", "a", "m" e "a" em uma única unidade "cama"). O agrupamento é um método importante de contornar a limitação de espaço da memória de trabalho. Observe que esse processo requer informações da memória de longo prazo; ver as letras "c", "a", "m" e "a" e reconhecer que elas podem ser agrupadas na palavra "cama" requer ter a palavra cama na memória de longo prazo.

Automatização/Automaticidade: Um processo é automático se requer pouco ou nenhum recurso de atenção. Também pode ocorrer de forma não intencional se o gatilho certo estiver no ambiente.

Conhecimento abstrato: Conhecimento que pode ser aplicado a muitas situações e é independente de qualquer situação particular. As categorias são geralmente abstratas; a ideia de "cão" pode ser definida independentemente de qualquer cão em particular. As soluções de problemas também podem ser abstratas: saber como resolver um problema de divisão longa é independente de quaisquer números específicos que você possa dividir.

Conhecimento aprofundado: Conhecimento caracterizado por compreensão profunda e exemplos concretos e como os dois se encaixam. Pessoas com conhecimento aprofundado podem estender seu conhecimento para novos exemplos e considerar perguntas hipotéticas. Contrasta com o conhecimento decorado e com o conhecimento superficial.

Conhecimento concreto: Contrastando com o conhecimento abstrato, o conhecimento concreto lida com o específico. Você pode aprender que vários objetos específicos são "cachorros", mas não reconheceria um novo porque não tem a ideia abstrata de "cachorro" na memória.

Conhecimento decorado: Coisas memorizadas com pouca ou nenhuma compreensão do significado, como quando as crianças aprendem a cantar o hino nacional de seu país, mas na verdade estão apenas dizendo as palavras. Contrasta com conhecimento superficial e conhecimento aprofundado.

Conhecimento pedagógico do conteúdo: Conhecimento não apenas do conteúdo a ser ensinado, mas também de como ensiná-lo. Assim, o conhecimento do conteúdo para a ortografia é a ortografia das palavras. O conhecimento pedagógico do conteúdo para o ensino da ortografia inclui maneiras de ajudar os alunos a lembrar a ortografia, o conhecimento de quais tipos de palavras os alunos acham fáceis ou difíceis, boas maneiras de avaliar o conhecimento ortográfico, e assim por diante.

Conhecimento prévio: Conhecimento de mundo. Pode ser sobre qualquer assunto — que o céu é azul, que San Marino fica perto do Adriático, e assim por diante. O conhecimento prévio é essencial para a compreensão da leitura e para o pensamento crítico.

Conhecimento superficial: O conhecimento superficial tem significado associado, porém limitado. A compreensão do significado é concreta e limitada a um pequeno conjunto de exemplos. Contrasta com conhecimento decorado e conhecimento aprofundado.

Crise do 4º ano: Fenômeno observado no desempenho em leitura de crianças de famílias de baixa renda. Eles leem no nível adequado até o 3º e o 4º anos e, aparentemente, da noite para o dia, ficam para trás. Isso acontece quando os testes de leitura mudam da ênfase na decodificação (apropriado para anos iniciais, obviamente) para definir um nível mais alto de compreensão na medida em que as crianças atingem o ponto em que a maioria decodifica razoavelmente bem. Crianças de lares de baixa renda têm um problema desproporcional de compreensão porque têm menos oportunidades de adquirir conhecimento factual em casa.

Efeito Flynn: Um aumento significativo no quociente de inteligência médio ao longo do tempo, medido em uma amostra representativa da população de um país. Esses aumentos foram observados em muitos países. É importante porque o *pool* genético do país não pode mudar com rapidez suficiente para explicar o aumento. Assim, o efeito Flynn é uma evidência da importância do ambiente para a inteligência.

Espaçamento: O método de distribuição de períodos de estudo ou prática. Funciona melhor quando se dorme entre as sessões de estudo. Sinônimo de prática distribuída. Contrasta com maratonar.

Estilo cognitivo: Viés ou tendência a pensar de uma maneira particular, por exemplo, em palavras ou em imagens mentais. Basicamente equivale a como você gosta de fazer algo. Um estilo não é superior a outro, mas você deve pensar com mais sucesso se usar seu estilo preferido do que se for forçado a usar um que não prefere.

Estilo de aprendizagem: Ver estilo cognitivo.

***g* (inteligência geral):** A inteligência geral não é especificada em termos cognitivos. É, na verdade, um padrão de dados. Refere-se ao fato de que os desempenhos em praticamente todas as medidas de capacidade mental se correlacionam. As correlações não são idênticas entre os testes, mas são sempre positivas, o que é interpretado como refletindo uma capacidade mental geral que contribui muito amplamente.

Garra: Paixão e perseverança por objetivos de longo prazo. As pessoas que falam sobre garra no contexto da educação às vezes se concentram na perseverança e esquecem a paixão — você deveria sentir algo forte por seus objetivos!

GWAS: Acrônimo para estudos de associação genômica ampla (do inglês *genome-wide association studies*). Esses estudos buscam relações entre regiões genéticas e características, incluindo características comportamentais. Esses estudos diferem das técnicas usadas anteriormente porque podem examinar todas as regiões genéticas simultaneamente, em vez de examinar uma pequena parte do genoma (selecionada por alguma hipótese).

Habilidade cognitiva: Capacidade para o sucesso em determinados tipos de raciocínio. Basicamente equivale a quão bem você faz algo, por exemplo, pensar com palavras ou com números. Contrasta com o estilo cognitivo.

Histórias: As histórias têm essas características: são povoadas por personagens fortes, os eventos descritos são motivados por um conflito central que diz respeito a um ou mais personagens, surgem complicações à medida que os personagens lutam para resolver o conflito e os eventos descritos são causalmente ligados. A memória é facilitada quando o conteúdo a ser aprendido é apresentado em uma estrutura de história.

Imigrante digital: Uma pessoa que não cresceu usando aparelhos digitais, ou seja, nascido antes de meados da década de 1980. Foi proposto que se sentissem desconfortáveis ao usar tais aparelhos, com a analogia de alguém que não é falante nativo de um idioma. Além disso, foi proposto que o uso persistente de dispositivos digitais realmente altera o processamento cognitivo e os vieses. Contrasta com nativo digital.

Inteligência: A maioria dos psicólogos concordaria que a inteligência se refere à capacidade de entender ideias complexas, usar diferentes formas de raciocínio, superar obstáculos envolvendo o pensamento e aprender com a experiência.

Inteligências múltiplas: Uma teoria particular da inteligência proposta por Howard Gardner, sugerindo que existem oito inteligências amplamente independentes. A maioria dos psicólogos concorda que a inteligência é multifacetada (ou seja, não é uma única coisa), mas discorda da lista de inteligências proposta por Gardner.

Maratonar: Acumular toda a prática (ou estudo) para pouco tempo antes dos testes.

Memória de longo prazo: O depósito da mente para o conhecimento factual e para a memória processual (como fazer as coisas). Não é fácil armazenar informações na memória de longo prazo, mas, uma vez lá, provavelmente ficará guardada potencialmente para sempre.

Memória de trabalho: O espaço mental no qual você guarda informações brevemente e que também serve como palco do pensamento. A memória de trabalho é geralmente pensada como sinônimo de consciência, e seu espaço é limitado. Sobrecarga na memória de trabalho é uma razão comum pela qual as pessoas ficam confusas.

Memória processual: Memória de como fazer as coisas, por exemplo, o que fazer quando uma panela ferve no fogão ou como encontrar a melhor rota entre dois pontos em um mapa de papel.

Mentalidade de crescimento (*growth mindset*): A crença de que talentos (incluindo a inteligência) podem ser desenvolvidos por meio de trabalho duro, estratégias eficazes e *feedback* útil. Contrasta com mentalidade fixa.

Mentalidade fixa: A crença de que os talentos (incluindo a inteligência) são principalmente uma questão de herança genética e que os indivíduos são impotentes para mudar qualquer talento que a natureza lhes tenha dado em um domínio.

Metacognição: Pensar sobre pensar. Isso pode significar planejar a resolução de problemas em etapas ou lembrar de uma estratégia que lhe foi ensinada sobre o que fazer quando não entender uma passagem difícil do texto ou decidir como estudar para um teste.

Mnemônica: Qualquer um de um grupo de truques de memória que são mais úteis quando o conteúdo a ser aprendido não é significativo.

Multitarefas: Comumente pensado como "fazer duas coisas ao mesmo tempo". Porém, quando acreditamos fazer duas tarefas ao mesmo tempo, na verdade, estamos alternando rapidamente entre elas.

Nativo digital: Uma pessoa que cresceu usando dispositivos digitais. O termo foi popularizado em 2001 e se referia a qualquer pessoa nascida em meados da década de 1980 ou depois. Devido ao uso frequente de dispositivos digitais, foi sugerido que essas pessoas não apenas se sentiam à vontade para usá-los, mas também pensavam de forma diferente. Contrasta com imigrante digital.

Piloto automático: Um termo coloquial, e não técnico. Aquela sensação de que você está fazendo algo complexo, mas não está realmente precisando pensar sobre isso. Dirigir é o exemplo clássico: você para no semáforo vermelho, liga o pisca-pisca quando vira, verifica os retrovisores enquanto muda de faixa, e o tempo todo mal pensa nisso.

Pista: Algo no ambiente ou um pensamento que induz à recordação de uma memória.

Prática: Repetição, mas sem alguns dos elementos da prática deliberada.

Prática deliberada: Requer que você selecione um elemento específico de uma tarefa complexa para aperfeiçoar. Você busca *feedback* sobre como está se saindo e tenta coisas novas em um esforço para melhorar. A prática deliberada é entendida como um esforço, pois requer atenção considerável.

Prática distribuída: O método de espaçar períodos de estudo ou de prática. Funciona melhor quando se dorme entre as sessões de estudo. Sinônimo de prática espaçada. Contrasta com maratonar.

Prova social: A prova social é a nossa tendência de acreditar nas coisas porque os outros acreditam nelas. Pode parecer tolice, mas não podemos avaliar as evidências para cada crença que encontramos, então, se a maioria das pessoas que conhecemos acredita que algo é verdade, geralmente estamos dispostos a aceitar que é verdade.

Superaprendizagem: Continuar a praticar ou a estudar depois de parecer ter dominado o conteúdo ou a habilidade. Você não parece melhorar, mas a prática contínua protege contra o esquecimento.

Taxa de desconto: O valor relativo atribuído a um bem ou a uma experiência no futuro próximo *versus* no futuro mais distante. Uma recompensa que você pode obter em um futuro próximo tem maior valor do que a mesma recompensa que você pode obter em um futuro mais distante. O valor da recompensa cai acentuadamente à medida que você avança no tempo e é mais acentuado quanto mais jovem você for. (Em outros lugares referido como desconto por atraso, desconto temporal, desconto por tempo ou preferência de tempo.)

Transferência: A aplicação bem-sucedida de conhecimento antigo a um novo problema.

Viés de autoconveniência: A tendência de acreditar que, quando algo positivo acontece, é devido aos nossos próprios traços positivos (nosso caráter, nossas habilidades ou trabalho duro), mas quando há um resultado negativo, é devido a fatores externos (por exemplo, má sorte ou incompetência de outra pessoa).

Viés de confirmação: Uma vez que mantemos uma crença, interpretamos inconscientemente evidências ambíguas como consistentes com nossa crença e, se buscamos evidências para ela, buscamos evidências que a apoiem, em vez de evidências que a refutem.

Notas

CAPÍTULO 1

1. ROITFELD, C. Icons: In bed with Kim and Kanye. *Harper's Bazaar*, 2016. Disponível em: https://www.harpersbazaar.com/fashion/photography/a16784/kanye-west-kim-kardashian-interview/. Acesso em: 24 jul. 2020.
2. DUNCKER, K. On problem-solving. *Psychological Monographs*, v. 58, n. 5, p. i-113, 1945.
3. TOWNSEND, D. J.; BEVER, T. G. *Sentence comprehension*: the integration of habits and rules. Cambridge: MIT, 2001. v. 2.
4. SIMON, H. A. *Sciences of the artificial*. 3rd. ed. Cambridge: MIT, 1996. p. 94.
5. ARISTOTLE. *The Nicomachean Ethics*. Oxford: Oxford University, 2009. p. 137.

CAPÍTULO 2

1. No prefácio de Everett em sua tradução para o inglês de DESCHANEL, A. P. *Elementary treatise on natural philosophy*. New York: Appleton, 1898.
2. VIRGINIA. Department of Education. *Released Tests and Item Sets*. c2014. Disponível em: http://www.doe.virginia.gov/testing/sol/released_tests/index.shtml. Acesso em: 17 jul. 2020.

3. YIP, K. Y. *et al.* Measuring magnetic field texture in correlated electron systems under extreme conditions. *Science*, v. 366, n. 6471, p. 1355-1359, 2019.
4. MELVILLE, H. *Moby-Dick*. New York: Scribners, 1902. p. 135.
5. RECHT, D. R.; LESLIE, L. Effect of prior knowledge on good and poor readers' memory of text. *Journal of Educational Psychology*, v. 80, n. 1, p. 1620, 1988.
6. BRANSFORD, J. D.; JOHNSON, M. K. Contextual prerequisites for understanding: some investigations of comprehension and recall. *Journal of Verbal Learning and Verbal Behavior*, v. 11, p. 717-726, 1972.
7. WASON, P. C. Reasoning about a rule. *Quarterly Journal of Experimental Psychology*, v. 20, p. 273-281, 1968.
8. GRIGGS, R. A.; COX, J. R. The elusive thematic-materials effect in Wason's selection task. *British Journal of Psychology*, v. 73, p. 407-420, 1982.
9. VAN OVERSCHELDE, J. P.; HEALY, A. F. Learning of nondomain facts in high- and low-knowledge domains. *Journal of Experimental Psychology*: Learning, Memory, and Cognition, v. 27, p. 1160-1171, 2001.
10. BISCHOFF-GRETHE, A. *et al.* Neural substrates of response-based sequence learning using fMRI. *Journal of Cognitive Neuroscience*, v. 16, p. 127-138, 2004.
11. WILLINGHAM, D. T.; LOVETTE, G. Can reading comprehension be taught? *Teachers College Record*, 2014. Disponível em: http://www.danielwillingham.com/uploads/5/0/0/7/5007325/willingham&lovette_2014_can_reading_comprehension_be_taught_.pdf. Acesso em: 9 abr. 2022.

CAPÍTULO 3

1. Não estou querendo parecer engraçado. Estudantes universitários realmente se lembram melhor de piadas e aforismos. KINTSCH, W.; BATES, E. Recognition memory for statementsfrom a classroom lecture. *Journal of Experimental Psychology*: Human Learning and Memory, v. 4, n. 3, p. 150-159, 1978.
2. DINGES, D. F. *et al.* Evaluating hypnotic memory enhancement (hypermnesia and reminiscence) using multitrial forced recall. *Journal of Experimental Psychology*: Learning, Memory, and Cognition v. 18, n. 5, p. 1139-1147, 1992.

3. NICKERSON, R. S.; ADAMS, M. J. Long-term memory for a common object. *Cognitive Psychology*, v. 11, n. 3, p. 287-307, 1979.
4. HYDE, T. S.; JENKINS, J. J. Recall for words as a function of semantic, graphic, and syntactic orienting tasks. *Journal of Verbal Learning and Verbal Behavior*, v. 12, n. 5, p. 471-480, 1973.
5. BARCLAY, J. R. *et al.* (1974). Comprehension and semantic flexibility. *Journal of Verbal Learning and Verbal Behavior*, v. 13, n. 4, p. 471-481, 1974.
6. ALLYN, B. Fidget spinners, packing, note-taking: staying awake in the senate chamber. *National Public Radio*. 2020. Disponível em: https://www.npr.org/2020/01/23/799071421/fidget-spinners-pacing-note--taking-stayingawake-in-the-senate-chamber. Acesso em: 17 jul. 2020.

CAPÍTULO 4

1. SEARLE, J. Minds, brains and programs. *Behavioral and Brain Sciences*, v. 3, n. 3, p. 417-457, 1980.
2. GICK, M. L.; HOLYOAK, K. J. Analogical problem solving. *Cognitive Psychology*, v. 12, n. 3, p. 306-355, 1980.
3. THORNDIKE, E. L. The influence of first-year Latin upon ability to read English. *School and Society*, v. 17, p. 165-168, 1923.

CAPÍTULO 5

1. ROSINSKI, R. R.; GOLINKOFF, R. M.; KUKISH, K. S. Automatic semantic processing in a picture-word interference task. *Child Development*, v. 46, n. 1, p. 247-253, 1975.
2. WILLINGHAM, D. T. *The reading mind: a cognitive approach to understanding how the mind reads*. San Francisco: Jossey-Bass, 2017.
3. WHITEHEAD, A. N. *An introduction to mathematics*. New York: Holt, 1911.
4. ELLIS, J. A.; SEMB, G. B.; COLE, B. Very long-term memory for information taught in school. *Contemporary Educational Psychology*, v. 23, n. 4, p. 419-433, 1998.
5. BAHRICK, H. P.; HALL, L. K. Lifetime maintenance of high school mathematics content. *Journal of Experimental Psychology*: general, v. 120, n. 1, p. 20-33, 1991.

6. GREEN, E. A.; RAO, J. M.; ROTHSCHILD, D. A sharp test of the portability of expertise. *Management Science*, v. 65, n. 6, p. 2820-2831, 2019.

CAPÍTULO 6

1. HOUSE, MD. Direção: P. O´Fallon. Roteiro: L. Kaplow. Produção executiva: D. Shore; B. Singer. New York: Fox, 2004. Transmissão televisiva.
2. CHASE, W. G.; SIMON, H. A. Perception in chess. *Cognitive Psychology*, v. 4, n. 1, p. 55-81, 1973.
3. CHI, M. T. H.; FELTOVICH, P. J.; GLASER, R. Categorization and representation of physics problems by experts and novices. *Cognitive Science*, v. 5, n. 2, p. 121-152, 1981.
4. CHI, M. T. H.; FELTOVICH, P. J.; GLASER, R. Categorization and representation of physics problems by experts and novices. *Cognitive Science*, v. 5, n. 2, p. 146, 1981.
5. CARNEGIE HALL. FAQs. C2022. Disponível em: https://www.carnegiehall.org/Visit/Carnegie-Hall-FAQs. Acesso em: 19 jul. 2021.
6. ERICSSON, K. A.; KRAMPE, R. T.; TESCH-RÖMER, C. The role of deliberate practice in the acquisition of expert performance. *Psychological Review*, v. 100, n. 8, p. 363-400, 1993.
7. SIMON, H.; CHASE, W. Skill in chess. *American Scientist*, v. 61, p. 394-403, 1973.
8. NPR. Interview on Fresh Air. *Celebrating Jazz Pianist Hank Jones*, 2005. Disponível em: http://www.npr.org/templates/story/story.php?storyId=4710791. Acesso em: 29 abr. 2022.
9. SALZMAN, M. *Iron and silk*. New York: Knopf, 1987.
10. CRONBACH, L. J. *Educational Psychology*. New York: Harcourt, Brace and World, 1954. p. 14.
11. EMERSON, R. W. *Works of Ralph Waldo Emerson*. London: Routledge, 1883. p. 478.

CAPÍTULO 7

1. KRAEMER, D. J.; ROSENBERG, L. M.; THOMPSON-SCHILL, S. L. The neural correlates of visual and verbal cognitive styles. *Journal of Neuroscience*, v. 29, n. 12, p. 37923798, 2009.

2. TOLSTOY, L. N. *What is art?* New York: Thomas Crowell, 1899. p. 124.
3. WILSON, E. O. *Letters to a young scientist.* New York: Norton, 2013. p. 33.
4. MINEO, L. "The greatest gift you can have is a good education, one that isn't strictly professional." *Harvard Gazette*, 2018.
5. ARMSTRONG, T. *Multiple intelligences in the classroom.* 2nd ed. Alexandria: Association for Supervision and Curriculum Development, 2000.
6. GARDNER, H. Howard Gardner: multiple intelligences are not learning styles. *Washington Post*, 2013.

CAPÍTULO 8

1. KOVACS, K.; CONWAY, A. R. What is IQ? Life beyond "generalintelligence". *Current Directions in Psychological Science*, v. 28, n. 2, p. 189-194, 2019.
2. ZUSHI, Y. In praise of Keanu Reeves, the nicest of meatheads. *New Statesman*, 2017. Disponível em: https://www.newstatesman.com/culture/film/2017/02/praise-keanu-reeves-nicest-meatheads. Acesso em: 19 abr. 2022.
3. SAVAGE, J. E. *et al.* Genome-wide association meta-analysis in 269,867 individuals identifies new genetic and functional links to intelligence. *Nature Genetics*, v. 50, n. 7, p. 912-919, 2018.
4. SELZAM, S. *et al.* Comparing withinand between-family polygenic score prediction. *American Journal of Human Genetic*s, v. 105, n. 2, p. 351-363, 2019.
5. DICKENS, W. T. Cognitive ability. In: VERNENGO, M. ; CALDENTEY, E. P.; ROSSER JR, B. J. (ed.). *The New Palgrave Dictionary of Economics*. London: Palgrave Macmillan. 2008.
6. DUYME, M.; DUMARET, A.; TOMKIEWICZ, S. How can we boost IQs of "dull" children? A late adoption study. *Proceedings of the National Academy of Sciences*, v. 96, p. 8790-8794, 1999.
7. NISBETT, R. E. *et al.* Intelligence: new findings and theoretical developments. *American Psychologist*, v. 67, n. 2, p. 130-159, 2012.
8. FLYNN, J. R. Massive IQ gains in 14 nations: what IQ tests really measure. *Psychological Bulletin*, v. 101, n. 2, p. 171-191, 1987.

9. BLACKWELL, L. S.; TRZESNIEWSKI, K. H.; DWECK, C. S. Implicit theories of intelligence predict achievement across an adolescent transition: a longitudinal study and an intervention. *Child Development*, v. 78, n. 1, p. 246-263, 2007.
10. ORGANISATION FOR ECONOMIC COOPERATION AND DEVELOPMENT. *PISA 2018 Results*: what school life means for students' lives, PISA. Paris: OECD, 2019. v. 3. Disponível em: https://www.oecd-ilibrary.org/docserver/acd78851-en.pdf?expires=1652124055&id=id&accname=guest&checksum=73074BA4CA9624DC80C380730924572D. Acesso em: 19 abr. 2022. Ver também: SISK, V. F. *et al*. To what extent and under which circumstances are growth mind-sets important to academic achievement? Two meta-analyses. *Psychological Science*, v. 29, n. 4, p. 549-571, 2018.
11. YEAGER, D. S. *et al*. A national experiment reveals where a growth mindset improves achievement. *Nature*, v. 573, n. 7774, p. 364-369, 2019.
12. REGE, M. *et al*. How can we inspire nations of learners? Investigating growth mindset and challenge seeking in two countries. *American Psychologist*, v. 76, n. 5, p. 755-767. 2021.
13. YEAGER, D.; WALTON, G.; COHEN, G. L. Addressing achievement gaps with psychological interventions. *Phi Delta Kappan*, v. 94, n. 5, p. 62-65, 2013.
14. SISK, V. F. *et al*. (2018). To what extent and under which circumstances are growth mind-sets important to academic achievement? Two meta-analyses. *Psychological Science*, v. 29, n. 4, p. 549-571, 2018.
15. DWECK, C. Carol Dweck revisits the growth mindset. *Education Week*, v. 35, n. 5, p. 20-24, 2015.

CAPÍTULO 9

1. PRENSKY, M. Digital natives, digital immigrants. *On the Horizon*, v. 9, n. 5, p. 1-6, 2001.
2. KENNEDY, G. *et al*. First year students' experiences with technology: are they really digital natives? *Australasian Journal of Educational Technology*, v. 24, n. 1, p. 108-122, 2008.
3. VALTONEN, T. *et al*. Confronting the technological pedagogical knowledge of Finnish Net Generation student teachers. *Technology, Pedagogy and Education*, v. 20, n. 1, p. 3-18, 2011.

4. RIDEOUT, V.; ROBB, M. B. *The Common Sense census*: media use by tweens and teens, 2019. San Francisco: Common Sense Media, 2019. Disponível em: https://www.commonsensemedia.org/research/the-common-sense-census-media-use-by-tweens-and-teens-2019. Acesso em: 19 abr. 2022.
5. ROGERS, R. D.; MONSELL, S. Costs of a predictable switch between simple cognitive tasks. *Journal of Experimental Psychology*: general, v. 124, n. 2, p. 207-231, 1995.
6. WARSCHAUER, M. Going one-to-one. *Educational Leadership*, v. 63, n. 4, p. 34-38, 2005.
7. YAU, J. C.; REICH, S. M. Are the qualities of adolescents' offline friendships present in digital interactions? *Adolescent Research Review*, v. 3, p. 339-355, 2017.
8. SINGER, N. How Google conquered the American classroom. *New York Times*, p. A1, 2017.
9. TWENGE, J. M. *IGen*. New York: Simon and Schuster, 2017.
10. IYENGAR, S. *US trends in arts attendance and literary reading*: 2002-2017. Washington: National Endowment for the Arts, 2018. Disponível em: https://www.arts.gov/impact/research/publications/us-trends-arts-attendance-and-literary-reading-2002-2017. Acesso em: 19 abr. 2022.
11. SCHOLASTIC. *Kids and family reading report*. 7. ed. New York: Scholastic, 2019. Disponível em: https://www.scholastic.com/readingreport. Acesso em: 19 abr. 2022.
12. TWENGE, J. M. *IGen*. New York: Simon and Schuster, 2017.
13. Dados disponíveis em: BUREAU OF LABOR STATISTICS. *American Time Use Survey*. Washington: ATUS, 2021. Disponível em: https://www.bls.gov/tus/. Acesso em: 19 abr. 2022.
14. ARRESTED DEVELOPMENT or adaptive? The adolescent and self control. Paris: Convention of Psychological Science, 2019. 1 vídeo (54 min). Publicado pelo canal Psychological Science. Disponível em: https://www.youtube.com/watch?v=1xCmPwXxyvA&feature=emb_logo. Acesso em: 19 abr. 2022.

CAPÍTULO 10

1. KUMAR, A. The grandmaster diet: how to lose weight while barely moving. *ESPN*, 2020. Disponível em: https://www.espn.com/espn/story/_/id/27593253/whygrandmasters-magnus-carlsen-fabiano-caruana-lose-weight-playing-chess. Acesso em: 27 jul. 2020.
2. SEDARIS, D. Ask the author live. *New Yorker*, 2009.

Índice

Números de páginas seguidos de *f* e *q* referem-se a figuras e quadros, respectivamente.

A

Agrupamento, 38-40, 128
    definição, 285-286
    e *expertise*, 155-156
Álgebra, 133-136
Alunos, tipos de, 173-195, 281-282q.
    Ver também Estilos cognitivos
    e estilos cognitivos, 176-179
    e foco no conteúdo, 191-193
    e implicações para a sala de aula, 190-195
    estilos e habilidades de, 174-175
    habilidades e inteligências múltiplas de, 184-190
    visual, auditivo e cinestésico, 179-185
Ambientes, genética afetando a escolha de, 205-206
American Psychological Association, 198
American Time Use Survey, 239-241
Analogias, 102-105, 104f
Aprendizagem. *Ver também* Conhecimento e curiosidade, 12-13
    descoberta, 92-94
    e prazer, 10-11
    falha como parte de, 215-217
    fato, 29
    prática permitindo ainda mais, 126-127
Aprendizagem de fatos, 29
Aprendizagem por descoberta, 92-94
Aprendizes lentos, 197. *Ver também* Inteligência
Aristóteles, 19
Atenção, sustentada, 249-251
Atratores da atenção, 24, 90-93, 192-193
Audiolivros, 56-57
Autogestão, por professores, 269-270

B

Bernard, Connie, 236f
Bullying on-line, 238-239

C

Câmeras de documentos, 231-232, 232f
Carnegie Hall, 160f
Caruana, Fabiano, 263f
Castro, Joaquim, 203f
Castro, Julian, 2, 203f
Causalidade, nas histórias, 77-78
Cérebro, 3-5, 223-229
Complicações, em histórias, 77-78
Compreensão
    com *e-books*, 232-233

conhecimento, 165-166
conhecimento prévio e, 33-43
fornecendo exemplos para, 119-121
Computadores, 5-6
Computadores, *laptop*, 230-231, 234-236, 235f. *Ver também* Tecnologia
Conflito
   nas histórias, 77-78, 84-85
   organizar o plano de aula ao redor, 95-97
Conhecimento. *Ver também* Aprendizagem
   abstrato, 285-286
   aprofundado. *Ver* Conhecimento aprofundado
   compreendendo não criando, 163-166
   concreto, 285-287
   conteúdo pedagógico, 259, 289-290
   criando, 165-167
   decorado. *Ver* Conhecimento decorado
   e capacidade cognitiva, 175, 285-286
   e habilidades cognitivas, 42-48, 258-259
   e implicações para a sala de aula, 52-59
   estilos de. *Ver* estilos cognitivos
   factual. *Ver* Conhecimento factual
   ideias abstratas e transferência de, 112-118
   limites de, 21, 127
   no início do treinamento, 150
   pedagógico do conteúdo, 259, 289-290
   prévio. *Ver* Conhecimento prévio
   significativo, 58-59
   superficial, 55-56, 106-113, 289-290
   transferência de. *Ver* Transferência de conhecimento
Conhecimento aprofundado
   definição, 286-287
   enfatizando, 120-121
   expectativas realistas para, 120-122
Conhecimento decorado, 108-112, 289-290
   decoreba, 87
Conhecimento factual, 281-282q
   aprendizagem de, como incidental, 57-59
   e agrupamento, 38-39
   e limitações de memória de trabalho, 128-130
   e memória de longo prazo, 15
   importância de, 30-31

   memória melhorada com, 47-52
Conhecimento prévio
   definição, 285-286
   e compreensão leitora, 33-43
   e ensino, 268-269
   e estrutura superficial, 115-116
   e *expertise*, 155-156
   e habilidades cognitivas, 42-48
   e inteligência, 193-195
   e memória, 90
   e memória de longo prazo, 49-50
Conteúdo, 12-13, 191-193
Conteúdo "relevante", 22
Crise do 4º ano, 41-42, 288-289
Curiosidade, 10-14, 23, 237-238, 241-242, 281-282q

D

Da Silva, Marta Vieira, 176f
Daniel, Davi, 251
Darwin, Charles, 202f
Deficiências, tecnologia auxiliando estudantes com, 248-250
Demonstrações, para confundir os alunos, 23
Dependência, internet, 238-239
Diário de classe, 270-271
Diários, 24-25, 270-271
Dickens, Bill, 205
Dickens, Charles, 29
Dirigir, 9-10
Dormir, 239-240
Duckworth, Ângela, 162-163
Duke University, 279
Dweck, Carol, 208, 213-214

E

Ecossistema, tecnologia que afeta, 236-242
Édipo Rei (Sófocles), 119-120
Edison, Thomas Alva, 162f
Efeito Flynn, 207, 207f, 286-287
Einstein, Albert, 30, 50-51
Emoção, memória de longo prazo e, 69, 69f
Equidade, 245-247
Erros e perícia, 153-154
Espaçamento, definição, 289-290
Especialistas, 149-169
   capacidades de aprendizagem de, 151-155

e implicações para a sala de aula, 163-169
encorajar prática para, 166-168
fazer os alunos pensarem como, 159-164
seguir, 167-169
técnicas de aprendizagem de, 154-159
Estilo cognitivo adaptador/inovador, 177q
Estilo cognitivo analítico, 177q
Estilo cognitivo auditivo, 177q, 179-185
Estilo cognitivo de automatização, 177q
Estilos
   de tipos de alunos, 174-175
   ensino, 75-76
Estilos cognitivos
   amplos. *Ver* Estilos cognitivos amplos
   campo-dependentes, 177q, 178, 178f
   campo-independentes, 177q, 178, 178f
   cinestésicos, 177q, 179-185
   concentrados, 177q
   convergentes, 177q
   definição, 285-286
   de impulsividade, 177q
   de reestruturação, 177q
   dispersos, 177q
   divergentes, 177q
   holísticos, 177q
   inovadores, 177q
   intuitivos, 177q
   não analíticos, 177q
   racionais, 177q
   reflexivos, 177q
   restritos, 177q
   sequenciais, 177q
   tipos de, 177q
   tipos de aprendizes e, 176-179
   verbais, 177q
   visuais, 177q, 179-185
Estilos cognitivos amplos, 177q
   "psicologia *bubbe*", 185-186
Estrutura profunda
   e prática, 139-140, 142-143
   especialistas com foco em, 155-157
   sobre, 112-117, 115f
Estrutura superficial
   prática com variação em, 139-140, 142-145
   sobre, 112-114, 115f
Estudantes confusos, 23

Estudo. *Ver também* Prática
   cronograma para, 137-139, 138f
   habilidades para, 216-218
Estudos de associação genômica ampla (GWAS, do inglês *genome-wide association studies*), 204, 288-289
Everett, J.D., 30
Exclusão digital, 245-247
Exercício. *Ver* Prática

F

Falha, aceitação, 215-217
Feedback
   e prática deliberada, 261
   incentivar os alunos a procurar, 213-214
   professores recebendo e dando, 263-269
Ford, Henry, 4-5
"Fragmenta Aurea" (Suckling), 110f

G

g (inteligência geral), 199-201, 200f, 288-289
Galton, Francis, 202f
Gardner, Howard, 185-190, 288-289
Garra, definição, 288-289
Gêmeos, 202f, 203q
Genética, 202-206, 303q
Ghandi, Mahatma, 8f
Gravação de professores, 264-268, 271-273
Grupos de discussão, professor, 270-272
GWAS (estudos de associação genômica ampla, do inglês *genome-wide association studies*), 204, 288-289

H

Habilidades avançadas, prática, 143-145
Habilidades mentais, 174-175, 189-192
Hamlet (Shakespeare), 4-5
Hard Times (Dickens), 29
Harvard University, 185-186, 250-251
Herrick, Robert, 109-110
Hipnose, 66, 66f
Histórias, 76-86, 289-290
Holanda, 207
House (programa de TV), 151-154, 151f

I

Ideias abstratas, 101-122
   compreensão, 102-107

de especialistas, 155-159
e conhecimento como superficial, 106-113
e implicações para a sala de aula, 118-122
e transferência de conhecimento, 112-118
Imigrante digital, 224-225, 286-287
Implicações para a sala de aula
    a partir do conhecimento prévio, 52-59
    com as oito inteligências de Gardner, 188-189
    com ciência cognitiva, 283-284
    com ideias abstratas, 118-122
    com tecnologia, 245-251
    de como os especialistas aprendem, 163-169
    e o abismo entre pesquisa e prática, 1
    memória e, 90-97
    para a inteligência, 212-219
    para a prática, 142-145
    para envolver o pensamento, 20-25
    para tipos de alunos, 190-195
Informações contextuais, 140-141
Inteligência, 197-219
    corporal-cinestésica, 187q
    definição, 288-289
    definindo, 187-189, 198
    espacial, 187q
    fatores que causam, 201-208
    geral (*g*), 199-201, 200f, 288-289
    interpessoal, 187q
    intrapessoal, 187q
    linguística, 187q
    lógico-matemática, 187q
    matemática, 199-200, 199f, 200f
    musical, 187q
    naturalista, 187q
    verbal, 199-200, 199f, 200f
Inteligências múltiplas, 288-289
Interesses
    dependência de internet, 238-239
    e prazer em aprender, 11-12, 12f
    mantendo o aluno, 279-281
Ironia dramática, 120-121

J
Johansson, Hunter, 203f

Johansson, Scarlett, 2, 203f
Jones, Hank, 164f

L
Laptops, 230-231, 234-236, 235f. *Ver também* Tecnologia
Lei de Ohm, 102-104
Leitura, 279-280
    conhecimento prévio para, 33-43, 52-53
    importância da, 56-57
    lazer, 56-58, 240-241, 240f
    substituição do tempo de tela, 239-241
Leitura de lazer, 56-58, 240-241, 240f
Linha lateral, 67-68
Livros eletrônicos (*e-books*), 232-234
Lousas interativas, 229-231
Luas cheias, 184f

M
Maratonar, 137-138, 286-287
Memória, 63-97, 67f, 68f
    com conteúdo sem significado, 85-90
    como resíduo do pensamento, 281-282q
    de trabalho. *Ver* Memória de trabalho
    dependência do cérebro da, 7-9
    e aprendizagem de fatos, 29
    e aprendizes visuais/auditivos, 181
    e compreensão, 102-113
    e histórias, 76-86
    e implicações para a sala de aula, 90-97
    e tecnologia, 233-235
    importância da, 64-74, 233-235
    longo prazo. *Ver* Memória de longo prazo
    processual, 289-290
    recuperação de, 42-43
    retenção de, 67, 133-135
    técnicas do professor para incentivar, 73-77
Memória de longo prazo, 15f, 127f
    e agrupamento, 38-39
    e pensamento crítico, 32
    memória de trabalho da, 65
    papel da, 15-18
Memória de trabalho, 15f, 127f
    capacidade limitada na, 37-39, 127-128, 158
    da memória de longo prazo, 65

de especialistas, 154-156
definição, 289-290
e agrupamento, 40-42
e ensino, 258-259
e memorização, 131-132
e prática, 127
longo prazo e, 72-73
papel da, 15-17
respeitando os limites da, 21-22
Memória processual, 289-290
Memorização, decoreba, 87
Mentalidade de crescimento
definição, 288-289
fomentar, 212-215
sobre, 209-212, 212q
Mentalidade rígida, definição, 286-287
Mente
complexidade da, 1
modelo da, 15f, 16f, 32, 65f, 127f, 258f
princípios da, 281-282q, 282-284
Metacognição, 54-56, 288-289
Método da associação, 88-89q
Método da primeira letra, 88-89q, 89
Método dos acrônimos, 88-89t, 89
Mnemônica
definição, 288-289
sobre, 87, 88-89q, 89-90
usando, 94-95
Moby Dick (Melville), 36-37
Motivação, modelo de, 12-13, 13f
Mozart, Wolfgang Amadeus, 163-164
Mudança
da tecnologia, 232-237
para recuperar a atenção, 24, 192-193
Multitarefas, 227-229, 228f, 288-289
Música, 228-229
Músicas, 89, 88-89q

N
Nativo digital, 224-226, 286-287
Natureza *versus* criação, 201
Neuroquímica, do prazer e da aprendizagem, 10-11
Newcomb, Sharon, 47f
Noruega, 206

O
Observando crianças, 272-274
Observando sua classe, 271-273
Office Space, 117f
Omitindo informações, 35-36
Organização para Cooperação e Desenvolvimento Econômico (OCDE), 209-210
Otelo (Shakespeare), 119-120

P
Pais, educação tecnológica para, 251
Palácio da memória, 87, 88-89q
Palavras cruzadas, 12-14
Pan Qingfu, 164f
Pearl Harbor, 80-81, 82f
Peg word, 87, 88-89q
Pensamento
características do, 6-7
crítico. *Ver* Pensamento crítico
definição, 32
evitação do cérebro de, 3-5
memória como resíduo do, 71-72
prazer de diferentes tipos de, 10-12
Pensamento crítico
conhecimento relevante para, 53-55
e conhecimento prévio, 33-34
importância de, 32
"Pensar fora da caixa", 8-9, 9f
Pentâmetro iâmbico, 104-105
Personagem, em histórias, 77-78
Piloto automático, 8-9, 285-286
Pistas, definição, 286-287
Pistas para a memória, 49-50
Planos de aula, 90-91, 95-97
Políticas de uso aceitável, 249-250
Pontuações de QI, 206-207
Pontuações poligênicas, 205
Prática, 125-146. *Ver também* Estudo
de ensino, 281-282q
decidir o que fazer, 142-144
definição, 289-290
deliberada, 260-264, 286-287
distribuída, 286-287
e implicações para a sala de aula, 142-145
e inteligência, 201
em atenção sustentada, 249-251
encorajar, por experiência, 166-168
espaçamento, 143-144

importância da, 126-139, 281-282q
transferência de conhecimento
  melhorada com, 138-143
Prática deliberada, 260-264, 286-287
Prática distribuída, definição, 286-287
Prazer
  e aprendizagem, 10-11
  e memória, 70-71
Prensky, Marc, 224-225
Price, Reynolds, 279
Problema de tumor e radiação, 114-118, 115f
Processos mentais automáticos, 129-132
  de especialistas, 158
  definição, 285-286
  e prática, 142-145
Professores, 257-275
  e autogestão, 269-270
  e ensino como habilidade cognitiva, 258-259
  estilo de, 75-76
  prática deliberada por, 260-264
  recebendo e dando *feedback*, 263-269
  tipos de, 74-76
Projeto genoma humano, 204
Prova social, 183, 289-290

Q
Quadros, 247-248
"Quatro princípios", de histórias, 77-78, 80-81

R
Raciocínio, 4-5, 45-47
Read, Herbert Harold, 46-47
"Recuperação", 217-219
Redes sociais, 238-239
Reeves, Keanu, 202f
Regra de permissão, 140-142
Regras da sala de aula, 111-112, 111f
Repetição, 69-70
Roberts, Jennifer, 250-251
Robôs, 5-6, 6f
Rochelle, Jonathan, 234f
Romances gráficos e histórias em quadrinhos, 56-57
Romeu e Julieta (Shakespeare), 119-120

S
Science (revista), 31
Scrabble, 262f
Searle, John, 106-107
Sedaris, David, 272f
Shakespeare, William, 4-5, 119-120
Significado
  e memória, 71, 85-90, 181-182
  falta de e memória, 85-90
  projetando tarefas para pensar sobre, 93-95
Sistema visual, pensamento evitado, 6-7
Solução de problemas
  clareza em, 22-23
  definição, 10-11
  importância de, 20-21
  prazer da, 10-11
Star Wars, 77-79
Suckling, John, 110f
Superaprendizagem, 136-137, 289-290

T
Talento, inteligências rotuladas como, 188-189
Taxa de desconto, definição, 286-287
Tecnologia, 223-251
  alterações causadas por, 232-237, 281-282q
  cérebro afetado por, 223-229
  e implicações para a sala de aula, 245-251
  e uso do telefone, 241-245
  ecossistema afetado por, 236-242
  "regra dos 10 anos", 163-164, 167-168
  sala de aula afetada por, 228-232
Tecnologia assistiva, 235-237
Tempo de tela diário, 237-239. *Ver também* Tecnologia
Teoria visual-auditivo-cinestésica, 179-185
Thorndike, Edward, 118-119
Tipos de Gardner de, 186-190, 187q
  como maleável, 209-210
  de tipos de alunos, 184-190
  e implicações para a sala de aula, 212-219
  e trabalho duro, 281-282q
  importância das crenças sobre, 208-212

matemática, 199-200, 199f, 200f
múltipla, 288-289
valor da criança, independentemente de, 192-194, 200f
verbal, 199-200, 199f, 200f
visões sobre, 199f
To the Virgins, to Make Much of Time (Herrick), 109-110
Trabalho desafiador e mentalidade de crescimento, 214-215
Trabalho duro
  e inteligência, 281-282q
  e mentalidade de crescimento, 209-210
  encorajar, 190-192, 214-216
Transferência de conhecimento
  de especialistas, 154-155
  definição, 289-290
  limitações de, 112-120
  melhora a prática, 138-143
Treinamento, cognição no início do, 150, 281-282q
Trump, Donald, 79f

U

University of Melbourne, 224-225
University of Virginia, 263-264
Uso do telefone, 241-245, 243f. *Ver também* Tecnologia

V

Variação, aceitação e ação, 23-24
Veículos autônomos, 5-6
Viagem, 8-10
videogames, violentos, 238-240
Viés de autocondescendência, 262-263, 262f, 289-290
Viés de confirmação, 184, 184f, 286-287
Vieses
  autocondescendência, 262-263, 262-263f, 289-290
  de confirmação, 184, 184f, 286-287
Visualizadores, 231-232, 232f

W

Wambach, Abby, 176f
Washington Post, 52-54
West, Kanye, 5f
Whitehead, Alfred North, 133
Wilson, August, 228-229
Wilson, E. O., 186f
Wittgenstein, Ludwig, 105

X

Xadrez, 43-45, 156f, 263f

Y

"*Yegg*", 31, 31f